区域循环经济发展机制研究

薛 冰 / 著

社会科学文献出版社
SOCIAL SCIENCES ACADEMIC PRESS (CHINA)

本书出版受到国家自然科学基金（41101126，71033004）、国家科技支撑计划（2011BAJ06B01）、国家国际合作专项（2011DFA91810），联合国大学高等研究所国际合作项目"Urban Co-benefits Approach"等资助

序

改革开放以来，我国经济发展取得了举世瞩目的成就，工业化、城市化和消费升级逐渐成为区域经济发展的三大引擎。但"资源－产品－废弃物"的线性发展模式，一味追求规模扩张，忽视资源环境的有限性和环境问题的不可逆性，导致资源耗竭、环境污染、生态破坏等问题不断恶化，如果不从根本改变传统城市化、工业化和消费模式，人类可持续发展、人地和谐共处将无从谈起。

循环经济是人类在解决一系列资源环境问题和可持续发展实践过程中，不断总结创新，继而形成的一种经济发展模式。循环经济强调资源承载和环境容量的有限性，其本质特征是纵向闭合、横向共生和区域整合，目的是为了资源的高效循环利用、污染物的最小排放和经济的持续健康发展。自循环经济理念引入我国，成为学术界和社会所关注的重大实际问题和理论问题，循环经济所提出的发展理念和原则也成为各级政府抉择的核心依据之一。在这种背景下，愈来愈多的地理学、经济学、管理学和社会学等领域的学者开始从事循环经济发展研究。但中国循环经济的发展，无论从理论还是实践而言，都处于探索和试验阶段。

《区域循环经济发展机制研究》一书在对循环经济脉络梳理和现有成果批判继承的基础上，从地理学角度，对循环经济的概念内涵进行修正和扩展，强调区域循环经济的"区域性"、"发展性"和"系统性"特点，认为区域循环经济框架组成具有多重性和复合性。并基于全过程的视角，从理论和实证两个层面对区域循环经济发展机制（驱动机制、规划机制、运行机制、反馈机制和调控机制）的组成要素及其内在联系进行了详尽的分析和阐释，构建了区域循环经济发展机制的基本理论体系和研究框架，初步回答了循环经济理论所涉及的基本问题：即循环经济是什么（内涵和脉络，What）和循环经济如何发展（发展机制，How）的问题。该书所构建的区域循环经济发展机制的理论体系和研究框架，不仅补充和完善了循环经济研究的理论体系，而且为区域循环经济发展实践提供了理论依据和科学指导。

《区域循环经济发展机制研究》是薛冰博士在其博士论文和多年来在此领域的研究基础上，经反复修改和补充完善后而写成的，作为作者的导师，我为能成为博士论文和本书（正稿）的第一读者而感到高兴，特此作序以表祝贺！期望薛冰能再接再厉，不断地有更多、更好的研究成果问世。

2012 年 9 月于兰州

摘 要

循环经济理念的产生，是源于人类对工业革命以来出现的生态危机和资源问题的深刻认识和自我反省，其人文响应的重要表征就是在区域层面的发展实践。自20世纪90年代循环经济理念被引入中国后，其研究得到了进一步的拓展，政府、企业等也都积极采取有关措施，以期望加快实践步伐，推动循环经济在区域层面上的具体深入。但由于指导理论的单薄，使得区域循环经济的发展实践面临着诸多问题，因此，构建关于区域循环经济发展的理论体系和研究框架，是目前区域循环经济研究面临的重要基本命题之一。本书在对循环经济脉络梳理和现有成果批判继承的基础上，以区域循环经济发展理论体系架构为目标导向，以广义物质流管理为基本分析手段，基于全过程分析的角度，对区域循环经济的发展机制进行了系统的逻辑推演和理论研究。本研究的具体内容摘要如下：

（1）关于循环经济的脉络梳理与内涵特征。本书对循环经济的概念内涵进行了分析和修正，进而从人类历史发展过程的角度，挖掘了西方思想体系与循环经济理论的内在逻辑关联，对其思想根源、产生背景进行了分类梳理和整合，进而分析阐述了中国循环经济研究的特色元素。

（2）关于区域循环经济的基本问题研究。本书研究并强调了区域循环经济的"区域性"、"发展性"和"系统性"特点，认为区域循环经济框架组成具有多重性和复合性。基于全过程的视角，在理论上明确了区域循环经济发展过程的机制组成，即：驱动机制、规划机制、运行机制、反馈机制和调控机制。

（3）关于区域循环经济发展机制的具体研究。

驱动机制：基于广义物质流管理分析方法，建立了驱动机制的概念分析模型，识别和阐明了区域循环经济发展的驱动来源及其相互作用机理。最后，在结合问卷调查和结构分解分析等方法的基础上，对区域循环经济发展的微观驱动机制进行了局部的定量和比较分析。

规划机制：在实践经验总结和理论逻辑推演的基础上，对区域循环经济发展规划的基本原理、编制理念、框架结构，以及规划过程进行了辩驳和阐释，进而构建了关于区域循环经济发展的规划体系，以试图解决区域循环经济发展中面临的科学规划问题。最后，以陕西汉中为研究案例，对区域循环经济规划机制的有关内容进行了解释和佐证。

运行机制：研究界定了区域循环经济系统的运行载体，并对其运行机理进行了研究阐释，建立了有关函数概念方程，特别指出系统运行的核心目标是"同步解耦"。基于情景分析方法，对甘肃的"能源消耗－经济发展－环境影响"之间的耦度关系进行了实证研究，得出了有启示性的结论。

反馈机制：分析了反馈机制在区域循环经济发展中的作用与重要意义，对区域循环经济发展中的反馈机制进行了理论设计，将政府、企业、公众界定为反馈对象，理论构建了区域循环经济信息交流的概念平台；基于元数据统计和最低限度原则，对信息内容进行了分层次预设计。

调控机制：阐释了区域循环经济发展中的调控作用机理、形态，以及模块组成；构建了区域循环经济发展调控的一般应用检验模型，并从调控目标的科学性检验、调控指令的社会成本预检验等方面提出并解释了应用检验过程。

总而言之，本研究构建了区域循环经济发展机制的基本理论体系和研究框架，拓展了物质流管理的科学内涵，提出了"矢量流"、"传输者"、"权限检验"等新概念，为指导区域循环经济的发展提供了理论基础和参考指南，在实现循环经济理论与具体实践相结合的方向上做出了积极的创新尝试。

关键词：循环经济　发展机制　物质流管理

ABSTRACT

The produce of Circular Economy (*abbr.* CE) theory is due to the understood and auto criticism of the human beings to ecological crisis and resources scarcity appeared continually after the Industrial Revolution. The key token of its human response is the idiographic practice on the regional level. Since the concept of CE was introduced into China in 1990s, the outcomes of the research concerning its theory and practice has achieved to further. The policies and methods made by the government and enterprises respectively in China are both taken to accelerate the circular economic development, particularly on the regional level. However, because of the theoretical inadequacy, the circular economic development on regional level is facing series barriers, thus, the issue of establishing an applied scientific theory to guide the regional CE development is being of an important proposition.

Based on the comprehensive ordering to CE theory and the critical inheritance to currently research outcomes, the oriented goal of this research, which takes the generalized material flow management as a basic methodology, from the viewpoint of mechanism study and whole process analysis as well, is trying to establish an academic framework linking to the regional circular economic development. The contents of this research are summarized as following:

(1) Characters and theoretic skeleton of circular economy.

This thesis firstly analyzed the characters of CE and corrected its concepts partially, and excavated the logic relationship between western ideological system and CE theory, followed by the integrated skeleton to its ideological roots and developmental background. At last, we clarified the distinctive features of CE research and practice in China.

(2) Fundamental problems of regional circular economy.

This thesis studied and emphasized the features of regional circular economy which are "regional, developmental, and systemic", and the characters of its framework structure are multiplicity and complex. Based on the research point initiated to the whole process analysis, this research identified and sorted the developmental procedures, and creatively categorized the components of regional CE developmental mechanism as: *Driving, Planning, Operating, Feedback, Regulating & Redirection*.

(3) Details research on the developmental mechanism.

Driving Mechanism: Based on the methodology called generalized material flow management, this thesis established a conceptual model to identify and research the source of driving force and the interaction mechanism. At last, we explained and proved the micro driving mechanism through the cases study based on the questionnaire research and quantitatively analysis.

Planning Mechanism: Based on the summing-up of research experiences and the academic logical inference, this research revealed the basic principles, compiling ideals, frame structure, and compiling process of master planning for CE development, which is trying to solve the problems of master planning' compiling. Finally, Hanzhong city is studied as a reference to explain the planning mechanism theory.

Operating Mechanism: The operational carriers and its operational mechanism of the regional CE development were defined following by establishing the function equations which could be useful for understanding the machanism, and we also pointed that the operating goal is to achieve the synchronous decoupling. Based on the scenario analysis, the empirical study on the coupling relation among "energy consumption-economic development-environmental impacts" in Gansu is taken and the outcomes are revelatory.

Feedback Mechanism: The role and significance of the feedback in regional circular economic development are analyzed, following by the conceptual designing to the feedback mechanism. This research firstly defined the government, enterprise, and the public as the feedback objectives respectively, proposed a conceptive information communication platform later, and finally pre-designed the information contents according to the ideas of meta-data and minimum static.

Regulating and Redirection Mechanism: This research studied the mechanism, modality, and the components of the regulation and redirection control in regional CE development, followed by establishing a generalized applied verification model in order to perfect the development of regional CE development. Of course, this research also clarified the verify processes which categorized as scientific verification, social cost verification, and so on.

In conclusion, this research found an academic framework concerning the regional circular economic development, and extended the concept of the material flow material management and its application domain as well, we also proposed innovative ideas on the regional CE theory such as "*Vector Flow Management*", "*Transfers*", "*Permission Verification*", etc. The outcomes of this research is initiated to provide an academic basis and guideline for the circular economic practice on regional level, and tried innovatively to combine the theory and practice in order to accelerate the regional circular economic development in China.

Key Words: Circular Economy; Developmental Mechanism; Material Flow Management

目 录

第1章　绪论 / 1
 1.1　选题背景与问题提出 / 2
 1.2　理论方法与技术路线 / 5
 1.3　内容概要与创新总结 / 19

第2章　循环经济理论内涵与脉络梳理 / 23
 2.1　循环经济理论的理论内涵 / 23
 2.2　循环经济的思想溯源与脉络梳理 / 34
 2.3　本章小结 / 50

第3章　区域循环经济的基本问题与系统机理 / 52
 3.1　区域循环经济的基本问题 / 52
 3.2　区域循环经济的发展机理 / 59
 3.3　本章小结 / 65

第4章　区域循环经济发展的驱动机制 / 67
 4.1　概念模型与作用原理 / 68
 4.2　驱动机制的局部检验：环境压力与经济发展 / 76
 4.3　驱动机制的信息识别：政府认知与公众意识 / 91
 4.4　本章小结 / 94

第5章　区域循环经济发展的规划机制 / 96
 5.1　规划的基本原理 / 98

5.2 规划过程与内容体系 / 106
5.3 案例研究：区域循环经济型旅游业发展规划设计 / 114
5.4 本章小结 / 121

第6章 区域循环经济系统的运行机制 / 123
6.1 运行载体识别及其属性 / 124
6.2 运行过程与机理分析 / 130
6.3 基于情景分析的耦度关系及解耦运行研究 / 140
6.4 本章小结 / 156

第7章 区域循环经济发展的反馈机制 / 158
7.1 反馈原理与机制特征 / 159
7.2 反馈机制设计与路径选择 / 165
7.3 本章小节 / 182

第8章 区域循环经济发展的调控机制 / 183
8.1 调控机理及形态 / 184
8.2 模型构建与检验 / 189
8.3 本章小结 / 194

第9章 主要结论和研究展望 / 196
9.1 主要结论 / 196
9.2 研究展望 / 200

参考文献 / 202

致　谢 / 228

CONTENTS

Chapter 1 Introduction / 1

    Section 1.1 Background and Target / 2

    Section 1.2 Methodology and Technical Route / 5

    Section 1.3 Summary and Innovation / 19

Chapter 2 Theory and Clarification of Circular Economy / 23

    Section 2.1 Theoretical basis of Circular Economy / 23

    Section 2.2 Clarification of Circular Economy / 34

    Section 2.3 Chapter Conclusion / 50

Chapter 3 Fundamental and Systemic Mechanism of Circular Economy / 52

    Section 3.1 Issues in Developing Regional Circular Economy / 52

    Section 3.2 Mechanisms Identification of Regional Circular Economy / 59

    Section 3.3 Chapter Conclusion / 65

Chapter 4　Driving Mechanism in Regional Circular Economy Development / 67
　Section 4.1　Conceptual Model and Action Principles / 68
　Section 4.2　Local Verification: Environmental Pressure and Economic Development / 76
　Section 4.3　Information Identification: Governmental Knowledge and Public Awareness / 91
　Section 4.4　Chapter Conclusion / 94

Chapter 5　Planning Mechanism in Regional Circular Economy Development / 96
　Section 5.1　Basic Principles of Planning / 98
　Section 5.2　Planning Process and Contents / 106
　Section 5.3　Case Study: Developing Circular Economy in Tourism Industry / 114
　Section 5.4　Chapter Conclusion / 121

Chapter 6　Operating Mechanism in Regional Circular Economy Development / 123
　Section 6.1　Carriers' Identification and Characters / 124
　Section 6.2　Operational Process and Mechanism Analysis / 130
　Section 6.3　Case Study: Decoupling based on Scenario Analysis / 140
　Section 6.4　Chapter Conclusion / 156

Chapter 7　Feedback Mechanism in Regional Circular Economy Development / 158
　Section 7.1　Principles and Characters in Feedback System / 159
　Section 7.2　Roadmap Designing and Optimization / 165
　Section 7.3　Chapter Conclusion / 182

Chapter 8　Regulating and Redirection Mechanism in Regional Circular Economy Development / 183
　Section 8.1　Principles and Formulations / 184

Section 8. 2　　Model Construction and Verification ∕ 189

Section 8. 3　　Chapter Conclusion ∕ 194

Chapter 9　　Conclusions and Beyond ∕ 196

　　Section 9. 1　　Conclusions ∕ 196

　　Section 9. 2　　Beyond ∕ 200

References ∕ 202

Acknowledgements ∕ 228

第 1 章 绪 论

循环经济理论的产生与发展，是对全球与区域资源环境问题的具体人文响应。目前，学界还没有形成完整系统的循环经济理论体系，人们对循环经济的理论内涵、发展路径、区域实践等也存在着不同的认识（陆钟武，2003a；诸大建，2005a；王如松，2005a；任勇，2006a；齐建国，2007a）。在世界范围内的理论发展和实践过程中，循环经济有着丰富多彩的表现形式①。

---

① 关于"循环经济"究竟是模式，理念，抑或是发展战略，或者是其他，国内学者对此仍然存在一定的争论，目前尚无统一的共识（见本论文的有关章节）。然而，即使是某些学者本人，也都会在不同的文章或报告中使用不同的定义。在本研究中，作者认为，在不同的环境条件和认知对象上，"循环经济"既可以被理解为"模式"，也可以被理解为"战略"或者"理念"，这并不影响循环经济的内涵本质。

1.1 选题背景与问题提出

1.1.1 选题背景

自 18 世纪工业革命以来，人类在改造自然和发展经济方面取得了辉煌成就，随着科学技术的进步、社会生产力水平的提高，人类对自然资源的开发能力达到空前水平；与此同时，全球经济增长的惊人速度也勾勒出人类对资源环境的极大挑战。人类社会对于物质与精神的无限需求，主要通过"大量生产、大量消费、大量抛弃"为表征的传统经济规模的持续扩大来满足，在这样的背景下，有限的自然资源由于过度开采而面临枯竭，不断恶化的生态环境损害并降低了生态系统的服务功能，各种负面反馈作用开始显现，干扰了人类社会经济活动的正常运转。

基于资源枯竭和环境恶化的残酷现实，20 世纪 60 年代中期，随着全球环保运动的兴起，美国经济学家鲍尔丁（K. Boulding）发表了《即将到来的宇宙飞船地球经济学》（*The Economics of the Coming Spaceship Earth*），为循环经济理念的产生奠定了基础（解振华，2004a）。鲍尔丁认为，地球就像在太空中飞行的宇宙飞船，要靠不断消耗自身有限的资源而生存，如果不合理开发资源，破坏环境，地球就会像宇宙飞船那样走向毁灭。70 年代，人们开始关注废物产生后如何治理，这一行动被称为"末端治理"（曲格平，2000a；包英姿，2004）；80 年代后，清洁生产和全过程控制管理模式受到了普遍重视和关注，关于循环经济的研究开始向废弃物资源化的目标迈进（左铁镛，2005；王军锋，2008）；随后，以德国和日本为代表的发达国家把发展循环经济、建立循环型社会看作实施可持续发展战略的重要途径和实现方式（闫敏，2006；黄海峰等，2007）。

20世纪90年代以后,循环经济理念被引入中国,循环经济在中国的发展仍然处于起步与推广的混合阶段,各级政府也积极采取有效政策措施,以期望加快循环经济的发展步伐,特别是推动循环经济在区域层面上的深入发展(韩宝平,2003;李勇进,2008)。

1.1.2 问题提出

长期以来,中国主要沿用以"高投入、高消耗、高污染、低产出"为特征的传统发展模式,这种发展模式对自然生态环境造成了严重的破坏,并逐渐成为制约社会经济可持续发展的重要因素(潘岳,2005)。虽然许多工业化国家也曾经历生态环境问题严重的发展阶段,但是仍须清醒地看到:在快速经济增长过程中,中国面临的生态环境约束比任何一个大国在工业化过程中所遇到的问题还要严峻,即:面临着生态环境先天不足、后天失调和加速实现工业化和城市化的多重压力(王军锋,2008)。

目前,我国循环经济的发展正处于局部试验和区域实践推广的混合转折阶段。发展区域循环经济,是实现基于产业集聚规模效益的需要。集聚经济主要基于经济活动的空间向度,认为经济活动在空间上并非均匀分布,而是呈现局部集中的特征。空间上的局部集中现象往往伴随着在分散状态下所没有的经济效率,亦即导致了由企业集聚而造成的整体系统功能大于分散状态下各企业所能实现的功能之和(彭秀丽,2007)。同样,对于循环经济中废弃物的资源化问题也应以集聚的方式加以处理,才能有助于降低成本。发展区域循环经济,也是实现区内平衡发展和区际协调发展的需要(何东,2007;彭秀丽,2007)。由于区域内的经济水平高低不一,发展能力的差异受地方财政收入等因素的制约,导致区域循环经济发展中存在着诸多难题,而这些难题是欠发达地区自身难以解决的,需要通过区域的整体统筹才能获得较好的效果。有些循环经济的项目本身是跨区域的,单一行政区域无法解决,必须从更大范围的区域层面进行协调处理。因此,在某些领域,只有整个区域范围实行循环经济,才具有经济上的合理性和推动项目实施的可行性。

然而,由于缺乏理论指导,中国区域循环经济的发展存在着认识不充分和思维片面性问题,人为割裂或忽视社会经济系统各产业及其组成机体的关联性,使得市场行为下的区域循环经济发展面临自组织能力不足等诸多困难;另一方面,中国区域循环经济发展过于侧重工业的倾向,使得在构建区域循环经济发展体系、挖掘区域循环经济发展潜力中,也隐含着诸多机遇和创新机会,诸如基于零排放目标的社区层面的循环经济发展设计、基于有机废弃物资源化的区域分布式能源供应系统设计,等等。

正是基于上述背景,我们认识到,在推进区域循环经济发展过程中,必须要深刻认识循环经济的概念本质,拓展其科学内涵,辨识区域循环经济发展机制的组成要素及其互动关系,进而基于系统思维从理论上构建具有应用价值的解决方案。在系统方案建构过程中,必须充分认识和甄别系统内部物质流、能量流、信息流、资金流、价值流以及决策活动的特征性质,为阐明区域循环经济发展机制,辨别分析目前国内循环经济发展的问题和机会,促进其自组织发展提供参考。

因此,本研究主要围绕如下三个问题而展开:

(1) 循环经济具有哪些内涵特征,它的发展脉络是什么?

(2) 区域循环经济发展机制的模块组成有哪些,包含哪些子机制?

(3) 系统的机制元素之间是如何相互作用的,其过程又如何检验与优化?

1.1.3 课题资助

本研究主要受到如下项目的资助:

(1) 国家社会科学基金:加快西北少数民族地区经济发展与环境友好型

社会建设研究【06BSH001】，负责人：陈兴鹏，2006年1月~2008年6月。

（2）国家自然科学基金：20世纪80年代以来汉藏回民族地区人地关系演变过程的时空比较研究【40871061】，负责人：陈兴鹏，2009年1月~2011年12月。

（3）甘肃省经济委员会委托项目：甘肃循环经济发展规划研究，负责人：陈兴鹏，2006年7月~2008年12月。

（4）陕西省汉中市发展和改革委员会招标项目：汉中循环经济产业集聚区发展规划，负责人：陈兴鹏，2008年11月~2009年6月。

（5）IfaS研究项目：Recycle of Organic Waste in Yangling, Shanxi，负责人：Peter Heck，主管：卢红雁，2008年6月~2008年10月。

（6）2007年国家建设高水平大学公派留学联合培养博士生项目，2007年10月~2008年10月。

1.2 理论方法与技术路线

1.2.1 思想依据与理论基础

思想依据是科学研究的灵魂，也是构建学术思想体系的立足点与出发点；没有坚实的理论基础，就无法对所研究的学科达到充分的认识，更无法谈及建立在科学基础（Scientific-based）之上的创新。对于从事循环经济研究的我们而言，本学科研究所遵循的思想依据和理论基础，并非是对与"循环经济"有关的所有知识体系的全部细节把握，而是对该学科的核心思想或主导思想的梳理、整合和有批判地继承，更包含本学科之外的诸如哲学、社会学等人类精神财富的吸收。

1.2.1.1 思想依据

思想依据是整个论文的隐性理论依据，贯穿于研究的全过程之中，从论文的选题、结构确定与修正、研究内容的撰写，乃至研究结论的产生，都体现出一种哲学思想。本研究的学术思想形成过程主要受影响于西方哲学中的"实践人本主义"和"生态中心主义"，中国哲学中的"道家思想"等①。对上述的基本哲学理念的认同，深刻影响了作者本人对于区域循环经济发展的认知方向，并体现和贯穿于整个研究过程之中。

（1）实践人本主义

人本主义是西方哲学中的两个基本分支之一。具体而言，人本主义在中国的实践解释又可划分为两个具体理论层面，在第一层面上，认为随着中国的发展，必须高扬人的主体性，这不仅是西方工业文明发展过程中重要的文化驱动力，而且对于中国这一从农业文明走向工业文明的国家，这种主体性是重要力量（张学成，张爽，2002）；在第二层面上，认为西方工业文明发展中出现的问题，给中国的工业化发展提供了一个借鉴，中国不能落入西方工业文明发展的窠臼（樊百华，2006），并需开辟新的道路。

（2）生态中心主义

生态中心主义源自于西方激进的环境伦理学派，通常被表述为深层生态主义，其特征是主张所有自然存在物都具有其内在的价值，主张人不仅对生命负有道德义务，而且对整个生态系统也负有直接的道德义务，反对个体主义，强调整体主义的环境伦理思想（Roslton，1988；纳什，1999）。长期以来，认为"自然资源是没有内在价值的，只有工具价值"的观念使得生态环境成为参与分享人员最多，而获得关心最少的公共物品，资本、劳动、技术进步等逐步成

---

① 虽然有学者认为中国古代哲学中所涉及的"道家思想"等思想内容和西方哲学中的"人本主义"、"系统控制"等思想在概念本质上具有相似性，对于该结论，本文作者谨表示充分的尊重和赞成，只是基于地域区分的考虑，本研究仍然按照中国哲学和西方哲学予以独立分析，以便梳理、区分，进而吸收他们的思想体系对于区域循环经济发展机制研究的不同贡献。

为经济增长的内在变量,而生态环境却仍被拒之于门外,被视为经济发展的外生变量,导致了人类对资源的掠夺性利用。而生态中心主义将人与自然的关系赋予了伦理的色彩,意识到自然不仅具有工具价值,而且具有内在价值,人类必须担当起保护自然家园的重任,给自然以道德关怀。

(3) 道家思想

道家思想是中国古代哲学体系的重要组成部分,是强调和谐统一关系的生态伦理思想。道家认为,人与万物同起源于道,同构于物,同归于根,同合于一,"万物负阴抱阳、冲气以为和";宇宙万物是相依相存、相应相求,相互联系环环相扣"疏而不失"的无形生态网,人类的生命维持与发展依赖于整个生态系统的动态平衡。人与自然"和谐共生"的价值观念是道家自然主义哲学思想的精髓,与深层生态学中人与自然相统一的一元论思想是相吻合的。

在区域循环经济发展机制研究中,一个最基本的立足点就是如何界定自然生态系统与人类活动之间的关联性,因此,基于"实践人本主义"、"生态中心主义",以及中国的"道家思想"的角度思考,在区域循环经济发展研究中,我们必须采用"价值平等"的态度对待生态系统和人类活动,同时,在承认科学技术能够提升促进人类生活品质和环境承载力的同时,必须意识到科学技术并不能解决一切环境问题。

1.2.1.2 理论基础

理论基础是指研究过程中所涉及的有关主要科学基础。在区域循环经济发展研究中,首先要体现并遵循的原则就是系统研究,即把"区域循环经济"的发展看作一个整体系统进行分析,并探求对其主要组成要素的调控,而这种调控过程主要通过信息流的矢量改变来实现,因此,系统论和控制论构成了本研究的基本理论基础。

在研究区域循环经济发展的内部机理上，主要涉及"产业生态学"、"人文地理学"、"环境社会学"、"生态经济学"等学科内容，这些理论基础主要体现在关于区域循环经济发展系统要素的微观整合、外部关联以及区域的具体人文响应等方面。

(1) 系统论

系统①思想源远流长，其中较有代表性的是确立现代系统科学学术地位的美籍奥地利人、理论生物学家贝塔朗菲（L. V. Bertalanfy）于1968年发表的专著《一般系统理论基础、发展和应用》（General System Theory：Foundations，Development，Applications，该书被公认为是这门学科的代表作）和中国古代哲学"道家思想"中的"五行说"。

现代系统科学理论认为，系统是由两个以上的要素构成的集合体，各要素之间相互联系和相互作用，形成了特定的整体结构。系统元素之间的作用过程可以用贝塔朗菲首先提出来的系统方程组来描述：

设一个系统有 n 个元素，每一个元素用 X_i（$i=1,2\cdots n$）来表示，又假定 Q_i 为 X_i 的某种量度，单位时间内的改变量为 $\dfrac{dQ_i}{dt}$，如果这种改变量是连续的，于是系统元素之间的相互作用便可以用一个微分方程组来表示，即：

$$\frac{dQ_i}{dt}=f_i(Q_1,Q_2\ldots Q_n) \quad i=1,2,\cdots n$$

这表明：系统中任何一个元素的状态变化是所有元素共同作用的结果，而

---

① 系统一词，来源于古希腊语，是由部分构成整体的意思，但关于系统的定义尚没有明确的规范和统一。例如，贝塔朗菲认为系统是"处于一定的相互关系中并与环境发生关系的各组成部分（要素）的总体（集）"，钱学森认为"系统是由相互作用和相互依赖的若干组成部分结合成的、具有特定功能的有机整体"，许国发则定义"系统是由两个以上可以相互区别的要素构成的集合体"，等等。本研究是在综合上述定义的基础上，认为"系统是指由若干组成元素以一定结构形式联结构成的功能性有机整体。"

任一元素性状的改变（方程右端 Q_i 的变化）又引起所有其他元素性状的变化的变化。

中国古代"五行说"认为，金、木、水、火、土五种成分是世界的本原，这五种基本要素按照"相生相克"的规律，形成了生克制化与乘侮胜复的特定形态结构，制约着自然界和社会运动的变化，揭示了事物发生、发展变化的量变与质变，平衡与负平衡的基本原理。"五行说"的重要贡献在于，后人可以根据五行的属性特征，将自然界许多事物和现象归为五大类别（Hongyan Lu，2009），并认为这五类属性的物质之间存在着有序的、一定方式的相互联系和相互作用，进而构建起一个有机的系统图。

五行说和现代系统科学的共同点在于都强调系统的有机整体观念，即系统中各要素都处于一定的位置上，发挥特定的作用。整体性、关联性、等级结构性、动态平衡性、时序性等是系统的基本特征，系统结构的形成在于其组成要素（物质、能量、信息等）之间的相互联系、相互作用。

"五行说"和现代系统科学的一个重要不同点则在于对系统组成要素数量上的定义。"五行说"中基于"我生（的要素）我克（的要素），克我（的要素）生我（的要素）"的出发点，将组成要素数量定义为 5 个；而现代系统科学中，基于"相互联系和相互作用"的出发点将组成要素定义为至少 2 个。组成要素数量上的定义差异，也在某种程度上反映了对于系统的认知差异。作者认为，这种差异的来源点应该在于对系统"生命能力"的认识，"五行说"中的系统观，更确切地说是能够自我发展和调节的有机系统，而现代系统科学中的系统观是范畴更为宽广的包含有机系统在内的概念性定义。

本研究中，作者将区域循环经济的发展当成"有机系统"的概念去理解，即区域循环经济的发展不仅仅是被动的人为发展过程，更应该被注入"活力"，使得区域循环经济系统能够实现自我运行，因此，本研究基于"五行说"的概念去探析发展机制的宏观模块组成,并从现代系统科学的角度探寻各模块下的元素运作机理,是具备一定创新依据的。

(2) 控制论

自从 1948 年诺伯特·维纳（Norbert Wiener）发表了著名的《控制论或关于在动物和机器中控制和通讯的科学》（*Cybernetics-or Control and Communication in the Animal and the Machine*）一书以来,控制论的思想和方法已经渗透到了几乎所有的自然科学和社会科学领域。

在控制论中,"控制"是指为了"改善"某个或某些受控对象的功能,需要获得并使用信息,以及以这种信息为基础的对于该对象的作用。控制系统是一种动态系统,这种系统为了在不断变化的环境中维持自身的稳定,内部具有一种自动调节的机制,控制是从外部环境到系统内部有一种信息的传递。控制的基础是信息,一切信息传递都是为了控制,进而任何控制又都有赖于信息反馈来实现。

控制工作的重要性在于任何组织、任何活动都需要进行控制。这是因为即便是在制订计划时进行了全面的、细致的预测,考虑到了各种现实目标的有利条件和影响实现的因素,但由于环境条件的变化,控制方受到其本身的素质、知识、经验、技巧的限制,做出的预测不可能完全准确,制定的计划在执行过程中不但有可能出现偏差,还会发生未曾预料到的情况。这时,控制工作就起了执行和完成计划的保障作用,并且在控制中还会产生新的计划、新的目标和新的控制标准。通过控制工作,能够为控制方提供有用的信息,使之了解计划的执行进度和执行中出现的偏差及偏差的大小,并据此分析偏差产生的原因,进而制定应对计划。在许多情况下,实施控制工作会导致确立新的目标,提出新的计划用以改变组织机构,改变人员配备以及在指导和领导方法上作出重大的改革。

(3) 产业生态学

产业生态学以 20 世纪 80 年代末福罗什（R. Frosch）等人开展的"产业代

谢"研究为代表，旨在模拟生物新陈代谢和生态系统的循环再生过程（Ayres，1996；鞠美庭，2008）；90年代以后，随着可持续发展思想的日益深入，产业生态学的理论、方法与实践取得了长足的进展（彭少麟，2004）。目前的产业生态学理论研究多以区域性产业生态系统为研究对象，强调其闭路循环特征，注重系统内的横向耦合，变污染负效益为资源正效益，逐步实现有害污染物在系统内的全面回收和向系统外的零排放。产业生态学原则包括多层次的开放性原则、因地制宜的本土性原则和生态经济复合系统的经济性原则（鞠美庭，2008）。

产业生态系统是按生态经济学原理和知识经济规律组织起来的基于生态系统承载能力、具有高效的经济过程及和谐的生态功能的网络化生态—经济系统（Korhonen，2001）。产业生态系统的构建旨在通过降低系统边际投入和减少系统废物排放，在不发生污染转移的情况下达到减轻环境压力的目的（Wackernagel & Rees，1997），主要通过系统内各组分的多样化合作，充分利用（包括废弃物和能量）物质和能量资源来实现该目的。

就推进产业生态系统发展而言，类似政府的特殊推动组织是不可或缺的（彭少麟，2004），通过这种组织，可在原本不愿协作甚至存在竞争的单位或区域间建立起协作关系。这种类似于政府的组织在系统的规划与发展中会全面考虑生态、经济和社会三大效益，而这一点正是单个企业或建设项目所不会考虑或难以顾全的问题。

（4）环境社会学

1978年，美国社会学家邓拉普（R. E. Dunlap）和卡顿（W. R. Catton）撰写的论文《环境社会学：一个新的范式》公开发表，指出环境社会学研究的核心是环境与社会间的相互作用，该文被认为是环境社会学正式形成的标志（吕涛，2003）。此后，整合性研究范式提出在环境社会学领域建立一个具有广泛意义的理论框架来进行跨学科的研究（Dietz & Rosa，2002；Brenkert &

Murphy；2004）。施耐伯格（Schnaiberg）从社会环境辩证法的角度对环境问题做出了"政治经济学的解释"（Hannigan，1995）。与邓拉普和卡顿等人关于环境问题的生态学解释相比，政治经济学的解释所关注的主要问题是：环境衰退的社会根源是什么？究竟谁应对环境破坏负责？

施耐伯格从中得出三种可能性：一是"经济综合系统"，即最大限度地追求经济增长，忽视经济增长与资源环境之间的矛盾，这是目前某类社会经济发展的普遍写照；二是"管理综合系统"，即尝试通过管理去控制那些危害人类健康和生态系统的生产行为，但这无助于从根本上解决环境问题；三是"生态综合系统"，即对社会的生产和消费采取特定的控制和削减措施并使用可再生资源来降低环境破坏和资源锐减的程度，从而使经济发展具有可持续性。该学者认为，第三种可能性只是一个假设的例子，只有当资源环境被损耗破坏到极其严重的地步，以至掌权的政治力量开始倾向于这种可能性，它才会实现。

虽然我国的环境社会学研究刚刚起步，但学界已经认识到环境社会学的研究推动了科学综合整体化进程，认识到环境社会问题是一个复杂的全方位的问题（董小林，严鹏程，2005），环境社会学的研究目的之一是关注环境与社会的协调发展（吕涛，2003）。

（5）物质流管理

1994年，德国联邦会议将物质流管理定义为："围绕经济、生态和社会协调发展的目标，可靠、综合、有效的影响和改变系统的物质流和能量流[①]"。物质流管理要研究一个明确系统内的物质和能量的输入、转化和输出关系，具体如物质的数量、来源、去向、成本、发展趋势、社会生态效应以及与其他物流的关系和涉及的相关政策、利益相关方等（Peter Heck，2006）。

---

① 《德国联邦会议"人与环境保护"》，1994，第259页。

物质流管理通过对区域输入流（自然资源、能源、人力资本等）和输出流（废弃物等）的综合分析，把当前的"低效率流"或者"废物流"转变为"资源流"，实现高效利用。物质流管理既是循环经济的重要技术支撑，也是循环经济的核心调控手段（Peter Heck，2006；李喜俊，2006；卢红雁，2008）。根据优化对象的不同，物质流管理包括以下几个层次：①区域层面物质流管理（区内和区际物质流管理）。②企业物质流管理（企业之间以及企业内部之间的物质流管理）。物质流管理方法的实施如下图所示：

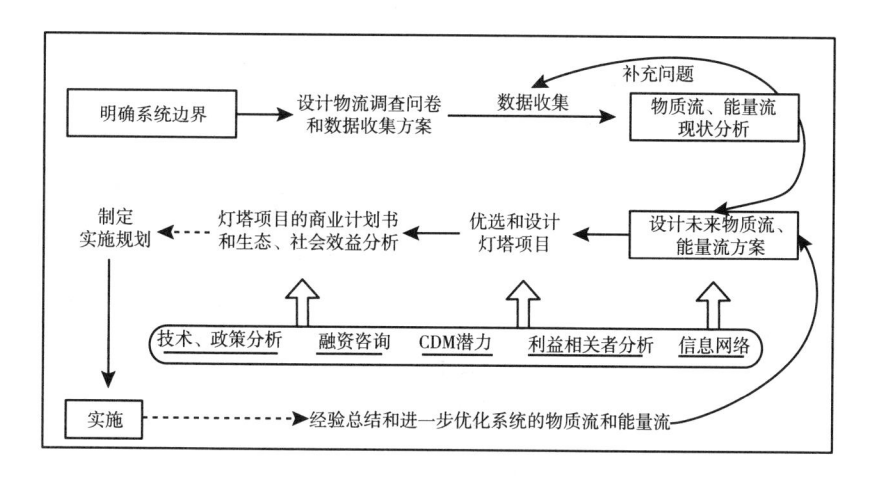

图1-1 区域物质流管理技术路线图（Hongyan Lu，2008）

物质流管理的目的在于优化资源利用的同时实现区域增值（Peter Heck，2007）。区域增值是指通过开发本地区的潜力，提供食品、物质和能源所产生的区域效益。实现区域增值的过程，还可带来区域就业和区域经验的增加，同时引入更多的资金在区域内流通，从而稳定和发展区域经济。区域增值战略也有利于区域的全球化竞争，区域自身的能力会得到更多凸显和实践，可提高本地区在全球市场中的竞争力。因此，物质流管理重视环境和社会效益，也重视经济效益，是循环经济实现经济、社会和环境"多赢"目标的重要操作工具。

1.2.2 研究手段与技术方法

本研究主要通过问卷调查、田野访谈、文献查询等手段获取元数据指标以及部分二次数据指标①，并在此基础上通过产业关联结构分析、广义脉冲响应分析、格兰杰因果检验等方法对数据资料进行综合分析，为研究内容和研究过程服务。

1.2.2.1 研究手段

（1）问卷调查。

问卷调查主要用于区域循环经济发展的驱动机制的研究，通过对社会公众发放纸质问卷和网络问卷两种方式，获取用以分析社会公众对于区域循环经济发展的认知情况的元数据指标。

本研究中，共发放纸质问卷600余份，回收595份，有效问卷592份，问卷发放地点为陕西汉中和甘肃兰州、临夏等地。其中，针对公务员系统发放问卷260份，回收255份，有效问卷252份；针对非公务员的社会公众，发放问卷344份，回收340份，有效问卷340份。

本研究的网络问卷调研基于 *ASKFORM.COM* 的问卷平台，发放渠道为及时通讯工具 *QQ* 和 *MSN*，主要论坛网站 *XIAONEI.COM*、*MSNSPACE* 等。截至2009年3月31日24：00，访问数量为369次，IP数量为67次，收到的问卷数75份。

（2）田野访谈。

主要为区域循环经济发展机制的定性分析提供素材和思考指南。田野访谈地点与访谈对象主要为：

①德国的 *IfaS* 研究所负责人 Peter Heck 教授、OIE 热电联产公司、Areal

---

① 元指标具有基础性、唯一性的特征，主要针对二次指标而言，元指标的数据无法通过计算获得，只能通过调研等方式获取。有关研究成果"可持续发展评价中元指标的判定与拓展研究"（第三作者）已发表于《统计与决策》（CSSCI）。

废水处理公司、Muechen 城市生活垃圾发电公司、Moerbach 零排放村等有关单位。访问时间为 2007 年 10 月～2008 年 10 月，访问语言为英语。访问途径为 *IfaS* 研究所组织的参观计划。

②摩洛哥的 Larache 省的政府官员（Mr. Siraj and Mr. Milachi）、企业（CDER、RADEEL、O. N. E. P、ORMVAL、Müll Hinkel GmbH）的负责人，以及在田间工作的部分农民。访问语言为法语和阿拉伯语（由翻译负责以法语和阿拉伯语向被访问者交流，然后以英语告知访问者），交流记录语言为英语。访问时间为 2008 年 9 月～10 月。访问途径为 IfaS 研究所组织的 *Traveling University* 计划。

③甘肃省的有关政府官员（甘肃省经济委员会、发展和改革委员会、科技发展促进中心等），主要企业（酒泉钢铁公司等），以及街头市民。记录语言为中文。访问时间为 2005～2009 年间，主要结合导师的有关"循环经济发展规划和实施方案"的课题进行。

④陕西省汉中市的有关政府官员（市发展和改革委员会、经济委员会等，各县区发展计划局等），主要企业负责人（略阳钢铁公司、汉中钢铁公司、春光油脂等 12 家企业）。记录语言为中文。访问时间为 2008 年 12 月～2009 年 1 月，访问途径为通过"汉中循环经济产业集聚区发展规划"课题的调研座谈工作。

（3）文献查询。

主要用于文献综述总结和数据资料获取。主要参考文献来源于图书馆查阅和网络搜索，数据资料主要来源于有关统计年鉴和各类公报。网络查询主要依据 *Scholar. google*，*CNKI*，*JCR*，*Elsevier Wiley Intersicence* 等电子数据库资源，部分数据资源来源于报纸以及政府有关工作报告，详情请参见文中的有关标注。

1.2.2.2 研究方法

（1）格兰杰因果检验。

格兰杰（Granger, 1969）指出，格兰杰因果关系（Granger Causality）所

反映的是一个经济变量是否对另一变量具有显著的滞后影响。对时间系列数据来说,若一个变量 x 的滞后值在另一个变量 y 的解释方程式中是显著的,那么就称 x 是 y 的格兰杰原因。例如,要考察 x 和 y 间的格兰杰因果关系,则针对如下的 VAR（向量自回归）模型有：

$$y_t = \alpha_0 + \alpha_1 y_{t-1} + \cdots + \alpha_q y_{t-q} + \beta_1 x_{t-1} + \cdots + \beta_q x_{t-q} + \varepsilon_t \qquad (1.1)$$

$$x_t = \gamma_0 + \gamma_1 x_{t-1} + \cdots + \gamma_q x_{t-q} + \lambda_1 y_{t-1} + \cdots + \lambda_q y_{t-q} + \mu_t \qquad (1.2)$$

如果假设 $H_0: \beta_1 = \beta_2 = \cdots = \beta_q = 0$ 不成立,则 x 是 y 的格兰杰原因,反之,若接受该假设,则不认为 x 是 y 格兰杰原因。同样,如果假设 $H_0: \lambda_1 = \lambda_2 = \cdots = \lambda_q = 0$ 不成立,则 y 是 x 的格兰杰原因,反之,若接受该假设,则不认为 y 是 x 格兰杰原因。所以,对变量之间的格兰杰因果关系检验就是对一个变量的滞后项在另一个变量的回归方程中的系数进行联合显著性检验,如果系数是联合显著的,则该变量就是回归方程解释变量的格兰杰原因,否则就不是其格兰杰原因。

（2）产业关联结构分析。

产业关联的问题是循环经济研究中的重要内容之一。在社会分工的链条上,各产业都需要其他产业为其提供投入,作为自己产出的要素供给,同时,又把自己的产出作为另一种投入提供给其他产业进行消费。产业关联分析就是研究区域间的经济联系以及区域内各产业的联系,以便发挥各区域产业优势的一种方法（何德旭,2006）。通过产业关联分析,确定各产业之间的关联程度,对资源进行合理配置,提高资源利用效率,对于区域循环经济的有机发展具有重要意义。一个产业在生产过程中与其他产业的联系是多方面的,可能是技术方面,也可能是产品或者服务方面,这些方面的联系构成了产业关联的内容（黄茂生,2006；徐玖平,2008）。

(3) 向量自回归、广义脉冲响应函数与方差分解。

经济增长本身是由环境变化与其他因素所共同决定的内生变量（Dinda，2004），目前，处理变量内生性偏差问题大致有两类方法：一是建立基于经济理论的动态结构式联立方程组，即通过同时估计多个方程组从而减少变量内生性偏差（Huang & Shaw，2002）。但现实分析中难以找到合适的理论基础来构建一个包含所有影响因素在内的完整联立方程组，同时，某一方程的估计偏差往往会严重地导致整个模型估计出现较大偏差（彭水军等，2006；刘坤等，2007）。另一种是非结构化模型，由 Sims（1980）提出的向量自回归模型（VAR），该模型则提供了简便的替代方法，同时，VAR 模型方法为分析系统中各个变量之间的动态影响提供了很好的分析工具（Luetkepohl，1993）。因此，与联立方程组估计法相比，选择 VAR 模型具备如下优点：可以较少地受到既有理论的约束，因为在 VAR 系统中所有变量都被视为内生变量从而对称地进入到各个估计方程中；可以方便地分析各个变量之间的长期双向的动态影响关系；可以避免变量缺省的问题（王艳明，2006；李金昌，2006；彭水军等，2006）。

广义脉冲响应函数（Generalized Impulse Response Function）是建立在 VAR 模型基础上的广义脉冲响应分析，追踪系统对一个内生变量的冲击效果，可以揭示组成 VAR 系统内生变量间动态影响规律，而方差分解能够刻画来自某个内生变量的信息冲击对自身及其他内生变量动态变化影响的相对重要程度，是将系统的预测均方误差分解成系统中各变量冲击所作的贡献，可考察 VAR 系统中任意一个内生变量的预测均方误差的分解。其主要思想是：把系统中每个内生变量（共 m 个）的波动（k 为预测均方误差）按其成因分解为与各方程新息相关联的 m 个组成部分，从而了解各新息对模型内生变量的相对重要性，即变量的贡献占总贡献的比例。比较这个相对重要性新息随时间的变化，就可以估计出该变量的作用时滞，还可以估计出各变量效应的相对大小。

1.2.3 技术路线

本研究首先对循环经济的理论根源和发展历程进行了系统的脉络分析,特别对国内关于循环经济研究的有关理论成果(包含《循环经济发展规划》等)进行了梳理分类和理论辨析,辨别和阐释了区域循环经济发展机制的组成要素和关联机理;并在结合案例分析的基础上,对区域循环经济发展机制的模块组成进行了解析,进而构建了区域循环经济发展机制研究的理论框架。

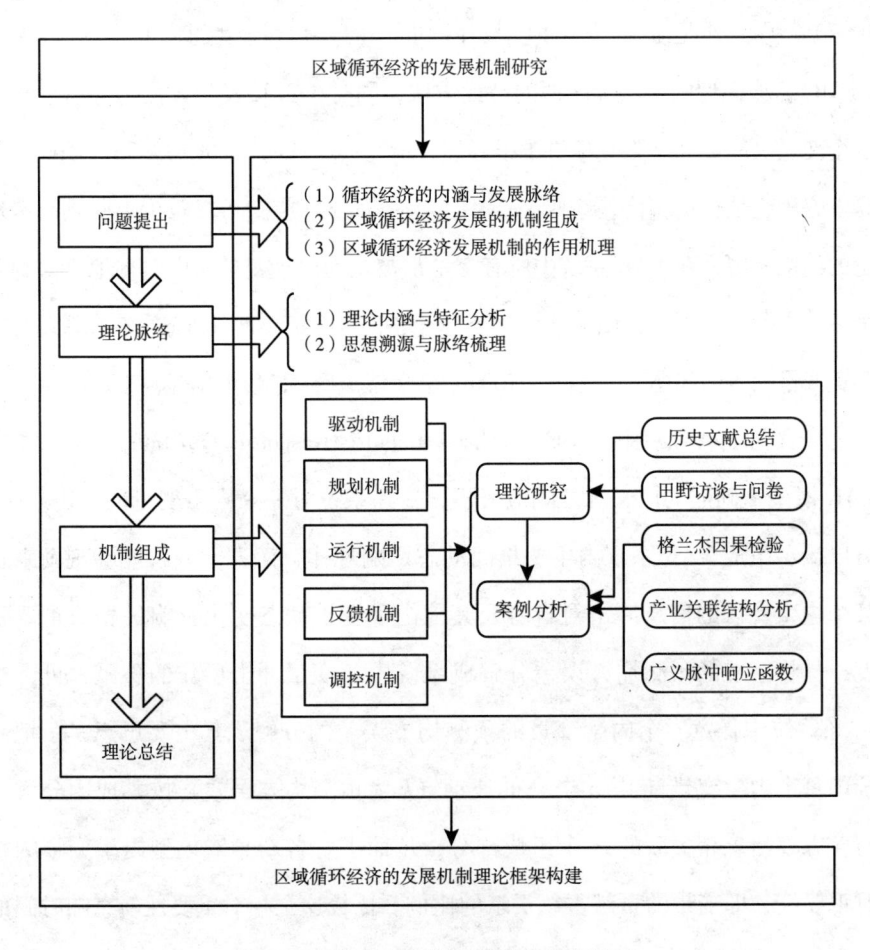

图1-2 论文研究技术路线与框架体系

1.3 内容概要与创新总结

1.3.1 内容概要

论文共分为九章,其中:第一章为绪论,第二章为循环经济理论内涵与脉络梳理,第三章为区域循环经济的基本问题与系统机理,第四章至第八章分别为区域循环经济发展的驱动机制、规划机制、运行机制、反馈机制、调控机制,第九章为研究总结与未来展望。

在第一章的绪论中,主要对论文的选题背景、理论方法与技术路线等进行了简要陈述,并概要总结了本研究的主要内容,研究意义以及创新尝试。

在第二章的循环经济理论内涵与脉络梳理中,对循环经济的概念内涵进行了分析和修正;进而从人类历史发展过程的角度,挖掘了西方思想体系与循环经济理论的内在逻辑关联,对其思想根源、产生背景进行了分类梳理和理论整合;通过对近年来循环经济的理论和实践的研究总结,系统分析了中国循环经济发展的特色元素。

在第三章的区域循环经济的基本问题与系统机理研究中,基于发展全过程的视角,对区域循环经济的发展机制进行了系统的模块识别和划分,原创性地明确了区域循环经济发展过程中的机制组成,即:驱动机制,规划机制,运行机制,反馈机制,调控机制。

在第四章的驱动机制研究中,基于广义物质流分析方法,建立了驱动机制的概念模型,识别和阐明了区域循环经济发展的驱动来源、获取及其相互作用机理,进而通过德国的循环经济发展的历史经验总结,对模型进行了解释;在结合问卷调查和结构分解分析方法的基础上,对区域循环经济发展的微观驱动机制进行了局部的定量分析。

在第五章的规划机制研究中,在实践经验总结和理论逻辑推演的基础上,对区域循环经济发展规划的基本原理、编制理念、框架结构,以及规划过程进行了辩驳和阐释,进而研究架设了区域循环经济发展的规划体系,以试图解决区域循环经济发展中面临的科学规划问题。

在第六章的运行机制研究中,主要围绕两个基本问题展开,即:①运行载体的识别及其属性;②运行过程与机理分析,以尝试阐明区域循环经济运行的基本原理与作用方式。以甘肃为案例,对其"能源消耗—经济发展—环境影响"之间的耦度关系及其"解耦"目标进行了探析,以帮助阐释区域循环经济发展的运行机制。

在第七章的反馈机制研究中,以信息流为主要研究线索,分析了反馈机制在区域循环经济发展中的重要作用与意义,进而根据反馈机制的系统组成,对区域循环经济发展中的反馈机制进行了理论设计,界定了反馈对象,初步构建了反馈媒介,并对反馈信息进行了内容预设计。

在第八章的调控机制研究中,明确了区域循环经济发展的调控作用机理、具体形态以及调控的模块组成;构建了区域循环经济发展调控的一般应用检验模型,并从调控目标的科学性检验、调控指令的社会成本的预检验等方面提出和阐释了检验过程。

在第九章的研究总结与展望中,对本研究进行了理论总结,并指出了未来的研究方向。

1.3.2 研究意义

本研究的主要意义在于:

(1) 完善和补充了循环经济研究的理论体系。本研究对循环经济的发展脉络进行了系统梳理，纠正了关于循环经济的某些偏颇认识，对区域循环经济发展机制进行了系统研究，搭建了区域循环经济发展机制研究的理论框架，对于完善和补充循环经济的理论体系具有较为重要的意义。

（2）为区域循环经济的发展提供了科学指导。本研究基于发展全过程的视角，分析和阐明了区域循环经济发展中有关驱动、规划、运行、反馈以及调控等一系列问题，可以帮助政府、公众和企业等实现对区域循环经济发展的系统认知，进而指导区域循环经济实践的具体发展。

1.3.3 主要创新总结

本论文的研究创新，主要在如下方面进行尝试：

（1）构建了区域循环经济发展研究的理论体系和研究框架。本研究系统地辨别并阐明了区域循环经济发展机制（驱动机制、规划机制、运行机制、反馈机制以及调控机制）的组成要素以及内在联系，不但创新性地补充和丰富了循环经济的理论体系，更为区域层面的具体实践提供了科学指导。

（2）引入并拓展了"物质流管理"的理念内涵，有别于传统的"物质流分析"。物质流管理理念突破了传统的物质流分析范畴，实现了由"分析"向"管理"的转变。本研究构建了包含"信息流"、"资金流"、"能量流"以及"价值流"在内的物质流管理分析矩阵和关联图，突破了传统的以"局部的静态的单一要素"分析为主的循环经济研究，补充完善了循环经济的分析工具。

（3）提出并阐释了循环经济研究和实践中的"矢量流"概念。本研究认为，区域循环经济发展的基础辨识和系统优化应基于动态的"流"分析，即同时兼顾分析与研究包含物质、能量、信息在内的各种"流"的"方向"与

"大小"。在批判继承的基础上，突破了传统的局部的静态研究方法，特别是仅基于"方向"的产业链设计，或者仅基于"大小"的物质平衡分析，补充并完善了循环经济研究的有关手段与技术方法。

（4）提出了"传输者"、"社会成本检验"、"权限检验"等关于区域循环经济发展的新概念，建立了一般（函数、理论）分析概念模型，并贯彻于区域循环经济发展机制的理论研究和实践应用当中，为区域循环经济发展的后续理论研究和指导具体实践，提供了新的思路和参考。

第 2 章　循环经济理论内涵与脉络梳理

本章的研究首先从概念内涵上对循环经济进行了分析阐述（循环经济的定义与特征），进而从人类历史发展过程的角度，对循环经济的思想根源、产生背景进行全面的分类梳理和理论整合（为什么会有循环经济理论的产生），回顾并试图挖掘西方思想体系与循环经济理论的内在逻辑关联（循环经济理论和其他相关理论的关联性），通过对近年来国内外有关循环经济的研究和实践总结，分析了中国循环经济研究和实践的特色（中国循环经济研究实践的特色元素）。

2.1　循环经济理论的理论内涵

2.1.1　循环经济的概念辨析

"循环经济"（Circular Economy）一词最初由英国环境经济学家皮尔斯

（D. Pearce）和图纳（R. K. Turner）在其《自然资源和环境经济学》（Economics of Natural Resources and the Environment）一书中首先提出①，文中将"循环经济（Circular Economy）"解释为"（循环经济系统）不是一个开放的线性系统，相反，它是闭合和循环的（Chapter 2.3，…Instead of being an open linear system, it is closed and circular, …）"，这种闭合和循环主要通过对废弃物的"资源化（Recycle）"来实现②。皮尔斯和图纳对"循环经济"的概念阐述和 K. Boulding 在《即将到来的宇宙飞船地球经济学》中关于"cyclical ecological system"的内涵描述是相似的。1994 年，德国环境问题专家委员会（Rat von Sachverstaendigen fuer Umweltfragen）再次提出并诠释了"Circular Economy"的概念，认为：为了确保环境安全的未来，人类经济活动必须是

---

① 国内有很多循环经济研究学者在其发表的成果中认为"循环经济"是由美国经济学家 K. Boulding 首先的提出的，其实这种论断是错误的。在鲍尔丁的"The Economics of The Coming Spaceship Earth"（1966 年 3 月 8 日发表于 Sixth Resources for the Future Forum on Environmental Quality in a Growing Economy, Washington, D. C.）中虽然指出"The closed economy of the future might similarly be called the 'spaceman' economy, in which the earth has become a single spaceship, without unlimited reservoirs of anything, either for extraction or for pollution, and in which, therefore, man must find his place in a cyclical ecological system"，但 K. Boulding 并没有使用"Circular Economy"一词。皮尔斯和图纳在《Economics of Natural Resources and the Environment》（于 1989 年 12 月由 The Johns Hopkins University Press 出版）一书的第二章标题中使用了"Circular Economy"（"Chapter 2 · The Circular Economy"），并写到"The spaceship is, of course, Earth and Boulding's essay was pointing to the need to contemplate Earth as a closed economic system: one in which the economy and environment are not characterised by linear interlinkages, but by a circular relationship."另外，再往前追溯的话，1934 年 J. A. Schumpeter 在其《The Theory of Economic Development》一书中使用了"Circular Economy"，但其内涵并不是今天我们提及的含义（李勇进，2007）。

② 关于废弃物资源化（Recycle）问题，①D. Pearce 和 R. K. Turner 也认为"由于受到热力学第二定律的限制，不可能实现对所有废弃物的资源化（…Why is not all waste recycled? It is here that the Second Law of Thermodynamics becomes relevant. …）"。②目前，国内的很多学者仍然将"Recycle"理解为"再循环"，作者认为，Recycle 在英文文献中的含义是指"对废弃物的回收利用，进而转变为资源的过程，诸如对生活垃圾等回收利用。这种过程实际上是一种"资源化"，并不是我们从字面意义上理解的"再循环"，同时，在中国《循环经济促进法》（2008 颁布）中也采用了"资源化"的概念。

循环的，以使生产过程从一开始就被综合到自然循环中去，一个与生态不兼容的经济系统与其内在逻辑是相悖的，因为他破坏了人类得以生存的一些条件。

20世纪90年代，循环经济概念被引入中国后，迅速得到学界的重视和推广。在我国，"循环经济"一词最初由刘庆山（1994）在《开发利用再生资源，缓解自然资源短缺》[①] 一文中首次使用，他从资源再生的角度提出废弃物资源化利用，其本质是自然资源的循环经济利用（王怀声等，2007）。但是由于鲍尔丁，皮尔斯和图纳等开创人并没有给循环经济一个明确的定义，因此，中国学者纷纷结合个人的研究，从经济形态、资源综合利用、环境保护、技术范式等不同的视角对"循环经济"的概念进行了不同的定义，比较代表性的有：

冯良（2002）认为，循环经济是指"通过废弃物或废旧物资的循环再生利用发展经济，目标是使生产和消费中投入的自然资源最少，向环境中排放的废弃物最少，对环境的危害或破坏最小，即实现低投入、高效率、低排放的经济发展，其核心是废旧物资回收和资源综合利用"。

曲格平认为，循环经济是"按照自然生态系统的物质循环和能量流动规律重构经济系统，使得经济系统和谐地纳入自然生态系统的物质循环过程中，建立起一种新形态的经济"（2000），"本质上是一种生态经济，要求运用生态学规律来指导人类社会的经济活动"（2003）。

冯之浚认为，循环经济要求"遵循生态学规律，合理利用自然资源和环境容量，在物质不断循环利用的基础上发展经济，实现经济生态化"（2003），

[①] 刘庆山：《开发利用再生资源，缓解自然资源短缺》，《再生资源研究》，1994年第10期，第5~7页。

是"按照自然生态物质循环方式运行的经济模式"(2004)。

解振华（2004，2006）将循环经济定义为"循环经济呈现'资源—产品—再生资源'的模式，从生产的源头和全过程消减污染，把废弃物作为放错了地方的资源，对最终产生的废弃物实行无害化处理，从根本上解决了经济增长与资源环境的矛盾"。

诸大建（2000，2005）从可持续发展的角度对循环经济进行了定义，认为"循环经济是一种善待地球的经济发展模式"，必须将"经济活动对自然环境的影响控制在尽可能小的程度。"

吴季松（2003）认为循环经济可以定义为"在社会经济、科学技术和自然生态的大系统内，在资源投入、企业生产、产品消费及其废弃的全过程中，不断提高资源利用效率，把传统的、依赖资源净消耗线性增加的发展，转变为依靠生态型资源循环来发展的经济，从而维系和修复生态系统的经济"。

邹声文（2003）认为，循环经济"追求资源利用最大化和污染排放最小化，是一种将清洁生产、资源综合利用、生态设计和可持续消费等融为一体的经济发展战略"。

左铁镛院士（2004）指出，"循环经济是运用生态学规律来指导人类社会的经济活动，是以资源的高效利用和循环利用为核心，以'减量化、再利用、再循环'为原则，以'低消耗、低排放、高效率'为基本特征的社会生产和再生产范式，其实质是以尽可能少的资源消耗和尽可能小的环境代价实现最大的发展效益；是以人为本，贯彻和落实科学发展观的本质要求。"左铁镛对循环经济的概念界定涵盖了自然生态、经济发展和社会和谐的内容（孔令丞，谢家平，2008）。

苏杨、周宏春（2004）从对日本、德国等国家的"废物经济"研究出发，强调"循环经济首先是一种新的经济增长方式；其次，循环经济才谈得上是一种新的污染治理模式，是按照生态学规律和经济学规律安排人类经济活动，以资源高效利用和环境友好为特征的社会生产和再生产活动"。也有学者认为，循环经济"就是一种新的生产方式，是一种基于闭环型物质流动的经济发展模式"（陈祖海，2004）。

当前，我国社会上普遍使用的是国家发展和改革委员会对循环经济的定义（李云燕，2008），即"循环经济是一种以资源的高效利用和循环利用为核心，以'减量化、再利用、资源化'为原则，以'低消耗、低排放、高效率'为基本特征，符合可持续发展理念的经济增长模式，是对'大量生产、大量消费、大量废弃'的传统增长模式的根本变革（马凯，2004）"。

总体而言，综合国内学者观点，循环经济就是要求运用生态学和经济学原理组织生产、消费和废物处理等经济活动，将清洁生产、生态设计、资源综合利用和可持续消费等融为一体，转变传统经济的"资源—产品—废物排放"的线性流程，形成"资源—产品—废弃物—再生资源"的反馈式流程，将社会经济系统的物质循环纳入到自然生态系统的循环过程之中，使物质和能量能够在不断的流动和交换中得到充分、合理和持续的利用，进而提升社会经济系统的质量和效益，并保护生态环境。

纵观循环经济的各类定义，我们发现，关于循环经济的概念界定，目前都提及关于"闭合循环"的主题内容，但是，从根本上来说，这种定义更凸现了对于人类社会可持续发展的一种愿景。实际上，循环经济的发展，不管是在比较成熟的德国日本，还是处于发展中的中国，都是一个不断完善和提升的过程，因此，本研究对于循环经济的认知与定义，更为注重其在区域实践中的过程性，即：循环经济主要是指在特定区域空间上的物质、能量等的不断高效和循环利用，及其过程完善。

2.1.2 循环经济的内涵特征

循环经济要求运用生态学和经济学原理组织生产、消费和废物处理等人类经济活动，而循环经济在不同层面上的具体实践活动则属于开放的复杂人地关系系统的重要组成部分。因此，循环经济表现出空间结构的层次性、逻辑框架的系统性、理论技术的集成性等三个鲜明特征。

2.1.2.1 空间结构的层次性

循环经济是和地域空间上社会经济活动紧密相连的一种理念，就空间层次结构而言，循环经济的发展主要在企业、园区、区域，以及区际等四个层面[①]上逐步展开，一般来说，我们把企业定义为微观层次，将园区定义为中观层次，将区域和区际的循环经济定义为宏观层次。但有些时候，由于受到园区内

---

① 关于循环经济发展层次问题，虽然目前的主流观点是将发展层次划分为三个，即：企业层次的微循环，园区层次的中循环，和社会层次的大循环。但是作者认为，这种划分是有不合理之处的："企业、园区、社会"这三者的概念范畴不一样，企业和园区均为涉及了实体空间的含义，而社会则是一个人文概念的范畴，鉴于循环经济发展具有明显地域性这一特点，以"社会"定义"大循环"层次是不合适的，例如说以农业为主的区域如果要发展循环经济，按照目前的主流观点，则对其在层次上无法进行归类，因为其不是"企业"，不是"园区"，更不是"社会"的概念。另外，冯之浚等学者认为在"园区"和"区域"之间，存在"城市"的层次，作者认为，在地理学中，"城市"亦是"区域"的组成部分，也可看做一个独立的"区域"。基于上述考量，作者将"区域"作为"园区"的上一层级，并将"区际"作为最高层级。

在何东先生的博士论文《论区域循环经济》（2007年，四川大学，第16页）中也提及了关于循环经济层次划分的观点，他认为"企业、产业园区、区域和区际循环，它们由小到大，依次递进，前者是后者的基础，后者是前者的平台"。在彭秀丽的《区域循环经济探析—以民族地区为例》（2007年，经济科学出版社，第56页）一书中，阐述了完全一样的观点。但是，作者认为，从"产业园区"到"区域"的转变过程，和从"企业"到"园区"的转变过程是不一样的，两个转变之间有着本质的不同，不仅仅是空间范围的扩大，更是位于空间载体上的各种产业系统和支撑体系等互动耦合，区域循环经济的复杂性远远超过由企业集聚而形成的园区的复杂性。另外，实际上，作者也承认"区域"和"区际"两个概念之间并无严格的区分，在一般概念含上，不同的区域之间（区际）也可以构成更大的区域，因此，本文的"区域"和"区际"只是在针对特定的某研究区而言。关于本研究中的区域循环经济概念定义详见本文的有关章节分析。

产业关联程度复杂性、行政体制①等因素的影响，也可将园区作为宏观层次进行研究。

在企业层次，主要通过企业内部的清洁生产、资源高效利用和废弃物的循环利用等手段实现循环经济的发展，以减少生产和服务中物质和能源使用量，努力实现废弃物的"零排放"。总的来说，在企业层次，主要依托是企业内部的清洁生产，根据联合国环境规划署的定义，清洁生产是将综合预防的环境政策持续运用到生产过程和产品中，以便减少对人类和环境的风险。

在园区层次，主要通过企业之间的物质、能量和信息集成，基于产业共生和产业集聚的原理，把不同的企业集聚到特定的产业园区，以实现资源共享、副产品交换和废弃物资源化。依据产业生态学和物质流管理的基本理念，并不是每一个企业都有能力充当自身的废弃物分解者，通过"物质代谢"的方式，可以模拟自然生态系统构建不同企业之间的垂直或者水平共生协作关系，充分利用不同产业、项目或工艺流程之间，资源、主副产品或废弃物之间的协同共生关系，运用现代化的工业技术、信息技术和经济措施优化配置组合，形成一个物质、能量多层利用、经济效益与生态效益双赢的共生体系，实现经济的良性循环发展，将有助于在改善企业个体行为的同时，实现产业园区的整体提升。

在区域层次，即通过建立整个区域的循环经济网络，实现人与自然的和谐发展。区域循环经济突破了企业与园区的概念限制，是一个由企业、产业、园区、城镇等众多要素参与和组成的经济—社会—环境三维复杂巨系统。在区域

---

① 典型的如苏州工业园区（行政区划288平方公里，其中，中国—新加坡合作区80平方公里，下辖娄葑、唯亭、胜浦等三个镇，户籍人口31.5万）等。以陕西省汉中经济技术开发区为例，从性质来讲，是"园区"，但是，汉中经济技术开发区除了有关企业之外，亦包含了学校、医院、住宅，以及以农业为主的村委会，从这一点考量，开发区也构成了"区域"的概念。

循环经济发展中，通过对一、二、三产业及其支撑体系的全面整合，实现"生产、流通、消费、处置、回收"等环节的全过程管理，实现区内的物质、能量、信息、资金、人力等资源的综合配置和优化。

在区际层次，它的本质是循环经济的区际联系和区际补偿问题（何东，2007；彭秀丽，2007）。不管是区域原料资源或废弃物处置，还是环境污染或生态功能保护，他们都具有一定的跨地域性，这就需要加强区际协作，通过政治、经济、环境等多渠道的合作方式，实现循环经济的发展目标。

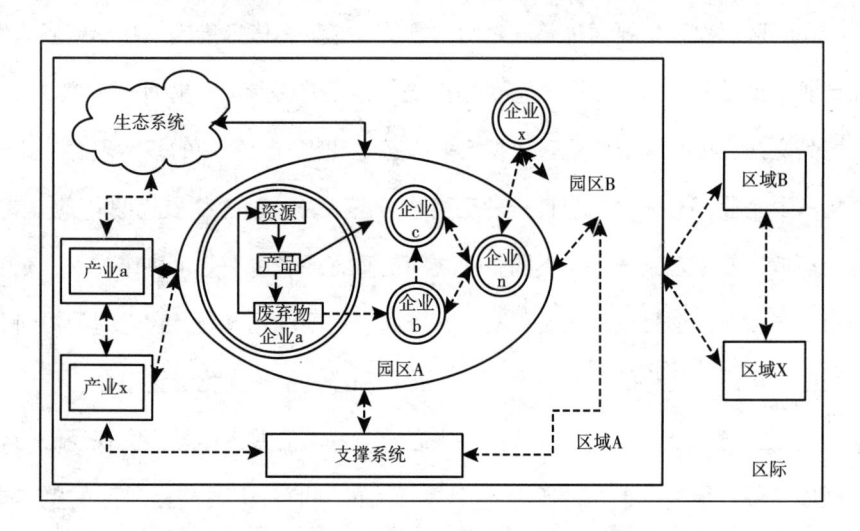

图 2-1　循环经济发展的空间结构层次示意图

在循环经济的空间结构层次中，核心是区域。首先，从规模经济的角度而言，由于单一企业或者园区的废弃物产生量较少，无法形成能够进入生产活动流程的经济效益，换句话说，通过对区域内的相似的废弃物的规模集聚和整合，有利于构建具有经济效益的生产单元；第二，从产业特性的角度来讲，由于农业、旅游业等产业在空间上表现出强烈的地域性，只有结合区域的概念，才能从完整意义上诠释循环经济的内涵，构建循环经济发展体系。由于有些产业在园区内并不能形成关联性，但是在区域的范围内，可以实现产业的纵向和横向关联，实现社会经济发展与环境保护的协调。因此，区域层次的循环经济发展是实现整个循环型社会的基本单元。

2.1.2.2 逻辑框架的系统性

作为开放的复杂系统，循环经济系统内组成要素和子系统除了按照自身客观规律自组织运行外，还在更高的层面和更大范围上进行他组织与自组织相结合的相互影响、相互作用与耦合。

从要素组成的角度来讲，循环经济系统的行为主体包含企业、政府、公众等，其客体包含产业体系、生态环境、社会文化等；在人类社会经济活动的历史过程中，这些主体和客体的组分之间一直存在着非线性的相互作用和影响，进而逐步构成了循环经济网络。这种非线性的相互作用和影响方式主要通过对物质流、资金流、信息流、能量流、价值流和文化流的矢量调控来实现。但由于笔者个人的学识原因，在本研究中将不对文化流进行详细论述和深入研究。

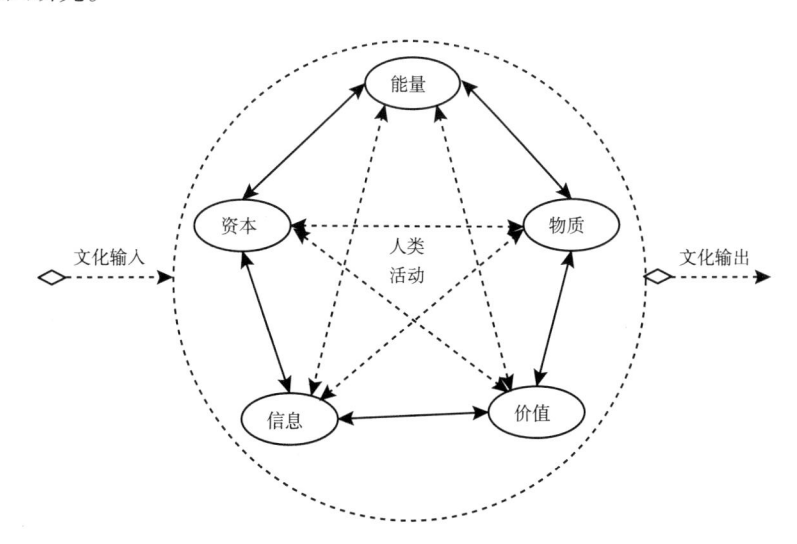

图 2-2 人类活动的"流"传递过程与相互作用

和生态系统不同的是，循环经济系统在实践运行中，需要技术、政策等支撑，这使得在循环经济发展中，必须将支撑体系纳入循环经济框架之内，不能仅仅关注局部问题，而应从全局的角度考虑和统筹区域循环经济的发展。只有构建系统的框架体系，循环经济才有可能实现最大限度的自组织发展。

从逻辑关联的角度来讲，发展循环经济，就是对现有"社会—经济—生态"系统在某种程度上的引导和改变，这种改变的着力点在不同的层次上有不同的体现，但从本质上讲都具有"链式触发"的特征，即任一个环节的改变，都需要较为成熟稳定的支撑系统，同时，该环节的改变都会导致下一环节或整个系统本身的一系列影响和改变。

例如，在企业层次的循环经济发展中，物质的"减量化"是指在单位经济产出生产过程中所消耗的物质材料或产生的废弃物量的绝对或相对地减少，当然"减量化"的前提是必须保证目标产品的质量符合人类生活的最低需要。在这种目标导向的约束下，"减量化"的实现必须建立在基于"投资"的以"项目（project）"为基本单元的环节改变，"投资"的决策过程是建立在对"技术"和"管理"的"信息"筛选基础上的，虽然这种先进"技术"和"管理"技能有可能来自于系统外部。可见，"物质减量化"的实现过程，不仅仅是对"物质流"的大小改变，更是对包含资本流、信息流、能量流在内的全部"流"的触发改变。

2.1.2.3 理论方法的集成性

循环经济的理论意义在于探求人类"社会—经济—生态"系统协调发展的路径，其现实意义则在于转变传统的经济增长方式，是集文明传承、经济发展、生态保护于一体的系统工程，因此，对于循环经济研究，不管是其理论体系还是技术方法，都呈现出集成性的特点。

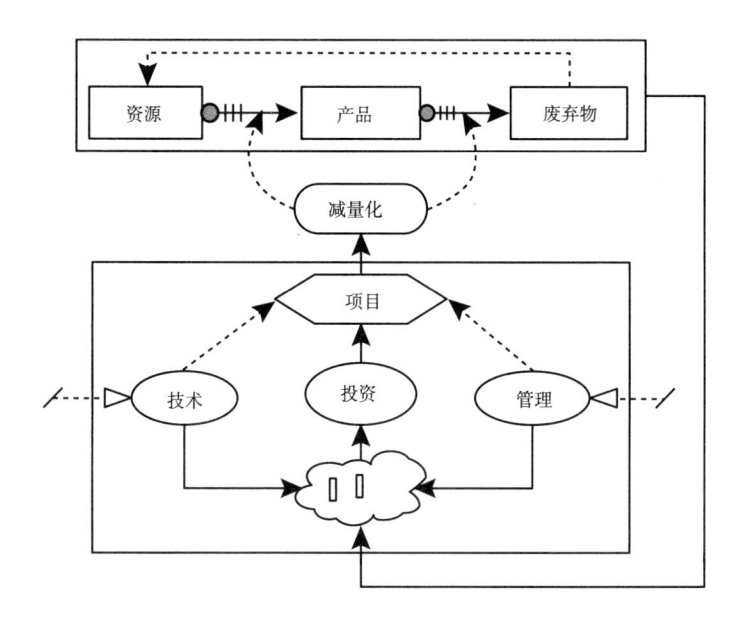

图 2-3 企业"物质减量化"实现过程的逻辑体系

理论体系的集成性主要体现在循环经济的理论基础的多样性。循环经济的理论基础主要包括地理学基础、经济学基础、生态学基础和社会学基础。

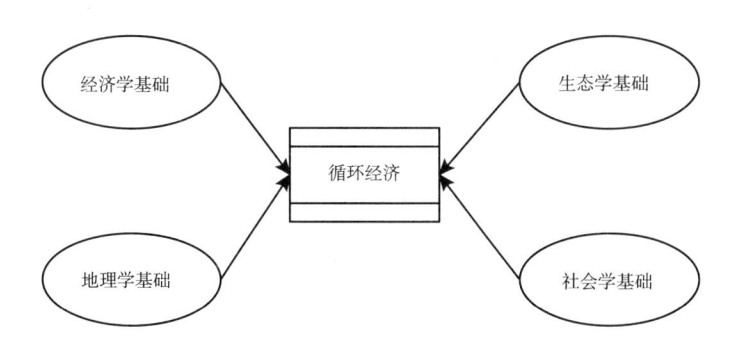

图 2-4 循环经济的理论体系集成

地理学理论中的"地域分异规律"等为循环经济的区域实践提供了最基本的原则依据,经济学理论中的"资源稀缺性理论"和"规模经济理论"等则为循环经济理念下的产业集聚和废弃物的高效综合利用提供了方向,生态学理论中的"协作共生"、"生态服务"等思想则为产业的仿生态组织和注重人与自然关系提供了极好的借鉴，而社会学理论中的"社会互构论"对于探求在区域循环经济发展中如何实现"社会……在巨大差异的基础上……聚合能量，将集体认同和共识推向更高的阶段（杨敏，2006）"的愿景开辟了新的研究路径。

技术方法的集成性主要表现在循环经济的研究和区域实践中。循环经济的实现应当是建立在对现状的科学分析和先进技术的商业化使用基础上的，由于循环经济逻辑框架的系统性特征，使得在循环经济的研究和区域实践中，必须综合集成使用有关研究方法和技术手段。研究方法的集成主要体现在对研究区域物质流、能量流、信息流、资本流和价值流的系统建模过程和结果分析，以及文化流对于区域循环经济实践的潜在影响；同时，在区域循环经济发展中，必须注重从多个环节实现其技术革新和升级，整体提升循环经济发展水平。

2.2 循环经济的思想溯源与脉络梳理[①]

任何新理论或新学科的产生都有着深刻的思想根源和紧密的社会背景，作为一种新的经济发展理念或者发展模式的循环经济，它的概念原则与区域实践，首先萌芽并成熟于美国、德国等西方社会中，这并非是一种无端生有的主观臆造，而是有着与之相对应的深刻的思想摇篮和现实的社会背景；同样，循环经济理念在中国得到重视与推广，也深刻地体现并反映了中国的实际国情。和关于循环经济定义的百家争鸣相比，在循环经济思想的早期代表上，鲍尔丁（K. Boulding）是被学界普遍接受的唯一的人，他于1966年提出的"宇宙飞船

[①] 北京师范大学地理科学学院周尚意教授对本节中涉及"环境伦理"的有关内容给予了无私指导和斧正，对此表示深深的感谢。

经济"理论，基本上是所有的循环经济理念的拥趸和追随者都言必谈及的。随后，循环经济不断被赋予了新的理论内涵，框架体系也逐渐扩展，并在实践上先后出现了以杜邦公司、卡伦堡工业园和德国双轨回收系统（DSD）等为代表的范例。循环经济的概念被引入中国后，更是得到中国学界的普遍重视和政府层面的应用推广，掀起了循环经济研究和实践热潮。

2.2.1 20世纪60年代：思想理念的萌芽破土

在谈及鲍尔丁（K. Boulding）的"宇宙飞船经济学"（*Spaceship Earth Economics*）理论之前，不得不提及的是美国海洋生物学家卡尔逊（R. Carson）夫人于1962年出版的《寂静的春天》（*Silent Spring*）一书。这是因为，作为第一个在主流经济学中激发生态观点的鲍尔丁，他早在1940年代就产生并抒发了宇宙飞船经济学的思想，只是在《寂静的春天》引起重视以后，他的贡献才得到了关注和欣赏，并且抓住这个机会写了1966年的论文（诸大建，2008）。

在《寂静的春天》这部书里，卡尔逊向对环境问题还没有心理准备的人们讲述了DDT和其他杀虫剂对生物、人和环境的危害。在此之前，人们对DDT和其他杀虫剂造成的严重危害一直毫无察觉，美国的公共政策中也没有出现"环境"这一款项（雷毅，2001）。在该书的结尾，卡尔逊明确指出："'控制自然'这个词是一个妄自尊大的想象产物，是当生物学和哲学还处于低级和幼稚阶段时的产物，当时人们设想中的'控制自然'就是要大自然为人们的方便有利而存在。"卡尔逊的著作引来了惊讶、怀疑，甚至是无情的指责，然而，由此掀起的关于使用杀虫剂和化学药品的危险性的广泛辩论，却提升了社会公众的环保意识，揭开了现代生态环境运动的序幕。

1966年，鲍尔丁发表了"即将到来的宇宙飞船地球经济学"一文，他认为，地球资源与地球生产能力是有限的，必须要在自觉意识到容量是有限的、未来是封闭的地球上建立循环生产系统;地球就像在太空中飞行的宇宙飞船,要靠不断消耗自身有限的资源而生存,如果不合理开发资源,破坏环境,就会像宇宙飞船那样走向毁灭;强调只有对其中的资源储备和环境条件倍加爱护,才能维持乘员的生存;他主张"把污染视为未得到合理利用的资源,提出既不造成资源耗竭,又不污染环境,以循环利用各种资源为宗旨的循环式经济替代现行的单程式经济"(李昕,2007)。因此,鲍尔丁的"宇宙飞船经济学"被视为循环经济理念的早期代表。

同一时期,1967年,美国科学史家怀特(Lynn White)在《Science》杂志上发表了"我们时代生态危机的历史根源"[①] 一文,对人类中心主义(Anthropocentrism)的基督教教义提出了严厉的批判,并认为"对于生态危机,……如果我们只从技术发展角度寻找原因的话,就无法完全解释环境变化的起因。因此,为了使理解有意义,就必须把意识形态看成是与物质或技术方面互补的和不可缺少的因素,……我们对生态所做的取决于我们对于人与自然关系的看法"。怀特的批判,使得关于生态危机的认识出现了哲学层次的批判。

总的来说,我们发现,在20世纪60年代,由于工业革命引起的生态环境危机,使得来自不同领域的学者开始从不同的角度对人与环境问题进行反思,然而,回过头来,遗憾的是,关于"以循环式经济替代现行的单程式经济"的"循环经济"早期理念在随后的20世纪70年代至80年代并没有引起系统的重视与推广;但在另一方面,随着工业化的快速推进,环境开始反作用于人类,影响到人类的健康甚至生存,使得社会在行动上开始关注环境污染和破坏问题,从而进入了"末端治理"阶段;在思想上,有关产业生态学等理论则进一步得到完善和提升,为循环经济的发展提供了深蕴的温床。

---

① White L., *Historical Roots of Our Ecological Crisis*, Science, 1967, 155: 1203 – 1207.

2.2.2　20世纪70年代：行动与理念的暗涌

在杀虫剂辩论结束后不久，1971年，美国生物学家巴里·康芒纳（B. Commoner），提出了"封闭的循环"（The Closing Circle）的概念，并出版了《封闭的循环——自然、人和技术》（*The Closing Circle: Nature, Man and Technology*）一书，作为美国20世纪60~70年代在维护人类环境问题上最有见识、最有说服力的代言人，他提出了四个通俗的"生态学法则"，即："每一种事物都与别的事物相关；一切事物都必然要有其去向；自然所懂得的是最好的；没有免费的午餐"。康芒纳指出：

> 我们破坏了生命的循环，把它没有终点的圆圈变成了直线性的过程：石油是从地下取来裂解成燃料的，然后在引擎中燃烧，最后变为有毒难闻的烟气，这些烟气又散发到空气里。这条线的终点是烟。……为了生存，我们必须再度封闭这个圈子。我们必须知道如何去重建我们从中借来财富的自然。①

1972年3月，以丹尼斯·米都斯（D. H. Meadows）为主笔的《增长的极限》（*The Limits to Growth*）由罗马俱乐部发表，首次向世界发出了警告②：

---

① 巴里·康芒纳：《封闭的循环——自然、人和技术》，吉林人民出版社，1997（中译本）。由于这本书触及了西方国家最为敏感的社会问题，所以这本书一问世，即在美国引起了极大的反响。《企业周刊》评论说，它是"自蕾彻尔·卡逊《寂静的春天》发表以来，有关环境的最好和最有挑战性的书之一"；《纽约时报》则认为，"如果下届美国总统只有时间读一本书，那么这本书就应该是《封闭的循环》"。
② 罗马俱乐部网站：http://www.clubofrome.org/eng/home/，"The Limits to Growth—A Report to The Club of Rome (1972), by Donella H. Meadows, Dennis l. Meadows, Jorgen Randers, William W. Behrens III."

如果让世界人口、工业化、污染、粮食生产和资源消耗像现在的趋势继续下去，这个行星上的增长极限将在今后一百年中发生。

同年6月，在斯德哥尔摩召开的联合国人类环境大会发表了《联合国人类环境会议宣言》，提出了人类在开发利用自然的同时，也要承担保护自然的责任和义务。1974年10月，极力主张人口控制的美国加利福尼亚大学人类生态学家加勒特·哈丁（Garrett Hardin）在"*Living on a Lifeboat*"① 一文中也指出"传统的增长以及无限发展的观念忽略了地球只有有限承载力的重要事实"。

另一方面，1972年5月，日本产业机构委员会②下属的产业生态工作小组发表了题为《产业生态学：生态学引入产业政策的引论》的报告，这为日后的相关研究奠定了重要基础；1976年11月至12月，欧共体在巴黎召开的"无废工艺和无废生产的国际研究会"研讨会上，确定了在生产全过程和工艺改革中减少废物产生这一重要的"清洁生产"③ 观点；1979年4月，欧共体理事会宣布推行清洁生产政策。另外，1977年，美国地球化学家克拉德（P. Cloud）在其论文中使用了"产业生态学"一词（鞠美庭，2008），这种思潮推动了基于模仿自然生态系统的规律重构人类社会产业系统的"产业生态学"思想的萌芽。

同一时期，丹麦卡伦堡市（Kalundborg）的几个重要企业（包括发电厂、炼油厂、制药厂、石膏公司等）试图在减少成本、废物管理和更有效的利用

---

① http：//www.garretthardinsociety.org/articles/art_living_on_a_lifeboat.html.
② 产业机构委员会是日本国家贸易和工业部于20世纪60年代成立的独立咨询机构。
③ "清洁生产"在不同的地区和国家有许多不同的但相近的提法，例如中国和欧洲的有关国家有时又称"无废工艺"、"无废生产"，日本多称"无公害工艺"，美国则定义为"废料最少化"、"污染预防"、"削废技术"。此外，还有"绿色工艺"、"生态工艺"、"再循环工艺"、"源削减"、"污染削减"等概念（张天柱，2008）。

水资源等方面寻求革新,于是自发建立了紧密而又相互协作的产业关系,这种产业体系在随后的80年代被定义为"产业共生",并形成了著名的卡伦堡工业园区(Kalundborg Eco-industry Park)。

在哲学层次,紧随怀特之后,1973年,挪威著名哲学家阿恩·纳斯(Arne Naess)在《浅层与深层:一个长序的生态运动》中提出了"深层生态学(Deep Ecology)"思想,他认为,"早期的……浅层生态学运动(The Shallow Ecology Movement)……反对污染和资源枯竭,中心目的是发达国家人民的健康和(物质上的)富裕",而"深层生态运动(The Deep Ecology Movement)"要"担负起伦理责任","生态系统中的生物之间、生物与环境之间进行着复杂而有序的物质、信息和能量的交换,构成动态平衡的有机统一体"等。纳斯的"深层生态学"为随后的环境运动乃至其后的政治认同提供了思想指导。

总而言之,从70年代起,西方环境运动的目标,逐步从具体的环境保护,转向关注整个生态系统的稳定,并考虑环境问题的政治、经济、社会、伦理的因素。这无不说明人类对于未来生存危机的担心和困扰,并承认这种危机的根源是社会对资源错误管理的结果。但由于当时世界各国关心的问题和思考方法仍然是"将污染物消除在生产过程中",尚未充分认识到环境问题与经济增长相互作用和影响的关系,尚未意识到地球资源和环境容量的有限性,因而,人们或人类社会并没有响应并积极地沿着"循环经济"道路发展下去,但是,值得庆幸的是,在随后的80年代,和现代循环经济理念密切相关的清洁生产、产业生态学等理论却得到了逐步完善并趋向成型。

2.2.3　20世纪80年代:思想与政策的升华

1984年联合国欧洲经济委员会在塔什干召开的国际会议上对"无废工艺"又作了进一步的定义:

> 无废工艺乃是这样一种生产产品的方法（流程、企业、地区、生产综合体），借助这一方法，所有的原料和能量在原料资源、生产、消费、二次原料资源的循环中得到最合理综合的利用，同时对环境的任何作用都不致破坏它的正常功能。

欧共体环境事务管理委员会于同年以及随后的1985年、1987年三次拨款建立清洁生产示范工程。同样于1984年，美国引入"源消减"的概念，提出了包括"源消减"和"废物回收利用"的"废物最小量化"理论。

1987年4月，挪威首相布伦特兰（G. H. Brundtland）夫人在《我们共同的未来》（*Our Common Future*）中，第一次提出"可持续发展"的理念，并较系统地阐述了可持续发展的含义。该书提醒人们注意，世界各国政府和人民必须从现在起对经济发展和环境保护这两个重大问题负起自己的历史责任，制定正确的政策并付诸实施；错误的政策和漫不经心都会对人类的生存造成威胁；严惩损害生态环境的行为已经出现，必须立即行动起来，加以改变。

1989年9月，美国通用汽车公司的研究部总裁罗伯特·福罗什（Robert Frosch）和尼古拉·加劳布劳斯（Nicolas Gallopoulos）在《科学美国人》上发表的题为《可持续工业发展战略》中提出：

> 在传统的工业体系中，每一道制造工序都独立于其他工序，通过消耗原料生产出即将被销售的产品和相应的废料；我们完全可以运用一种更为一体化的生产方式来代替这种过于简单化的传统生产方式，那就是工业生态系统。

同年，福罗什首次通过模拟生物代谢过程和生态系统的循环过程，提出了"产业代谢"的概念。

1989年12月，英国环境经济学家皮尔斯（D. Pearce）和图纳（R. K. Turner）在其《自然资源和环境经济学》一书中首次建立了循环经济模型（The Circular Economy）（图2-5）。该模型的核心思想是：不可更新资源是耗竭性的，可更新资源需要控制其被开采的速度，使其小于更新速度；生产和消费过程中的废弃物如果被循环利用，可以提高资源存量，反之，则会增加环境负载；如果排放到环境中的废弃物小于环境吸纳能力，环境会继续为生产提供资源，而如果大于环境的吸纳能力，环境会减少资源的供给，而且会降低效用；增加用于生产的资源量能增大效用，而降低的环境质量则导致效用的降低。

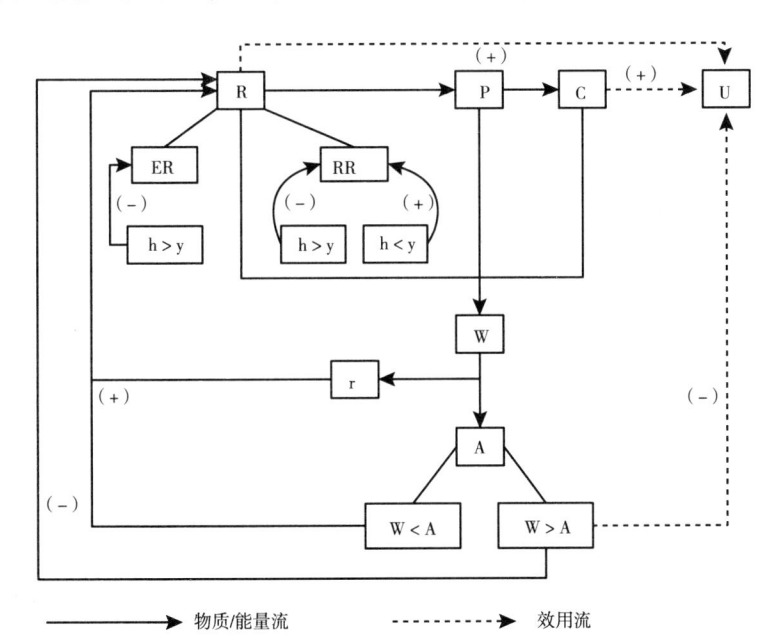

⟶ 物质/能量流　　----⟶ 效用流

R-资源；P-产品；C-消费；U-效用 A-环境的吸纳能力；
ER-耗竭性资源；RR-可更新资源；
h-开采速度；y-更新速度；r-资源化；

图 2-5　皮尔斯和图纳的循环经济模型*

* D. Pearce, R. K. Turner. (1989) *Economics of Natural Resources and the Environment*. Publisher: The Johns Hopkins University Press, *Chapter 2 · the Circular Economy*, p.40.

在哲学领域，1985 年，纳斯发表了《生态智慧：深层和浅层生态学》一文，进一步阐述了"深层生态学"思想，认为"人类面临的生态危机，本质上是文化危机，其根源在于旧有的价值观念、行为方式、社会政治、经济和文化机制的不合理，人类必须确立保证人与自然和谐相处的新的文化价值观念、消费模式、生活方式和社会政治机制，才能从根本上克服生态危机"，并特别指出"深层生态学的目的是要在参与者之间建立起基本的政治认同，此后的行动才是重要的"，随后的 1989 年，纳斯强调"深层生态运动不能避免政治"[1]。正如另一位深层生态主义者号召的，"当务之急"不是"要哲学嘴皮子"，而是"环境行动和社会变革"[2]。在深层生态学等思想的引领下，西方政治领域也开始逐渐变"绿"，绿党的崛起成了西方政坛最引人注目的事件（雷毅，2001）。例如，在德国循环经济发展中起到重要推动作用的德国绿党，主张"立法限制废气排放量，资源、材料必须能回收"等（许仟，2001），其主要指导理论之一就是深层生态学思想（卡普拉，1988）。

80 年代末，美国杜邦化学公司提出了"*3R* 制造管理法"，即要求企业在生产管理中减量（Reduce）、循环利用（Reuse）和废弃物的资源化再利用（Recycle），通过组织厂内各工艺之间的物料循环，放弃使用对环境有害的化学物质，减少某些化学物质的使用量，发明回收本公司产品的新工艺，开发耐用产品等措施，以达到少排放甚至"零排放"的环境保护目标。在随后的发展完善和推广普及中，*3R* 逐渐成为循环经济理论的基本原则。

在 20 世纪 80 年代，可以说，随着人口膨胀、资源过度消耗、污染不断加

---

[1] Naess A. *Ecology, Community and Lifestyle*. Cambridge: Cambridge University Press, 1989, p. 130.

[2] Andrew Maclaughlin, *the Heart of Deep Ecology*, quoted in George Sessions, "Introduction" to Part Two of Environmental Philosophy: From Animal Rights to Radical Ecology.

重、南北贫富差距拉大、自然灾害频繁发生以及粮食供应短缺等问题交叉出现并接踵而至，以至对人类社会造成日益严重的影响，人们不仅开始意识到资源并非取之不尽，而且认识到作为"垃圾箱"的环境容量的有限性，人们开始逐步采用资源化的方式处理经济活动过程中产生的"废物"，在思想上和政策有所升华。

2.2.4　20世纪90年代：全面发展与引入中国

进入90年代，产业生态学、清洁生产等理论得到进一步发展，出现了生态效率，物质流分析等研究方法以及生态工业园区等新兴概念，同时，循环经济在德国、日本的推广实施，使循环经济在区域层面得到了全面实践与发展，并于1998年被引入中国。

1990年，美国生态经济学家戴利（H. E. Daly）提出了可持续发展的三个操作性原则，认为只要一个国家或地区能够遵循这三个原则，那么就会实现可持续发展，即：①所有可再生资源的开采利用水平应当小于等于生长率，即利用水平不应超过再生能力；②污染物的排放水平应当低于自然界的净化能力；③将不可再生资源开发利用获得的收益区分为收入部分和资本保留部分，作为资本保留的部分用来投资于可再生的替代性资源，以便不可再生性资源耗尽时有足够的资源替代使用，从而维持人类的持久生存。同年10月，美国国会通过《污染预防法》，变末端治理的污染控制政策为源头治理的污染预防政策；要求工业企业通过设备与技术改造、工艺流程改进、产品重新设计、原材料替代以及规范各生产环节的内部治理等方式，减少废弃物的排放。

在产业生态学领域，1991年，美国国家科学院和贝尔实验室共同组织了首次"产业生态学"论坛，对产业生态学的概念、内容、方法以及应用前景进行了全面、系统的总结，基本形成了产业生态学的概念框架（鞠美庭，

2008),贝尔实验室的库曼(C. Kumar)认为"产业生态学是对各种产业活动及其产品与环境之间相互关系的跨学科研究";1993年,《清洁生产杂志》(*Journal of Cleaner Production*)出版,1997年,由耶鲁大学和麻省理工学院共同出版了全球第一家《产业生态学杂志》(*Journal of Industrial Ecology*),为清洁生产和产业生态学的研究成果交流提供了平台;2000年,国际产业生态学学会(The International Society for Industrial Ecology, ISIE)在美国纽约成立,成为产业生态学发展的新的里程碑,使得产业生态学成为一支重要的独立力量活跃于国际学术舞台。

1992年,在其他领域,美国Indigo发展研究所首次提出了"生态工业园区(Eco-Industrial Park, EIP)"概念;1996年,美国可持续发展总统委员会(PCSD)组建了生态工业园区特别工作组,并对生态工业园区的定义、建设原则以及美国生态工业园区建设进行了探讨。同年,世界可持续发展工商理事会(WBCSD)在其向联合国环境与发展大会提交的报告《改变航向:一个关于发展与环境的全球商业观点》(*Changing Course: A Global Business Perspective on Development and the Environment*)中首次提出了一个环境和经济发展相结合的新概念——"生态效率(Eco-efficiency)",1998年,联合国和WBCSD出版了《清洁生产与生态效率:迈向可持续发展的两个相辅相成的方法》(*Cleaner Production and Eco-efficiency: Complimentary approaches to sustainable Development*),并在1999年进一步明确了它的定义:"生态效率要通过提供能满足人类需要和提高生活质量的竞争性定价商品与服务,同时使整个寿命周期的生态影响与资源强度逐渐降低到一个至少与地球的估计承载能力一致的水平来实现的,同时要达到环境与社会发展目标"。另外,1994年,联合国大会提出"零排放(Zero Emission)"概念,意思是"通过应用清洁技术、物质循环技术和生态产业技术等,实现对天然资源的完全循环利用,而不给大气、水和土壤遗留任何废弃物"。

在社会代谢研究领域，物质流分析和管理得到了更大范围的实践。欧洲的德国、奥地利等国家将物质流统计列为国家统计体系的一部分（EUROSTAT，1997）。90年代初，物质流分析方法曾经在奥地利（Steurer，1992；Fischer-Kowalski and Haberl，1993）、日本（Environment Agency Japan，1992）、美国（Rogich et al.，1992）和德国（Schuetz and Bringezu，1993）得到应用。在1995年由德国联邦统计局（German Federal Statistical Office）出版的《Integrated Environmental and Economic Accounting-Material and Energy Flow Accounts》一书中，第一次对一个国家经济系统进行了全面的物质流分析研究（German Federal Statistical Office，1995），在随后的2001年，欧洲环境署（European Environment Agency，EEA）运用物质流分析方法对欧盟15国的物质流输入进行了统计分析，这是物质流分析方法第一次也是迄今为止唯一一次应用于区域经济系统（EEA，2001；张楷，2007）。

特别指出的是，作为世界上最早进行循环经济立法的国家，德国在1986年制定《废弃物管理法》之后，于1990年建立了DSD双轨回收系统（Duales System Deutschland），DSD的建立大大地促进了德国包装废弃物的回收利用[①]。1991年，德国通过了《包装条例》，要求将各类包装物的回收规定为义务，设定了包装物再生利用的目标；1992年，通过了《限制废车条例》，规定汽车制造商有义务回收废旧车；1994年，德国环境问题专家委员会诠释了"循环经济（Circular Economy）"的概念，同期制定了《循环经济与废物管理

---

① DSD是一个专门组织对包装废弃物进行回收利用的非政府组织。它接受企业的委托，组织收运者对他们的包装废弃物进行回收和分类，然后送至相应的资源再利用厂家进行循环利用，能直接套用的包装废弃物则送返制造商。例如玻璃、塑料、纸箱等包装物回收利用率在1997年已达到86%；废弃物作为再生材料利用1994年为52万吨，1997年达到了359万吨；包装垃圾已从过去每年1300万吨下降到1997年的500万吨。

法》，并于 1996 年实施；1998 年，《包装法令》和《生物废弃物条例》先后制定实施；1999 年，《垃圾法》和《联邦水土保持与旧废弃物法令》先后制定实施。

另外，日本同样以废弃物资源化问题为主线，形成了"循环型社会"的做法。2000 年颁布的《建立循环型社会基本法》第二条的定义称：

> 本法所称"循环型社会"是指，通过抑制产品成为废物、当产品成为可循环资源时则促进产品的适当循环，并确保不可循环的回收资源得到适当处置，从而使自然资源的消耗受到抑制，环境负荷得到削减的社会形态。

1998 年，"循环经济"理念被引入中国，并得到我国各级政府、企业界和学术界的高度重视，随后的研究与实践，极大地拓展了循环经济的内涵，是循环经济得到凤凰浴火般的新生。

2.2.5 21 世纪初期：中国元素与内涵拓展

如果简要总结"循环经济"在西方社会的发展，我们不得不承认，"循环经济"除了在德国和日本比较流行之外（世界银行，2004），在其他国家并没有受到太多的关注，这主要在于西方学界并没有把"循环经济"当成一门独立的学科或者理论予以对待，因为它更多的是侧重于物质，特别是废弃物的循环利用和资源化过程。例如，德国的循环经济就被称为"垃圾经济"。相比之下，比循环经济概念出现更晚的产业生态学，则成为了一门独立学科，而循环经济更像是独立行走在理论边缘的意识理念。

在中国，1998 年，诸大建先生连续发表了《循环经济的崛起与上海的应对思路》《循环经济与上海可持续发展》《循环经济：上海跨世纪发展途径》等文章，详细介绍了循环经济的产生、发展、原则、操作模式以及上海市发展循环经济的必要性和可行性。同年3月，在上海市贯彻实施《中国21世纪议程》领导小组及上海市计委组团赴德国考察环境保护后，将"循环经济"引进了实践层面。1999年1月，上海市贯彻实施21世纪议程领导小组审议通过了《中国21世纪议程——上海行动计划》，明确指出上海可持续发展的战略目标之一是"推行环境无害化技术，发展循环经济"。

在诸大建先生等先行者的呼吁下，以及作为中国最发达地区之一的上海将循环经济纳入区域发展目标，特别是随着中国政治高层对循环经济的认同，中国的循环经济出现了欣欣向荣的局面，各种研究文章和学术评论呈现了爆炸式的增长（我们基于CNKI数据平台，以"循环经济"为"关键词"予以分别检索1998~2008年的学术论文发表情况[①]，主要数据如表2-1所示），中国的循环经济的研究与实践被赋予了丰富的中国元素。

表2-1　1998~2008年循环经济学术论文发表情况统计

数据库	1998	1999	2000	2001	2002	2003	2004	2005	2006	2007	2008
中国期刊全文数据库	12	16	22	75	209	612	1386	3410	5116	4478	3991
中国博士学位论文全文数据库	0	0	0	0	0	1	8	16	38	37	14
中国优秀硕士学位论文数据库	0	0	0	1	0	11	33	80	261	36	124
中国重要会议论文全文数据库	0	0	1	1	4	39	214	662	425	51	0
总　　数	12	16	22	77	213	663	1641	4168	5840	4942	4129

---

① 检索时间：2009年1月20日。

之所以说中国的循环经济研究被赋予了丰富的中国元素，这是因为：

从研究内容来看，包含清洁生产、产业生态学，甚至深层生态学等在内的学术理论均被吸纳为循环经济的一个组成部分或被等同于循环经济（诸大建，2000；曲格平，2000；段宁，2001；冯良，2002；李赶顺，2002；王如松，2003；吴季松，2003；冯之浚，2004；马凯，2004；左铁庸，2006；齐建国，2006；闫敏，2006；任勇，2007；李勇进，2007；徐玖平，2008；李建珊，2008；等），使得中国循环经济研究的内涵体系得到了极大的拓展。例如，诸大建（1998）认为要从"企业内部循环，生产之间循环，社会整体循环"等三个维度构建循环经济的产业体系；王兆华和尹建华（2005）认为，生态工业园是循环经济的实践形式，并列举了丹麦、美国和加拿大的生态工业园，认为这些园区在循环经济的发展过程中具有很重要的作用；王贵明（2007）认为，产业生态是一种新形态经济或生态型循环经济，需要改变产业流程减少废物排放，使产业适应环境而不是改变环境来适应产业。

从研究方法上来看，物质流分析与管理（陈效述，2001；任勇，2004；徐明，2004；徐一剑，2004；刘敬智等，2004；金涌，2005；刘滨等，2005、2006；王军等，2006；刘毅等，2006；等）、生命周期评价（王小伍，2005；蒋林明，2008；刘黎娜等，2008；唐佳丽等，2008；等）、能值分析（陈兴鹏、薛冰，2005；史宝娟等，2006；隋春花等，2006；刘庆广，2006；刘浩等，2007；王奇，2007；郭杰等，2007；等）、生态效率（周国梅等，2003；诸大建，2004、2005；刘华波等，2006；邱寿丰，2007；刘军，2007；等）、系统动力学（拓学森，2006；李勇进，2006；徐玖平，2008；等）、生态足迹（董泽琴，2004；王奇，2005；于丽英、冯之浚，2005；王良健，2006；曹宝，2007；）等理论方法被中国学者所注意并运用到了循环经济研究当中。其中，笔者曾于2005年发表《基于能值分析的西北地区循环经济问题研究》，该文借用生态经济学中"能值分析"方法，对西北地区循环经济发展状况等进行了研究；这一研究为评价循环经济发展开拓了新的思路（刘浩等，2007）。

从政策层次来看，循环经济在中国得到了政府高层的普遍重视，并被作为国家的重大发展战略写入了党的十七大政治报告和政府工作报告中。2002年，我国通过了《中华人民共和国清洁生产促进法》，"循环经济"一词首次被写入法律中；2003年，朱镕基在第十届全国人民代表大会第一次会议上的《政府工作报告》中提出，支持发展环保产业和循环经济。这是"循环经济"第一次被写进国务院《政府工作报告》；党的十六大以来，党中央提出了以人为本的科学发展观，提出大力发展循环经济、建设集约型社会理念。2005年，国务院出台了《关于加快循环经济发展的若干意见》（国发［2005］22号），对循环经济加快发展提出了重点领域与主要任务。2007年，胡锦涛在中共十七大的报告中提出"循环经济形成较大规模"，这是循环经济第一次被写进政治报告，而且被赋予了"形成较大规模"的意义。2008年制定通过了《循环经济促进法》（2009年1月1日实施），标志着中国循环经济的发展进入了新的阶段。

从具体实践来看，从1999年开始，原国家环保总局率先从企业、区域、社会三个层面上在全国范围内积极推进循环经济的理论研究和实践探索，并于2003年发布了循环经济示范区与生态工业园区的申报、命名和管理规定。2004年，全国人大环资委、国家发改委、科技部、国家环保总局等单位共同在上海举办了中国循环经济发展论坛，并通过了《上海宣言》，要求把循环经济的试点与示范扩展到生产和消费的各个领域。2004年9月，我国第一部循环经济领域的地方法规——《贵阳市建设循环经济生态城市条例》正式颁布；2005年，国家发展和改革委员会、国家环境保护总局、科学技术部、财政部、商务部、国家统计局联合发布《关于组织开展循环经济试点（第一批）工作的通知》，围绕重点行业、重点领域、产业园区和有关省市组织开展循环经济试点工作，部署了循环经济试点方案和国家循环经济试点单位。随后的2007年，《关于组织开展循环经济试点（第二批）工作的通知》发布，与第一批相比，第二批的试点工作，转为"围绕实现节能减排目标，对第一批试点进行补充和深化"。试点工作的开展，为循环经济在中国的普遍推广积累了宝贵的经验。

2.3 本章小结

2.3.1 循环经济定义与内涵

本研究认为：循环经济在本质上是一种更为关注产业系统的生态经济，它要求在遵循地域特点的基础上，运用生态学、经济学和社会学的有关原理组织生产、消费和废物处理等经济活动过程，在信息、资本、价值的影响作用下，使得物质、能量等能够在不断的流动中得到充分、合理和持续的利用，进而提升社会经济与生态系统的质量和效益。

2.3.2 循环经济的脉络梳理

本研究认为：循环经济理念的产生，是源于人类对于工业革命以来生态危机的反省和认识，卡尔逊《寂静的春天》的出版以及现代环境保护运动为循环经济理念产生提供了温床。从内容体系来讲，循环经济理念的产生早于产业生态学、清洁生产和可持续发展，在西方社会，产业生态学、清洁生产和可持续发展是相对独立于循环经济的一门科学或者理论，但循环经济本身并没有得到在中国般的重视;从哲学思想来讲,深层生态学理念的产生,并成为绿党成立的理论基础,这对于德国等循环经济的发展起到了不可磨灭的作用,更是在某种程度使得循环经济有机会被中国所注意。

2.3.3 循环经济的中国元素

本研究认为:在中国,循环经济被赋予了鲜明的中国元素,即,中国循环经济的研究内容涵盖了产业生态、清洁生产等诸多学科,并成为实现区域可持续发展的一种主要战略;在研究方法上,呈现出物质流分析管理、能值分析、生态效率等百花齐放的局面;在政策层次上,体现出高强度高密度的政治推动特性。总而言之,中国的循环经济在学科理论的研究上更为关注产业系统的生态经济学,在实践上呈现空间层次多样性和复杂性。

循环经济在中国的实践历程与未来发展趋势也说明,区域将是中国循环经济发展的主要载体,只有实现区域循环经济的良性发展,才能实现国家既定的关于循环经济的区域可持续发展目标,但遗憾的是,目前关于区域循环经济发展机制问题的研究尚未有系统的理论体系和结构框架,这也使得地方政府以及有关部门在制定和发展循环经济中,只能"摸着石头过河"。

基于此,笔者以区域循环经济发展机制为研究主线,详细分析了区域循环经济发展机制的机理组成,尝试构建了关于区域循环经济发展的理论体系,并结合若干案例研究,基于不同的、但合适的定量分析方法对有关子机制进行了佐证和解释,以期待为中国循环经济研究的理论体系完善和在区域层面上的实践指导提供借鉴与参考。

第3章 区域循环经济的基本问题与系统机理

基于本书第二章的研究,我们阐明了循环经济的内涵特征,理清了循环经济的脉络体系,并分析了循环经济概念被引入中国后的研究与实践现状,认为区域层面是实现中国循环经济发展既定战略目标的主体。因此,本章的研究主要是在第二章的基础上,重点围绕"区域循环经济"的基本问题与机理组成进行辩驳与阐释,即主要回答两个关键问题:①区域循环经济的框架组成包含哪些?②区域循环经济发展机理的主要内容是什么?

3.1 区域循环经济的基本问题

3.1.1 区域循环经济的概念辨析

阐明区域循环经济的概念内涵,是进行区域循环经济研究的基本前提。然而，在究竟如何定义"区域循环经济"这一问题上，绝大多数研究都是从某一个特定的区域（通常是行政区域）去探讨循环经济，并未给出区域循环经济的准确概念（何东，2007）。因此，作者基于 *CNKI*、维普、*Scholar. Google* 等网络数据资源，并结合甘肃省图书馆、兰州大学图书馆的有关藏书，总结了目前学界关于"区域循环经济"的若干定义。这些定义主要集中在 2005～2007 年间的有关博士学位论文当中，具体阐述如下：

冯之浚（2004）先生在其著作《循环经济导论》中认为："区域循环经济是指企业、产业园区和城市在实现了循环经济的基础上，在区域内更高层次、更大范围实施的循环经济，是社会循环经济的基础。"[①]

王鲁明在其博士论文《区域循环经济发展模式研究》（中国海洋大学，2005）中，定义为："发展区域循环经济是指在一定行政区域内，以循环经济理念和生态学原理为指导，以循环经济示范区建设为载体，以推动区域经济社会快速、协调、健康发展为目标，通过统筹规划、整体协调、优化经济结构，把区域内的经济社会活动组织成若干个'资源—产品—再生资源'的反馈流程，通过对物质、能源的高效利用和污染低排放，最终实现整个区域经济社会全面、健康、持续发展。因此，区域层面的循环经济就是建设循环经济示范区"（第六章，第 109 页）。

侯丽萍在其硕士论文《中国区域循环经济发展问题研究》（东北大学，2005）中界定："区域循环经济，是指在一定的经济区域内，以可持续发展为目标，以资源的循环利用为核心，建立在资源循环利用基础上的经济发展模式。最终实现经济、社会、环境的协调发展。区域循环经济的内涵不仅包括在区域内部建立循环经济体制，广义上还应该包括区域之间的资源物质交换和协

---

① 冯之浚：《循环经济导论》，人民出版社，2004，第 251 页。

调发展。这就意味着在一定发展阶段一个区域在全面实现可持续发展目标的前提下进行区域间的物质资源循环"（第二章，第7页）。

何丽娜在其博士论文《区域循环经济的理论研究与实证分析》（武汉理工大学，2006）中认为："区域循环经济是建立在区域经济或者区域发展基础之下的循环经济系统，是指企业、园区和城市实现了循环经济的基础上，在区域内更高层次、更大范围实施的循环经济，是社会循环经济的基础"（第二章，第44页）。

张燕在其博士论文《区域循环经济发展理论与实证研究》（兰州大学，2006）中认为："区域循环经济是区域经济发展的一种崭新模式，它以一定范围的区域为对象，以区域内的资源环境条件和社会经济发展特点为基础，以实现区域内社会、经济、生态协调和可持续发展为目标，以协调区域内部各项功能为重点，统筹规划的总体发展和资源循环利用"（第二章，第39页）。

丘兆逸（2006）在其《区域循环经济的成本—收益矛盾》论文中认为："区域循环经济是指区域层面上通过原料、废弃物的互相交换建立生态产业链，实现区域内企业群体之间的循环，从而达到资源利用的减量化、产品生产的再使用和废弃物的再使用的效果"[1]。

李昕在其博士论文《区域循环经济理论基础和发展实践研究——以吉林省为例》（吉林大学，2007）中认为："区域层面循环经济模式要求生态产业园区内的企业与企业之间形成废弃物的输出输入关系，要运用循环经济思想组织企业共生层次上的物质和能源的循环，将不同的工厂结合起来，形成共享资源和互换副产品的生态工业链，实现园区、企业和产品三个层次的生态管理，

---

[1] 丘兆逸：《区域循环经济的成本—收益矛盾》，《统计与决策》2006年第6期，第92~93页。

建成稳定的生态工业网络结构"（第四章，第82～83页）。

何东先生在其博士论文《论区域循环经济》（四川大学，2007）中认为："区域循环经济是指在一定区域内，以可持续发展为目标，以资源高效利用和循环利用为核心，以'减量化、再利用、资源化'为原则，以低消耗、低排放、高效率为基本特征的新的经济增长模式，是对'大量生产、大量消费、大量废弃'的传统增长模式的根本变革"（第一章，第23页）。

徐玖平先生在《循环经济系统规划理论与方法及实践——序》（科学出版社，2008）中则写到循环经济的"区域层面，即在更大的范围内实施循环经济的原则，通过企业间的物质、能量和信息集成，把区域内不同企业联结起来形成共享资源和互换副产品的产业共生组合"（p.ⅶ）。

纵观上述定义，我们可以发现：

（1）冯之浚先生的定义属于"层次比较型"定义，即基于发展层面的宏观描述，并没有给出区域循环经济发展的具体内容，而且值得商榷的是，冯先生认为区域循环经济是建立在"企业、产业园区和城市在实现了循环经济的基础上"，这在作者看来也是欠妥的，因为某种程度上而言，区域循环经济完全可以脱离园区而发展，诸如德国的DSD双轨回收系统①，就是明证；至于何丽娜的定义，本研究认为，其观点和冯之浚先生是一致的，因此对其不再辨析。

（2）王鲁明的定义强调了"区域循环经济"的区域特征，但存在一定的缺失。他认为"区域层面的循环经济就是建设循环经济示范区"，这一点赋予了区域循环经济的特殊内涵，忽视和背离了区域循环经济发展的普遍意义。

（3）丘兆逸、李昕和徐玖平等从企业或园区的角度提出了区域循环经济

---

① 关于DSD双轨回收系统的描述，可以参考第二章的脉络梳理部分。

的概念,在这点上,折射出他们对于区域层次的认同与作者有不同之处,因为本研究认为,企业或者园区,应该是"区域"的组成部分,而不是纯粹的重叠概念①。

(4) 何丽萍、张燕和何东等基于区域资源禀赋和循环经济原则特征的角度提出了"区域循环经济"的定义,作者认为这些定义基本上概述了区域循环经济的内涵特征,是最为接近区域循环经济本质的,但是,他们都不约而同地忽略了对具体对象的认识性,即:没有阐明发展区域循环经济的具体内容与着力点。

虽然说,目前关于区域循环经济的定义是众说纷纭,但这也很容易被理解,这是因为,首先,学者们对于循环经济的概念本来就没有达成完全共识;其次,在关于区域的概念划分上,不同研究背景的学者,也存在理解上的分歧。

基于地理学的角度,本研究认为,区域循环经济是指在一定的区域空间范围内,以"减量化、再利用、资源化"为原则,以资源高效利用和循环利用为核心,以产业共生为路径,以信息为联结纽带的环境友好型社会经济活动组织与发展形式,其主要发展目的是实现区域人类社会经济活动过程的完善和重组。本定义在遵循现有定义的"区域性"和"循环经济性"的基础上,更是强调了其"发展性"和"系统性",进而从全局的角度系统思考区域循环经济的有关问题。

3.1.2 区域循环经济的框架组成

作为环境友好型的社会经济活动组织与发展形式的区域循环经济,其框架

---

① 关于此论述,请参考第二章中的循环经济特征分析部分。

组成特征具有多重性和复合性：从体系结构来讲，主要包含产业体系，支撑体系和保障体系；从行为主体来讲，主要包含政府、企业和公众；从要素功能来讲，包含生产者、消费者、分解者，以及传输者①。

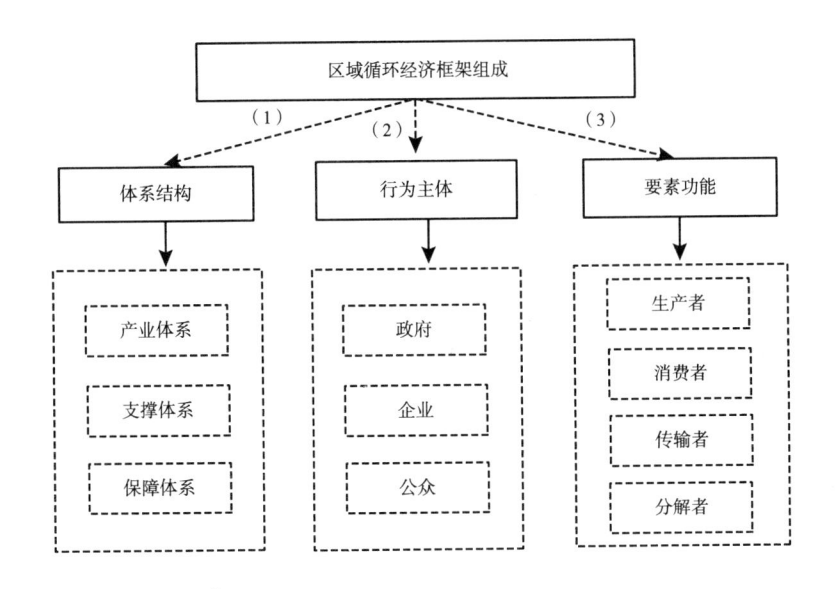

图 3-1 区域循环经济框架组成

3.1.2.1 体系结构

区域循环经济的产业建设包含第一产业，第二产业，以及第三产业。在区域循环经济产业体系构建中，主要基于产业共生和关联的理念，通过整合、协调等手段构建循环经济型产业体系；支撑体系主要包含能源支撑、技术支撑、

---

① 有学者认为，既然循环经济是模仿自然生态系统而构建的，那么，其要素组成就应该按照自然生态系统划分为"生产者、消费者、分解者"三个角色功能，作者认为，相比较于自然生态系统，在人类社会经济系统中，有一类要素角色是比较特别的，那就是"传输者"，例如物流业，他们主要是在生产者、消费者和分解者之间扮演"传输"的角色。在提出"传输者"这一新概念之后，作者也和有关专家讨论过是否可以将"传输者"纳入"生产者、消费者、分解者"中的某一范畴，但综合意见之后，觉得还是将传输者独立出来比较好，因为，这也许正是人类社会经济系统和自然生态系统不同的地方之一。

基础设施支撑，以及生态环境建设支撑等，为循环经济产业体系的建构提供发展平台；而保障体系主要由法律政策和公众文化组成①，其中，法律政策为硬性保障，区域的公众文化为软性保障，它们不但为区域循环经济产业体系的发展护航，也为支撑体系建设提供孕育温床。

3.1.2.2 行为主体

区域循环经济的行为主体由政府、企业和公众组成。其中，政府在产业发展调控、法律政策制定和区域利益协调上发挥主导作用，并在目前的区域循环经济发展中扮演"实践者"与"推动者"的双重角色②。企业是区域循环经济发展的基本载体，特别是在产业体系构建上，企业是最基本的组成单元。社会公众是区域循环经济的重要推动者，他们在社会层面上的废弃物回收利用，绿色消费等问题上对于区域循环经济发展目标的整体实现起到关键性的作用。

3.1.2.3 要素功能

从功能的角度讲，区域循环经济的系统组成要素可以划分为生产者、消费者、传输者和分解者。和自然生态系统不同的是，人类社会经济活动中多了一个具有"纽带"作用的传输者。从宏观角度来讲，自然生态系统既是生产者也是分解者，他们承担着提供自然资源和吸纳人类系统的废弃物的双重功能（皮尔斯、图纳，1989），从人类社会的产业系统来讲，生产者、消费者和分解者之间并无绝对的区别，例如，基于有机废弃物的沼电，他们既是农业有机

---

① 关于保障体系部分，有学者认为，区域循环经济的保障体系是指包含"水、能源、交通"在内的城市基础设施保障体系以及包含"生态环境建设、环境污染治理和自然灾害预防"在内的自然生态保障体系（季昆森，2003；张燕，2006；何东，2007；彭丽娜，2007），但是作者认为，他们更应当作为支撑体系内容，无独有偶的是，在诸多区域的循环经济发展规划中（诸如甘肃、黑龙江、陕西汉中等），规划设计人员都将"城市基础设施"和"环境保护"内容归入"支撑体系"部分，这也印证了作者的观点。

② 详见第四章的"区域循环经济发展的驱动机制"分析。

废弃物的"分解者",也是区域能源的"生产者",同样,即使是作为"传输者"典型代表的物流业,他们也是能源的"消费者",但在区域层面的作用功能上,"物流"更趋向于"传输者"的角色。

3.2 区域循环经济的发展机理

3.2.1 区域循环经济研究的主要问题

从20世纪90年代末以来,学界关于区域循环经济的研究主要围绕发展模式和评价体系两条主线进行,这些研究成果为中国区域循环经济的理论体系完善和区域发展实践作出了积极的贡献,然而,随着中国循环经济发展由点向面的推广和普及,这种围绕"发展模式"的视角局限性日益凸显[①],这

---

① 诚如本节开头所言,目前国内关于区域循环经济的研究主要以"发展模式"和"评价方法"为主线,其中,评价体系主要是围绕区域循环经济的发展水平和未来发展趋势预测进行,包含评价指标和评价方法两方面内容。在评价指标上,马其芳和黄贤金等人(2005)提出了包括经济与社会发展指标、资源减量投入指标、资源循环利用指标和资源环境安全指标在内的区域农业循环经济发展评价指标体系;李青如(2006)设计的区域循环经济评价指标体系共有3个分指标体系和28个具体指标,这些指标涵盖了经济、社会、环境等循环经济发展的各个方面;王舒、黄贤金和陈逸(2006)提出了包括资产投入指标、循环利用指标、污染减排指标和经济发展指标等四方面内容的区域循环经济发展评价指标体系;国家发改委(2007)则提出了矿产资源产出率、单位国内生产总值能耗、工业固体废物综合利用率、工业固体废物处置量等22个循环经济评价指标。在研究方法上,生态效率(诸大建等,2005)、物质流分析(陈效述等,2006)、能值分析(陈兴鹏等,2005)、系统动力学(李勇进等,2008)、多目标规划(贾蕊,2007)等方法得到学界的尝试运用并作出了一批成果。遗憾的是,作者对于评价体系并没有进行足够深入的创新性研究,这是因为:①目前的评价指标体系虽然繁杂,但总体来说已经比较完备;②在研究方法上,每一种方法都有其可取之处,没有绝对的对错之分;③在不同的区域和研究对象中,只要根据基本的指标体系构建原则,选取恰当的指标和数学方法即可,而且,作者认为,在区域循环经济的发展问题上,不能迷恋于各种数学模型的计算结果,而是更应关注于这些数字的科学解释及其在现实上的警醒和实践上的指导作用。基于上述观点,本研究对于区域循环经济研究的问题分析主要围绕对于"模式"视角的评论。

主要表现在三个方面：模式研究的断面性、知识体系的缺失性、具体实践的机械性。

3.2.1.1 模式研究的断面性

在区域循环经济发展的实践问题上，纵观国内文献资料，基本上言必谈及"模式"。所谓"模式"是指"某种事物的标准或使人可以照着做的标准样式"（《现代汉语词典》），顾名思义，循环经济的区域发展模式就是指在区域空间上的工业、农业，以及包含静脉产业在内的第三产业在发展过程中所应遵循的样式和框架。

然而，不得不指出的是，这种过于突出强调区域循环经济发展样本框架的"模式"研究情结，忽略了区域社会经济发展的"过程动态性"和"对象系统性"，这是因为：①区域循环经济的发展，不管是产业体系的构建，还是不可或缺的社会公众意识的提升，都具有时代的动态性，而模式则是发展过程当中的对过去某一时段内的范式总结；②循环经济模式不能"建设"（刘学敏，2007），区域循环经济的发展，是对人类现有社会经济活动组织形式的"系统"改变过程，"模式"研究过于强调产业体系的构建，忽略了区域循环经济发展的支撑体系建设和保障体系建设，也忽略了各行为主体和要素功能的相互作用。

3.2.1.2 知识体系的缺失性

知识体系的缺失是目前国内循环经济研究面临的主要窘境之一。虽然循环经济理念在20世纪90年代后期被赋予了丰富的中国元素，然而，由于缺少深厚的理论底蕴和成熟的理论体系，使得目前关于区域循环经济研究，不管是研究成果还是研究视角，都呈现出知识体系的缺失性特征。这种缺失性主要表现在：①在对国际前沿的追踪与吸收上表现出的滞后性。例如，当基于《京都议定书》（Tokyo Protocol）的清洁发展机制（Clean Development

Mechanism，CDM）成为发达国家与发展中国家博弈舞台的时候，国内几乎没有人注意到 CDM 给中国区域循环经济发展带来的巨大融资机遇①，这未尝不是一种遗憾。②在研究体系上缺少对区域循环经济理论的集成研究，特别是对实践的指导性研究。目前国内关于区域循环经济研究除了"模式"之外，更多是关注于"现状评价"、"保障体系"、"战略意义"等部分，且文字内容颇有"趋同性"，而在区域循环经济发展及其实践层面的具体操作研究上基本没有涉及。

3.2.1.3 具体实践的机械性

循环经济建设是基于不同地区的实际情况而展开的，各区域在自然条件、经济发展水平、社会发展状况等方面必然存在差异，因而，循环经济的发展实践也就具有明显的区域特性。在循环经济发展过程中，贯彻循环经济的区域性，就是要根据各地实际情况，因地制宜地推进循环经济建设，不能照搬照抄其他地区的发展模式，只有如此，才能充分发挥各地区的比较优势和竞争优势，也才能充分合理地利用区域资源，实现区域社会、经济、生态效益的协调发展。

另一方面，目前的实践研究，主要围绕"产业链"规划设计进行，作者并不否认基于物质代谢原理设计的以"桑—鱼—田"为代表的农业产业链，或以"粉煤灰—水泥"为代表的工业产业链的科学基础性，但是，对于这些产业链在区域循环经济具体实践中的操作性与可行性，表示出一定的质疑，这是因为，在某些区域，由于产业规模的问题，使得"粉煤灰"的数量并不能

---

① 相关研究论文已被《商业研究》（CSSCI 期刊）采纳，（薛冰、陈兴鹏：《基于 CDM 的循环经济项目融资路径探析》，商业研究，录用待刊）。论文主要内容曾于 2007 年在吉林大学的"中国—欧盟：循环经济发展论坛（Sino-EU：Forum of Circular Economy Development）"上首次宣讲，引起了与会专家的热烈讨论与肯定。

达到规模化利用的水平,这也使得在该区域的"粉煤灰"到"水泥"产业链过于偏重理论,缺少基于物质流的核算,不具有现实可行性。

3.2.2 区域循环经济发展机制的组成

区域循环经济发展机制,是指在以"减量化、再利用、资源化"为原则的区域社会经济活动过程完善和重组的发展目标导向下,区域系统内的各组成要素(子系统)的相互作用方式与动态过程,及其关联机理等。

本研究在对循环经济的脉络梳理和区域循环经济发展问题研究与反思的基础上,结合作者主要参与的区域循环经济发展规划课题[①]的实践经验与思考,从系统理论研究和发展全过程的研究视角,即"驱动(Driving)—规划(Planning)—运行(Operating)—反馈(Feedback)—调控(Regulating & Redirection)"的角度,对区域循环经济发展机制进行了系统的模块识别和研究探析,进而将其发展机制划分为如下五个子机制:驱动机制、规划机制、运行机制、反馈机制、调控机制(图3-2)。

通过将关于区域循环经济的发展研究理论划分为五个机制,从理论上来说,有利于建立区域循环经济研究框架体系,降低研究维度和复杂性,实现对其发展过程的整体分析;从实践上来说,有利于有关行为主体,特别是政府和公众实现对区域循环经济发展的科学诊断与认知定位,提升循环经济在区域层面实践的操作性,避免走入循环经济发展的误区。

---

① 2003年以来,作者主要参与的区域循环经济发展规划类课题有10余项,其中代表性的有:①Sino-German Corporation Project:Recycling of Organic Waste in China(中德合作项目:中国有机废弃物资源化研究)中的陕西杨凌、湖北龙感湖的案例分析(2008年3月~6月);②MFM Master Plan for the Province of Laraehe,Morocco(摩洛哥Laraehe省物质流管理控制规划),(2008年9月~10月);③甘肃省发展循环经济规划与实施方案(2005年8月~2009年3月);④甘肃嘉峪关循环经济发展规划(2005年3月~2006年5月);⑤陕西汉中循环经济产业集聚区发展规划(2008年11月~2009年5月)。

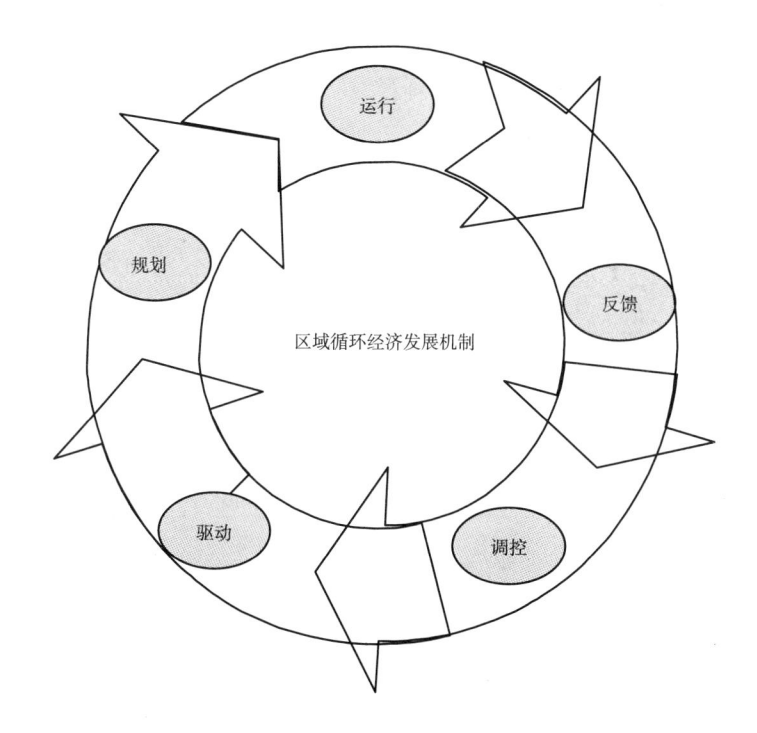

图 3-2　区域循环经济发展机制的系统组成

3.2.2.1　驱动机制

区域循环经济的发展，不仅仅是对区域内传统人类社会经济活动方式的改变，更是对包含自然和人文在内的整个区域系统的不断完善和重组，而这种改变、完善和重组，都必须要有"驱动力"。区域循环经济的驱动力来源基本上可以分为两个，即表现为"自组织"的区域发展的自我驱动力和表现为"他组织"的来自系统外部的推力。因此，通过探析阐明区域循环经济发展的驱动力来源、作用机理及其转变过程，可以为实现区域循环经济的良性发展提供认知基础和调控依据。

3.2.2.2　规划机制

所谓规划机制，就是指规划主体之间及其对于规划客体（规划对象）的认知和信息化处理过程。区域循环经济规划主要是通过信息流在政府、企业、公众之间的传输和分享，并通过这种信息流的"矢量"①作用，对区域物质流、资本流、能量流、价值流在系统内起到预引导，进而对区域循环经济的系统运行产生作用和影响。规划机制研究的作用和意义在于为区域循环经济发展规划的制定提供科学指导和操作指南，为实现区域循环经济的发展目标提供保证和支持。

3.2.2.3 运行机制

运行机制是整个区域循环经济发展机制的主体和核心，是区域循环经济发展中涉及要素最多，机理最为复杂的部分。区域循环经济系统的运行，在本质上就是物质流、能量流、信息流、价值流、资本流在区域循环经济发展客体内部以及和外界之间的不断交换与转化。因此，区域循环经济的运行机制研究主要在于探析阐明区域循环经济运行的基本载体及其作用机理和目标，为区域循环经济的发展实践和调控提供具体着力点。

3.2.2.4 反馈机制

区域循环经济系统，是通过模仿生态系统的运行规律，以高效的资源代谢过程、完整的系统耦合结构及整体、协同、循环、自生功能为目标的复合"社会—生态—经济"系统，然而，由于社会经济系统自身并不具备自然生态系统般完整的反馈机制，因此，在区域循环经济的发展过程中，必须从反馈信息的渠道、处理、诊断等方面着手设计反馈机制，为区域循环经济的健康运行和优化调控奠定充分的基础。

---

① 所谓"矢量"改变，是借鉴了物理学中的"矢量"概念，即不但有方向，而且有大小。在区域循环经济发展过程中，各种"流"之间的相互"矢量"作用过程导致了系统的不断改变，例如：投资商可以根据获得信息的来源（信息流的方向）和丰富程度（信息流的大小），决定投资的领域（资本流的方向）和投资额的多少（资本流大小），很显然，这是一种矢量作用过程，因为不管是改变投资领域或者是投资金额，都会对系统产生冲击和影响。

3.2.2.5 调控机制

调控机制是在信息反馈的基础上,通过明确的指令引导区域物质流、能量流、价值流、资本流和信息流的综合改变,优化资源配置,实现对区域循环经济发展系统的调整和控制。调控是区域循环经济发展实践不可或缺的核心环节,不管是驱动、规划、运行,还是反馈,都离不开调控。调控也是体现区域循环经济发展的动态性和过程性的重要标志。

3.3 本章小结

3.3.1 区域循环经济定义与框架

本研究认为:区域循环经济是指在一定的空间范围内,以"减量化、再利用、资源化"为原则,以资源高效利用和循环利用为核心,以产业共生和关联为主体,以信息为联结纽带的环境友好型社会经济活动组织与发展形式,其目的主要是实现区域人类社会经济活动过程的完善和重组。与既有的各种定义相比,本定义强调了区域循环经济的"区域性"、"发展性"和"系统性"。

本研究认为:区域循环经济在框架组成上具有多重性和复合性特征,即,从行为主体来讲,主要包含政府、企业、公众;从体系结构来讲,主要包含产业体系、支撑体系和保障体系;从要素功能来讲,包含生产者、消费者、分解者以及传输者。其中,传输者是循环经济研究中的原创性概念。

3.3.2 区域循环经济的发展机制

本研究在分析总结国内区域循环经济研究与实践中出现的主要问题的基础

上，结合作者的实践经验和系统思考，基于发展全过程的视角，对区域循环经济的发展过程进行了系统的模块识别和划分，原创性地提出了区域循环经济发展过程中的机制组成，即：驱动机制、规划机制、运行机制、反馈机制、调控机制。

在随后的第四章至第八章，本研究将围绕上述五个机制构建区域循环经济发展研究的理论框架，对上述五个机制进行详细阐释和佐证。

第4章 区域循环经济发展的驱动机制

作为人类社会经济活动过程完善与重组的区域循环经济,不可能自组织地生成与演进,必须在系统内外因素的耦合作用下,合力形成驱动,才能使得这项巨大而复杂的系统工程有效运转。在区域循环经济发展过程中,构建高效的驱动机制是发展区域循环经济不可或缺的首要前提。

本章研究的主要任务是基于广义物质流管理,建立驱动机制的概念模型,识别和阐明区域循环经济发展的驱动力来源、获取及其相互作用机理;通过德国循环经济发展的历史经验总结对模型进行了解释、佐证,进而实现理论总结。最后,本研究在结合问卷调查和结构分解分析方法的基础上,对区域循环经济发展的微观驱动机制进行了局部的定量分析和比较研究。

4.1 概念模型与作用原理

4.1.1 概念模型的构建

驱动机制就是指在区域循环经济发展过程中驱动力的形成过程与作用方式[①]。当然，这种驱动力是人类社会经济活动过程的完善与重组中所面临的"推动力"与"阻滞力"相互矢量作用的结果。本研究第二章和第三章的研究结论也对此做了铺垫性的阐释：人类社会经济活动过程的完善和重组过程，主要是通过信息流、物质流、资金流、能量流、价值流在企业、政府和公众[②]等行为主体之间的相互作用和影响来实现的。

在构建区域循环经济的驱动机制的宏观概念模型之前，我们不妨先做如下假设：如果地球是无限大的，资源是取之不竭的，生态服务功能永远是完美的，人类社会的现代文明成果中还会出现"循环经济"吗？然而，我们无法对这个不可能的假设进行结果推导，但是，也许我们可以怀疑：假若真的那

[①] 在 2007 年吉林大学"中国—欧盟：循环经济发展论坛（Sino-EU：Forum of Circular Economy Development）"上，西南科技大学经济管理学院院长、四川循环经济研究中心主任王朝全教授基于制度经济学的角度对循环经济的动力机制进行了研究与初步定义，王先生认为"对循环经济发展动力机制的研究，不仅具有重要的理论创新意义，而且具有巨大的实践应用价值"。在与王先生的会后交流以及后期的 Email 通信往来讨论中，作者进一步加深了对循环经济动力机制的理解和领悟，最后，在借鉴王先生的思想基础上，结合区域循环经济的特征内涵和研究需要，形成了本定义。同时，承蒙王先生对于本章节初稿内容提出了宝贵的修改建议，在此表示深深的感谢。

[②] 毫无疑问，在区域循环经济系统中，如果对行为主体进行更详细的划分，行业协会、非政府组织（NGO）、研发单位等也应当包含在内。然而，基本系统简化的角度，本研究将行业协会等归类为"企业"范畴，将"非政府组织（NGO）、研发单位等"归类为"公众"范畴。同样本研究的提及的"政府"，不但包含具有"行政权"的一般"政府"概念，也包含了具有"立法权"、"司法权"等其他机关。

样,也许"循环经济"这个理念就不会出现,因为我们找不到发展循环经济的价值理念与动力机制①。

从另一方面而言,基于本书第二章中关于循环经济的内涵特征和脉络梳理研究,我们可以得出一个基本结论:循环经济理念的出现,其根本原因在于人类对自身所处的生态环境危机的认识和觉醒,而后,这种认识和觉醒转化为政治层面的立法政策与企业的责任行动,进而借助全球化的力量予以扩散。而这正是区域循环经济发展的最初驱动要素与作用过程。

因此,本研究基于广义物质流管理②(包含信息流、物质流、资金流、能量流、价值流)理念,在参考借鉴物理学中的"受力分析"的基础上,对区域循环经济的行为主体进行了"受力"分析,进而构建了区域循环经济驱动机制的宏观概念模型(图4-1)。本概念模型主要由两个部分组成,分别为源自于系统外部的驱动以及源于系统内部的驱动。

就系统外部作用力而言,这种驱动主要来源于资源环境危机及其具体的区域人文响应。其中,资源环境危机的具体表征为资源的稀缺性和环境承载的有限性;而区域人文响应则表现为人类对于资源环境危机及其自身的认识和反思

---

① 也许,诚如国际环境伦理学界最著名的学术杂志《环境伦理学》(季刊,创建于1979年)的创始人和主编尤金·哈格洛夫(Eugene Hargrove)在《环境伦理学基础》(1989)一书中所阐述的,"几乎从三千年前开始,当西方人第一次开始哲学思考时,哲学就要么与环境思考无关,要么与之相互冲突"(第20页)。历史上的自然目的论、神学目的论和理性至上论等思想在一定程度上都阻碍了西方人重视自然的客观存在,造成了西方哲学史对"自然的遗忘",随后,由于工业革命引发的生态危机,唤醒了社会公众对于自身所处环境的客观认识和觉醒。

② 狭义的物质流管理是指对系统的物质和能量流的优化管理,广义物质流管理是指在狭义物质流管理的基础上,将信息流、价值流、资本流纳入思考体系,建立包含"信息流、物质流、资金流、能量流、价值流"在内的"流"管理系统。广义物质流管理概念的形成得益于在IfaS(德国)留学期间,导师Peter Heck教授和卢博士红雁师姐的悉心指导。

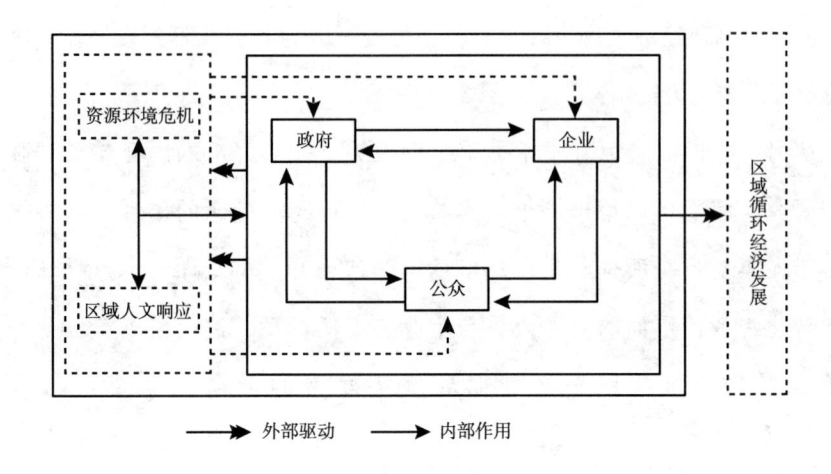

图 4-1 区域循环经济驱动机制的宏观概念模型

（八大公害事件①，石油危机、资源危机等），在两者相互作用的基础上，形成了循环经济发展的原动力，并借助于全球化或者知识分享（Knowledge-Sharing）的渠道予以传递，进而形成了某一区域发展循环经济的外部驱动力。

就其系统内部驱动而言，则主要是指信息、资本、物质、能量、价值在政府、企业、公众等行为主体之间的传递与作用过程。这种驱动的原动力既可以

---

① 八大公害事件：① 1930 年的马斯河谷烟雾事件，发生于比利时马斯谷工业区，由于二氧化硫的粉尘，一周内近 60 人死亡，千人呼吸系统疾病。② 1943 年的洛杉矶光化学烟雾事件，发生于美国，由于大量汽车尾气在紫外线照射下产生光化学烟雾，大量居民出现眼睛红肿、流泪等症状。③ 1948 年的多诺拉烟雾事件，发生于美国宾夕法尼亚州多诺拉镇，由于大气严重污染，有 5900 多人患病，17 人死亡。④ 1952 年的伦敦烟雾事件，发生于英国伦敦，由于烟尘和二氧化硫在浓雾中积聚不散，先后死亡 1 万多人。⑤ 1961 年的四日市事件，发生于日本四日市，由于废气严重污染大气，许多居民患上哮喘病，多人死亡。⑥ 1953～1956 年的水俣病事件，发生于日本熊本县水俣市，由于食用被汞污染的鱼、贝等水生生物，造成大量居民中枢神经中毒，60 多人死亡。⑦ 1955～1972 年的富山痛痛病事件，发生于日本富山县，由于食用被含镉废水污染的稻米而中毒，死亡一百多人。⑧ 1968 年的爱知米糠油事件，发生于九州的爱知县一带，人们食用含多氯联苯的米糠油后造成中毒，患者超过 1 万人，16 人死亡。

来源于各行为主体对于区域自身的资源环境问题以及资本价值的自发性认识；也有可能是在系统外部驱动的影响下，进而在比较与吸收的基础上，将外部驱动转化为对区域系统的内部驱动。

4.1.2 驱动的作用机理

驱动的作用机理，就是指系统内外驱动力之间的相互作用、传递与转换过程。我们基于广义物质流管理的概念，以政府、公众、企业为行为主体，以信息、资本、物质、能量、价值为线索，从微观机制上探析区域循环经济发展的内外驱动。

4.1.2.1 系统外部的驱动传递与作用

虽然说系统的外部驱动主要来源于资源环境危机以及区域的人文响应，然而，在传递路线上，它又是如何具体实现对区域循环经济发展的驱动的？因此，为了回答和解释系统外部驱动力的生成过程及其作用机理，本研究以德国为分析案例，对其外部驱动环境进行了研究探析。之所以选取德国为研究案例，是因为现在的德国，不仅是世界上实践循环经济最早的国家，更是全球循环经济发展水平最高的国家之一。本研究采用"溯源"的方式，探析了德国循环经济发展的驱动过程。

全球的资源匮乏和环境污染严重的现实促使德国社会达成共识，即经济必须走可持续发展的道路，资源必须节约使用，废弃物不能再去填埋而必须资源化循环利用（戴宏民，2002）。1986年，《废弃物法》（*Abfallgesetz*, *AbfG*）第一次明确规定尽可能使用废弃物中的可利用部分，为以后德国循环经济的具体实践奠定了基础，而后，源于废弃物管理的"循环经济"在德国的发展，在很大程度上得益于其政府的大力倡导和支持，也就是说政府在发展循环经济方面发挥了重要的促进作用（王朝全，2008）。

在政府的环境政策推进与制定过程中，有一支举足轻重的政党力量：德国绿党。在前文中，我们已经有所提及，德国绿党的四大原则之首乃是生态学（许仟，2001），即维护生态平衡（黄海峰，2008），而"生态学的思想是绿党组成的动力，不但是其主要诉求，更以广义的深层生态学思想成为其根本，涵盖绿党全盘的政治主张"（许仟，2001）。在其组织形式上，正式成立于1980年的德国绿党，它的前身是独立行动团体（Aktionagemeinschaft Unabhaengiger Deutscher；AUD）、未来绿色行动（Gruene Aktion Zukunft；GAZ）、霍尔斯坦邦绿色名单（Gruene Liste Schleswig-Holstein）等绿色团体组织，这些组织是现代环境保护运动的推动者和实践者；而现代环境保护运动帷幕的拉开则是起源于美国生物学家卡尔逊的《寂静的春天》的出版和由此引发的广泛的社会辩论。如此溯源，笔者勾画了德国循环经济发展的外部驱动力的形成过程示意图（图4-2）。

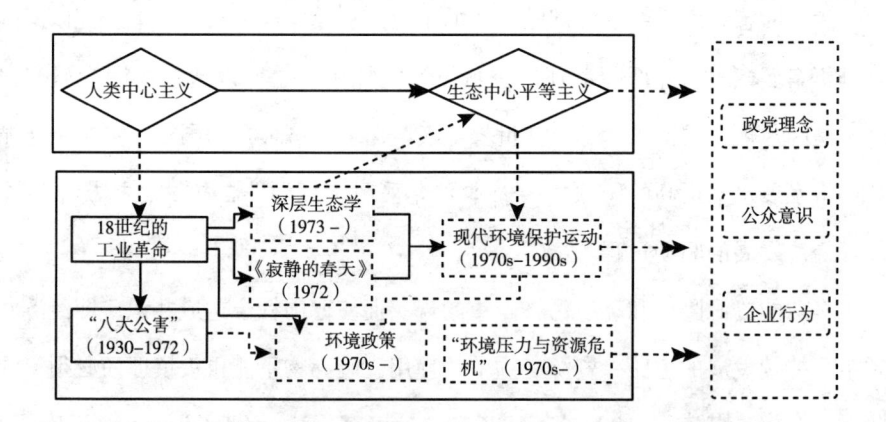

图4-2 区域循环经济发展的外部驱动力形成过程（以德国为例）

据此，通过对德国的循环经济发展的外部驱动力溯源探析中，我们基本上可以确认：区域循环经济发展的外部驱动主要源于资源环境危机及其区域的人文响应；资源环境危机来源于人类不合理的价值观念及社会经济活动，而人文响应过程则是对这些危机的认识和自我觉醒；它的作用过程主要通过信息传递（诸如：资讯传播、知识分享等）予以实现。

4.1.2.2 系统内部的驱动传递与作用

就系统内部作用机理而言，这种驱动主要是信息、资本、物质、能量、价值（在企业中主要表现为利润）在区域循环经济行为主体政府、企业、公众之间的传递与作用过程。据此，本文对区域系统内部的驱动传递与作用机理进行了微观概念模型构建（图4-3）。

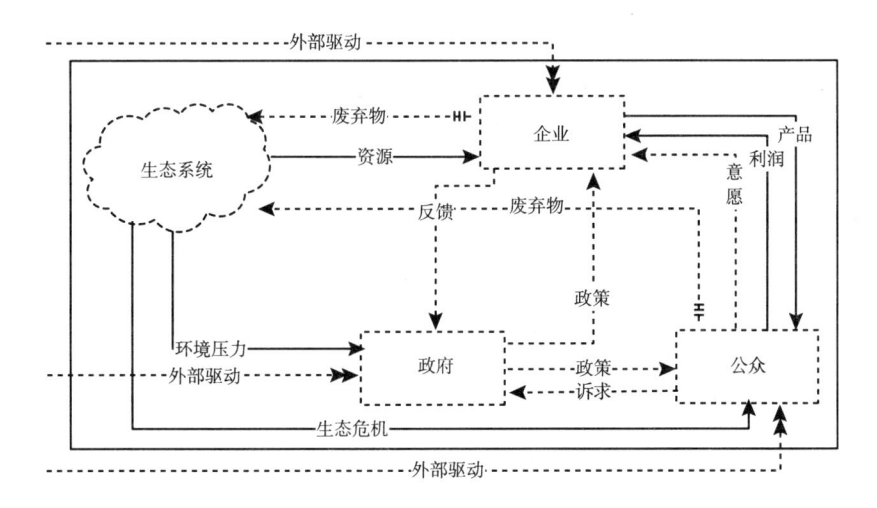

图4-3　区域循环经济系统内部驱动机理的概念模型

基于模型分析，我们可以发现，政府、企业和公众的作用过程是相互的、耦合的，他们既是施力主体，亦是受力客体。而生态系统在区域循环经济系统内部的驱动中却扮演了"第一发动机"的关键角色，这是因为，当企业和公众排放的废弃物超过生态系统自身净化能力的时候，必然会对区域发展和人类健康形成环境压力和生态危机，而工业革命后的"八大公害"事件证明了这一点。

如果将政府作为第一个"受力分析"对象，那么，从政府的角度来讲，其发展循环经济的根本动力来源于经济发展带来的"环境压力",以及公众因为生态危机带来的对于政府的"社会诉求"。因为政府的重要基本功能就是提供完善的社会公共服务和福利水平(夏学銮,2002),这就使得政府必须通过政策等手段对企业和公众进行调控和规范,这种政策的表现形式可以是强制性的立法规范,也可以是对技术研发和企业税收等的激励支持,因此,政策的支持促进是区域循环经济发展驱动力的重要来源之一。例如,德国于 2000 年颁布实施了《可再生能源优先法》后,进一步强化了对可再生能源发电的鼓励政策。在政策的强力推动下,德国的风力发电从 1990 年开始起步,到 2005 年底装机容量已达 1840 万千瓦,发电量占全国总发电量的 8.8%[1],并成为世界上最大的风力发电国。

对企业而言,其受力除了来自于政府的政策调控之外,其另一动力是来自于对利润的趋向。在市场经济条件下,企业的目标是追求自身利益的最大化,这种利益在某种条件下可以表征为企业的"社会责任(Social Responsibility)[2]"形象塑造,但是,归根结底,对于企业而言,核心目标是企业利润的增加,因此,经济利益驱动是企业发展循环经济的重要动力,也是区域循环经济发展驱动力的重要来源之二,这种作用过程主要基于价值流和资本流来实现。

对公众而言,其系统内的受力来源主要有三方面:第一是对于自身所处环境的意识和区域生态危机的警醒,进而转化为对政府的诉求和企业的意愿;第

---

[1] 数据来源:*Environmental Data for Germany-Practicing Sustainability, Protecting Natural Resources and the Environment*, 2007 Edition, p. 54。

[2] 世界银行将"企业社会责任"定义为"企业与关键利益相关者的关系、价值观、遵纪守法以及尊重人、社区和环境有关的政策和实践的集合。它是企业为改善利益相关者的生活质量而贡献于可持续发展的一种承诺"(Corporate social responsibility is the commitment of business to contribute to sustainable economic development by working with employees, their families, the local community and society at large to improve their lives in ways that are good for business and for development)。http://info.worldbank.org/。

二是来自政府的政策规范，例如强制性的规定，柔性的引导，以及社会公众教育等；第三是源于对企业"环境责任感"的认同，进而转化为自身的行动和对其产品的认可。总的来说，不管"公众"的受力来源于哪里，其最终都取决于社会公众自身的意识和行动，因此，公众意识提升是区域循环经济发展的驱动力的重要来源之三，这种作用过程主要通过信息流、资本流和价值流来实现。

综上所述，区域循环经济发展的系统内部驱动来源主要有政策的支持促进、经济利益的驱动，以及公众意识提升，作用过程主要是基于信息流、价值流和资本流来实现，进而影响区域物质流和能量流，实现完善和重组区域人类社会经济活动的过程（图4-4）。

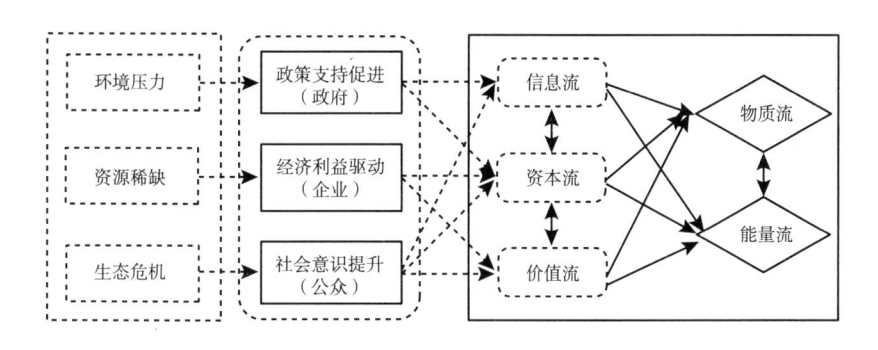

图 4-4　区域循环经济驱动的主要作用机理模型*

* 如果将本图与图 2-1-2 相比较，会发现本图中的"信息流"和"价值流"之间并无直接相互作用，"物质流"和"能量流"对于"信息流"、"价值流"、"资本流"也无反馈作用，实际上并非如此。因为图 4-1-4 只是表示驱动机制中的主要作用机理，并没有表现出其他辅助性的次要作用过程。

为了进一步阐释区域循环经济发展驱动机制的作用机理及其反应，本研究对该模型中的"环境压力"和"社会意识"进行了案例研究：①以宁夏回族自治区为样本，运用向量自回归、广义脉冲响应函数与结构分解分析方法，对环境压力与经济发展的关系进行了检验与解释；②基于问卷调查方式，对区域循环经济发展中的社会公众以及政府意识进行了统计分析和对比研究。

4.2 驱动机制的局部检验：环境压力与经济发展[①]

本节以宁夏回族自治区为研究案例，基于1985年以来的相关历史统计数据，以能值分析计算结果为基本依据，采用广义脉冲响应函数、结构分解分析等方法，定量研究经济发展对环境压力的影响，以及生态环境对经济增长的反馈影响，以此探究两者之间的互动关系。

4.2.1 数据采集与误差消除

样本的研究期间为1985~2005年，元数据采集自1986~2006年间的有关统计年鉴，并通过能值计算获得基本分析数据。

能值分析是以能值为基准，把生态系统或生态经济系统中不同种类、不可比较的能量通过能值转换率转换成同一标准的能值（一般为太阳能能值，Solar Emergy，sej）来衡量和分析，从中评价其在系统中的作用和地位；综合分析系统中能量流、物质流、货币流、人口流和信息流，得出一系列能值综合指标（Emergy Indices），定量分析系统的结构功能特征与生态经济效益（H. T. Odum, 1996）[②]。其中，反馈输入能值（*Purchased Emergy*，PE）是指来自经济系统的反馈能值即经济生产中需要花钱购买的能值，环境负荷率（Environmental Load Ration，ELR）代表经济系统利用自然资源对环境产生的环

[①] 课题资助：国家社会科学基金（06BSH001）部分研究成果。感谢张师弟子龙、逯师弟承鹏、郭师妹晓佳等在数据采集与处理方面给予的无私帮助。
[②] 关于能值分析理论中指标的具体含义以及宁夏的计算结果，请参考附件。

境压力,能值废弃率(Emerge Waste Ration,EWR)代表经济系统排放废弃物对环境产生的压力,人均 GDP 代表经济发展。为消除数据之间可能存在的异方差,本研究在计算前分别对有关变量进行了对数化处理①。

4.2.2 方法选取与结果分析

4.2.2.1 经济增长与环境压力关系的时序分析

(1)方法选取

关于经济增长与环境压力关系的分析模型,国际上常用的有两种形式:一种是二次多项式,另一种是三次多项式,可以包括常数项和时间项。为了便于与国内外同类研究的比较及验证经济增长与环境关系的具体形式,本文所讨论的简化模型采用线性回归、二次多项式以及三次多项式回归,模型分别如下:

$$E_i = \beta_0 + \beta_1 Y_i + \varepsilon_i \tag{4.1}$$

$$E_i = \beta_0 + \beta_1 Y_i + \beta_2 Y_i^2 + \varepsilon_i \tag{4.2}$$

$$E_i = \beta_0 + \beta_1 Y_i + \beta_2 Y_i^2 + \beta_3 Y_i^3 + \varepsilon_i \tag{4.3}$$

其中,E_i 为环境压力指标,E_1 为反馈输入能值,E_2 为污染物能值,Y_i 为人均 GDP。

(2)结果分析

分别对反馈输入能值、污染物能值与人均 GDP 进行一次、二次、三次回归,得到 1985~2005 年宁夏回族自治区经济发展与环境压力关系的计量模型分析结果和关系曲线(表 4-1;图 4-5;图 4-6)。

---

① 对时间序列进行对数化处理后容易得到平稳序列,且并不改变时间序列数据的特征。

表 4-1 经济发展与环境压力关系计量模型分析结果（1985~2005）

	R^2	F	Constant	β_1	β_2	β_3
LNELR						
一次回归(Linear)	0.773	64.567	-5.083	0.942		
二次回归(Quadratic)	0.936	131.743	17.046	-6.641	0.637	
三次回归(Cubic)	0.934	128.341	9.607	-2.848	0.000	0.035
LNEWR						
一次回归(Linear)	0.811	81.601	-2.824	0.344		
二次回归(Quadratic)	0.826	42.616	-0.474	-.461	0.068	
三次回归(Cubic)	0.831	44.121	-1.182	0.000	-0.027	0.006

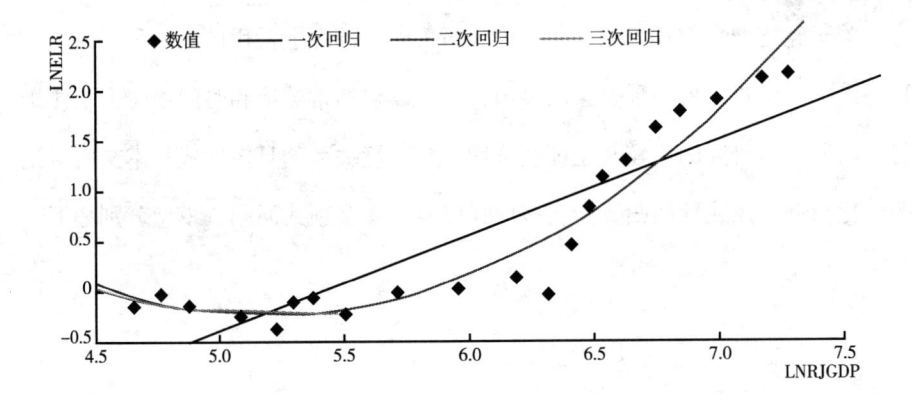

图 4-5 *ELR* 与人均 *GDP* 关系曲线

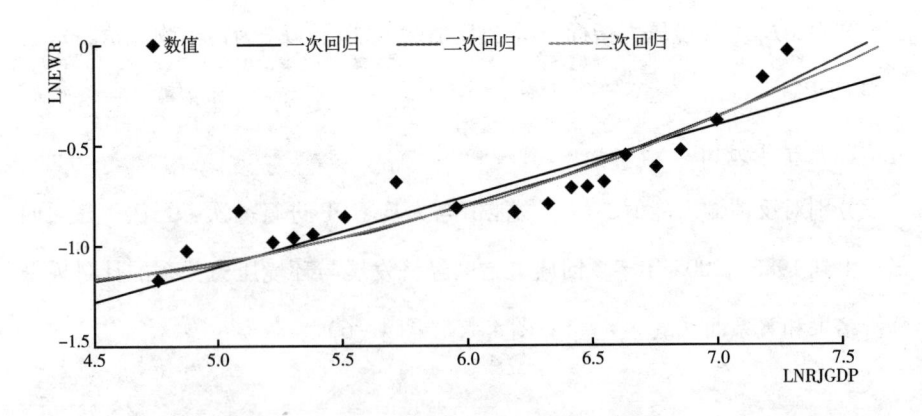

图 4-6 *EWR* 与人均 *GDP* 关系曲线

结果表明：1985~2005 年间，①宁夏人均 GDP 和 ELR 的关系曲线符合二次多项式，关系曲线呈 J 形。这表示，宁夏区的经济发展对区域不可更新资源的依赖度越来越高，对环境产生的压力也不断加大。②EWR 与人均 GDP 的关系曲线基本上符合三次多项式曲线，呈不规则 J 型，废弃物排放量随着经济增长在不断加大，而且还未出现废弃物排放量有所降低的趋势。

4.2.2.2 经济发展与生态环境的交互耦合效应分析

1. 方法选取：

（1）向量自回归（Vector Auto Regression，VAR）

VAR 是使用模型中所有当期变量对所有变量的若干滞后变量进行回归，用于相关时间序列系统的预测和随机扰动对变量系统的动态影响，它是一种非结构化的多方程模型（宋元梁等，2005）。它不带有任何事先约束条件，将每个变量均视为内生变量，避开了结构建模方法中需要对系统中每个内生变量关于所有变量滞后值函数的建模问题，它突出的一个核心问题是"让数据自己说话"（古亚拉蒂，1997）。最一般的 *VAR* 模型的数学表达式为：

$$y_t = A y_{t-1} + A_2 y_{t-2} + \cdots + A_p y_{t-p} + B_1 x_t + \cdots + B_r x_{t-r} + \varepsilon_t \tag{4.4}$$

式中，y_t 是 m 维内生变量向量，x_t 为 d 维外生变量向量，A_1，A_2，$\cdots$，A_p 和 B_1，B_2，$\cdots$，B_r 为待估计的参数矩阵，内生变量和外生变量分别有 p 阶和 r 阶滞后期。ε_t 为随机扰动项，其同时刻的元素可以彼此相关，但不能与自身滞后值和模型右边的变量相关。

大多数情况下，*VAR* 模型各估计方程扰动项（Innovations）的方差—协方差矩阵不是对角矩阵，因此必须首先对其进行正交处理得到对角化矩阵，本文基于广义脉冲响应函数法（General Impulse Response Function，GIRF）来进行分析。脉冲响应函数（IRF）是指系统对其某一变量的一个冲击（Shock）或扰动（Innovation）所作出的反应。

考虑如下 VAR 系统：

$$x_t = \sum_{i=1}^{p} A_i y_{t-i} + \varepsilon_t \tag{4.5}$$

其中 x_t 是由该 VAR 模型中 m 个内生变量组成的向量，p 是 VAR 模型的滞后阶数，A_i 是 $m \times m$ 系数矩阵，ε_t 是 $m \times 1$ 的残差向量，并且满足：$E(\varepsilon_t) = 0$；$E(\varepsilon_t \varepsilon_t') = \Omega$；$E(\varepsilon_t \varepsilon_s) = 0$，当 $t \neq s$；$|I_m - \sum_{i=1}^{p} A_i y_i| = 0$ 的特征根落在单位圆外（Luetkepohl，1993）。

(4.2) 式向量移动平均表达式为：

$$x_t = \sum_{i=0}^{\infty} \Phi_i \varepsilon_{t-i} \tag{4.6}$$

其中 $m \times m$ 系数矩阵 Φ_i 由下式计算而得：$\Phi_i = \sum_{j=1}^{i} \Phi_{i-j} A_j$；且 $\Phi_0 = I_m$

广义脉冲响应函数（GIRF）定义为（Koop et al. 1996，Pesaran & Shin，1996、1998）：

$$GI_x(n, \delta_k, t-1) = E(x_{t+n} | \varepsilon_{kt} = \delta_k, t-1) - E(x_{t+n} | t-1) \tag{4.7}$$

其中，δ_k 代表来自第 k 个变量的冲击，n 是该冲击响应时期数，而 $t-1$ 则代表该冲击发生时所有可获得的信息集合。(4.7) 式表明，n 期冲击响应的 GIRF 值，实际上是考虑 δ_k 冲击影响对 x_{t+n} 期望值所导致的差异。

进一步假设 $\varepsilon_t \sim N(0, \Omega)$，Koop 等人（1996）证明了冲击条件期望值为：

$$E(x_t | \varepsilon_{kt} = \delta_k) = (\sigma_{1k}, \sigma_{2k}, \cdots\cdots, \sigma_{mk})' \sigma_{kk}^{-1} \delta_k = \sum e_k \sigma_{kk}^{-1} \delta_k \tag{4.8}$$

其中 e_k 为第 k 个元素为 1，其他元素均为 0 的单位向量。结合 (4.6) 和 (4.8) 式，来自第 k 个变量的单位冲击（$\delta_k = 1$）的 GIRF 表达式为：

$$\psi_k(n) = \varPhi_n \sum e_k \sigma_{kk}^{-1} \quad (4.9)$$

考察 VAR 模型时,还可以采用方差分解方法研究模型的动态特征。广义脉冲响应函数是追踪系统对一个内生变量的冲击效果,而方差分解则是将系统的预测均方误差分解成系统中各变量冲击所作的贡献,可考察 VAR 系统中任意一个内生变量的预测均方误差的分解。

利用基于 VAR 模型的广义脉冲响应函数法,通过分析人均 GDP 与污染物能值、人均 GDP 与反馈输入能值、反馈输入能值与污染物能值以及人均 GDP 与环境负荷率之间的互动影响机制及效应,可以揭示宁夏经济发展与环境压力在时间维度上的双向作用动态特征。

(2) 结构分解分析(Structure Decomposition Analysis,SDA)

SDA 模型是通过将因变量的变动分解为有关独自自变量变动的和,从而测算各自变量变动对因变量变动贡献的大小,有助于揭示环境压力和各驱动因子之间的关系(R. Hoekstra,et al.,2003;王爱民等,2005;李景华,2004),从而更好地掌握经济增长和环境压力之间的关系。SDA 的目的是将各种集成变量进行分解,以便揭示不同因子的贡献量。

美国生态经济学家戴利(H. Dal,1991)从经济系统和环境系统之间物质交换和流动角度,阐释了对环境压力的宏观经济学解释:不仅要考虑物质流动的平衡与效率,还要考虑物质流对于生态系统的规模与总量效应,即:t 年份经济水平下的环境压力(P_t)为经济产出(O_t)与单位产出的环境需求(或环境使用)(U_t)的关系为:

$$P_t = O_t \cdot U_t \quad (4.10)$$

戴利将 U_t 定义为吞吐量,即:经济与环境系统之间物质—能量的实物流量。因此,P_t 由经济系统的物质投入(M_t)和经济系统向环境的排放(污染,

W_t）两部分构成。用 M_t 和 W_t 分别表示自然系统向经济系统的物质投入和经济系统对环境的污染所产成的两种不同的环境压力。据此公式（4.10）可以变形为：

$$P_t = O_t \cdot U_t(M_t, W_t) \qquad (4.11)$$

公式（4.11）中的 $U_t(M_t, W_t)$ 为单位产出的物质投入和污染物排放量的函数。式（4.11）可以分解为经济总量、经济结构、物质投入和污染物排放强度带来的环境压力的乘积：

$$P_t = \sum_{j=1}^{n} Y_t \cdot \frac{y_{jt}}{Y_t} \cdot \frac{E(M_{jt}, W_{jt})}{y_{jt}} \qquad (4.12)$$

其中：

Y_t 为 t 年 GDP 总量；y_{jt} 为 t 年第 j 部门产业产值；$\frac{y_{jt}}{Y_t}$ 为 t 年第 j 部门产业产值占 GDP 的比例；$\frac{E(M_{jt}, W_{jt})}{y_{jt}}$ 为 t 年第 j 部门单位产业产值带来的环境压力。

为了分析简便起见，我们分别对经济系统通过物质投入和污染物排放所产生的环境压力进行分析，即：

$$P_{M,t} = \sum_{j=1}^{n} Y_t \cdot \frac{y_{jt}}{Y_t} \cdot \frac{E(M_{jt})}{y_{jt}}, P_{W,t} = \sum_{j=1}^{n} Y_t \cdot \frac{y_{jt}}{Y_t} \cdot \frac{E(W_{jt})}{y_{jt}} \qquad (4.13)$$

公式（4.13）为分别以物质投入和污染物排放为表征的环境压力函数。据式（4.13）变换可以得到：

$$P_{M,t} = \sum_{j=1}^{n} Y_t \cdot \frac{y_{jt}}{Y_t} \cdot \frac{M_{jt}}{y_{jt}}, P_{W,t} = \sum_{j=1}^{n} Y_t \cdot \frac{y_{jt}}{Y_t} \cdot \frac{W_{jt}}{y_{jt}} \qquad (4.14)$$

其中：

$P_{M,t}$ 为 t 年以物质投入为表征的环境压力；$P_{W,t}$ 为 t 年污染物排放量为表征的环境压力；Y_t 为 t 年 GDP 总量；$\frac{y_{jt}}{Y_t}$ 为 t 年第 j 部门产值占 GDP 的比例，可以用 S_{jt} 表示；$\frac{M_{jt}}{y_{jt}}$ 为 t 年第 j 部门产值的物质投入量，即物质强度，可以用 $I_{M,jt}$ 表示；$\frac{M_{jt}}{y_{jt}}$ 为 t 年第 j 部门产值的污染物排放量，即排污强度，可以用 $I_{W,jt}$ 表示。

但由于长时间序列的各产业部门的物质投入和污染物排放量数据很难获取，因此采用工业产值占 GDP 的比重的变化来表征产业结构变动，以单位工业产值的投入量和排放量表示投入强度和排放强度。故（4.14）式可变为：

$$P_{M,t} = Y_t \cdot \frac{y_{2t}}{Y_t} \cdot \frac{M_t}{y_{2t}}, P_{W,t} = Y_t \cdot \frac{y_{2t}}{Y_t} \cdot \frac{W_t}{y_{2t}} \tag{4.15}$$

其中：y_{2t} 为 t 年工业产值；M_t 为 t 年的物质投入量；W_t 为 t 年污染物排放量。则：

$$P_{M,t} = Y_t \cdot S_t \cdot I_{M,t}, P_{W,t} = Y_t \cdot S_t \cdot I_{W,t} \tag{4.16}$$

基于宏观环境经济学中关于环境压力的模型函数，利用"修正后的拉斯佩尔（Laspeyres）方法"，构建环境压力变化的结构分解模型，用于分析经济规模、经济结构和物质强度（排放强度）变化对环境压力变化的贡献，分别用 ΔY_i^{effect}、ΔS^{effect}、ΔI_M^{effect}、ΔI_W^{effect} 表示，则：

$$\begin{cases} \Delta P_M = P_{M,t} - P_{M,0} = \Delta Y_M^{effect} + \Delta S_M^{effect} + \Delta I_M^{effect} \\ \Delta Y_M^{effect} = \Delta Y S_0 I_{M,0} + \frac{1}{2}(\Delta Y \Delta S I_{M,0}) + \frac{1}{2}(\Delta Y S_0 \Delta I_M) + \frac{1}{3}(\Delta Y \Delta S \Delta I_M) \\ \Delta S_M^{effect} = Y_0 \Delta S I_{M,0} + \frac{1}{2}(\Delta Y \Delta S I_{M,0}) + \frac{1}{2}(Y_0 \Delta S \Delta I_M) + \frac{1}{3}(\Delta Y \Delta S \Delta I_M) \\ \Delta I_M^{effect} = Y_0 S_0 \Delta I_M + \frac{1}{2}(\Delta Y S_0 \Delta I_M) + \frac{1}{2}(Y_0 \Delta S \Delta I_M) + \frac{1}{3}(\Delta Y \Delta S \Delta I_M) \end{cases} \tag{4.17}$$

$$\begin{cases} \Delta P_W = P_{W,t} - P_{W,0} = \Delta Y_W^{effect} + \Delta S_W^{effect} + \Delta I_W^{effect} \\ \Delta Y_W^{effect} = \Delta Y S_0 I_{W,0} + \frac{1}{2}(\Delta Y \Delta S I_{W,0}) + \frac{1}{2}(\Delta Y S_0 \Delta I_W) + \frac{1}{3}(\Delta Y \Delta S \Delta I_W) \\ \Delta S_W^{effect} = Y_0 \Delta S I_{W,0} + \frac{1}{2}(\Delta Y \Delta S I_{W,0}) + \frac{1}{2}(Y_0 \Delta S \Delta I_W) + \frac{1}{3}(\Delta Y \Delta S \Delta I_W) \\ \Delta I_W^{effect} = Y_0 S_0 \Delta I_W + \frac{1}{2}(\Delta Y S_0 \Delta I_W) + \frac{1}{2}(Y_0 \Delta S \Delta I_W) + \frac{1}{3}(\Delta Y \Delta S \Delta I_W) \end{cases} \quad (4.18)$$

根据公式（4.17），（4.18）分析经济规模、经济结构和技术对环境压力变化的影响，如果三要素变化所引起环境压力变化的值（ΔY^{effect}、ΔS^{effect}、ΔI_M^{effect} 与 ΔI_W^{effect}）为正数，分别表示经济规模、经济结构和技术对环境压力的增大有正效应，其变化值称为增量效应，反之，负值则表示各自对环境压力的减量效应。利用以上分析模型，可以分析不同时期经济规模、经济结构和技术对环境压力变化的影响程度、特征和规律。

2. 分析步骤与结果解释

（1）变量的平稳性检验①

在对变量进行平稳性检验之前，为了得到有效的检验统计量，首先对各变量的时序数据进行 ADF（Augmented Dickey Fuller）平稳性检验。一阶差分的 ADF 检验结果表明，△LNELR，△LNEWR，△LNRJGDP 都为平稳系列（表4-2）。

（2）经济增长与环境压力的格兰杰因果检验

由表4-3可知，在滞后期为1时，LNRJGDP 为 LNELR 的格兰杰原因，而无论是滞后1，还是2-5，LNELR 都不是 LNRJGDP 的格兰杰原因，表明环境负荷率的上升虽然对经济增长有一定的作用，但效应还不明显。对于 LNRJGDP 和 LNEWR 而言，滞后1期时，它们之间就互为格兰杰因果关系。

---

① 本节研究中的协整检验、格兰杰因果检验、广义脉冲响应分析及结构分解分析等计算过程，均是在 Eviews 3.2 软件操作平台下实现。

表4–2 宁夏回族自治区各变量的ADF平稳检验结果

变量名称	检验类型(C,T,K)	ADF值	5%水平下的临界值	结论
LNELR	(C,T,4)	-2.906936	-3.658446	非平稳
△LNELR	(0,0,4)	-5.225553	-1.960171	平稳
LNEWR	(C,T,4)	-2.583570	-3.658446	非平稳
△LNEWR	(C,0,2)	-4.452344	-3.029970	平稳
LNRJGDP	(C,0,4)	-1.241563	-3.040391	非平稳
△LNRJGDP	(C,0,2)	-3.181427	-3.040391	平稳

注：C, T, K分别代表检验中是否带有常数项、时间趋势项以及滞后阶数。滞后阶数的选择以瓦茨信息准则（SC）为依据。

表4–3 宁夏回族自治区经济增长与环境压力的格兰杰因果检验

原假设(Null Hypothesis)	滞后期	对象	F-统计	概率	备注
LNRJGDP 与 LNELR 的格兰杰因果检验					
LNRJGDP 非 LNELR 的格兰杰原因	1	20	6.1175	0.0242	拒绝
LNELR 非 LNRJGDP 的格兰杰原因			0.0613	0.8074	接受
LNRJGDP 非 LNELR 的格兰杰原因	2	19	2.5933	0.1101	拒绝
LNELR 非 LNRJGDP 的格兰杰原因			0.1640	0.8503	接受
LNRJGDP 非 LNELR 的格兰杰原因	3	18	1.5359	0.2602	拒绝
LNELR 非 LNRJGDP 的格兰杰原因			0.1365	0.9362	接受
LNRJGDP 非 LNELR 的格兰杰原因	4	17	1.9284	0.1991	拒绝
LNELR 非 LNRJGDP 的格兰杰原因			0.3204	0.8568	接受
LNRJGDP 非 LNELR 的格兰杰原因	5	16	2.1403	0.2117	拒绝
LNELR 非 LNRJGDP 的格兰杰原因			0.7254	0.6334	接受
LNRJGDP 与 LNEWR 的格兰杰因果检验					
LNRJGDP 非 LNEWR 的格兰杰原因	1	20	2.63215	0.12312	拒绝
LNEWR 非 LNRJGDP 的格兰杰原因			3.52381	0.07776	拒绝

（3）经济增长与环境压力的广义脉冲响应分析

①环境负荷率与经济增长

LNELR 对 LNRJGDP 的一个单位冲击的响应值在第1期为正，第2~3期为负，4~10期为正，累计响应值为1.0137，表明宁夏回族自治区经济增长对环境负荷率的上升具有正向效应。LNRJGDP 对 LNELR 响应值在响应期内都为正，累计响应值为 0.3404，表明环境负荷率的上升对经济增长具有正向效应，但格兰杰因果检验表明，LNELR 并非 LNRJGDP 的格兰杰原因，因此，环境负荷率的上升对经济增长具有一定的正向效应的结论不成立。

②能值废弃率与经济增长

LNEWR 对 LNRJGDP 的一个单位冲击的响应值在响应期内都为正，累计响应值为 0.3404，表明经济增长对能值废弃率的增加具有正向效应，LNGIGDP 对 LNEWR 的一个单位冲击的响应在响应期内都为正，且整体呈上升趋势，累计响应值为 0.8542，表明能值废弃率的上升对经济增长具有促进作用。

表 4-3 经济增长与环境压力广义脉冲响应分析结果

时段	LNELR 对 LNRJGDP 的反应	LNEWR 对 LNRJGDP 的反映	LNRJGDP 对 LNELR 的反应	LNRJGDP 对 LNELR 的反应
1	0.2131	0.0530	0.0602	0.0447
2	-0.0393	0.0445	0.1110	0.0768
3	-0.0540	0.0308	0.1279	0.0700
4	-0.0111	0.0541	0.1158	0.0675
5	0.1119	0.0384	0.0972	0.0774
6	0.1528	0.0302	0.0827	0.0905
7	0.1678	0.0359	0.0889	0.1050
8	0.1985	0.0095	0.1010	0.1114
9	0.1943	0.0074	0.1013	0.1089
10	0.0798	0.0368	0.0869	0.1020
累计	1.0137	0.3404	0.9730	0.8542

综上分析：区域经济增长对环境压力增大都具有正向效应，但对不同环境压力指标的冲击影响效果不同，就物质投入（不可更新资源投入）产生的环

境压力而言，经济增长对其冲击影响效果波动较大，但影响程度比其他环境压力指标都大很多。经济增长对废弃物排放产生的环境压力的冲击影响效果较为稳定，且呈正向效应。就环境压力对经济增长的冲击影响而言，只有废弃物排放产生的环境压力对其有明显的正向效应，而物质投入对经济增长的效应不明显。

（4）环境压力动态变化的结构分解分析

由于指标的度量各不相同，因此对指标进行标准化处理。其中，Y 表示"GDP"；S 表示"第二产业产值占 GDP 的比重"；I_M 表示"单位工业产值的反馈输入能值量"；I_W 表示"单位工业产值的废弃物能值量"（表 4-4）。

表 4-4　宁夏回族自治区经济与环境压力指标标准化处理结果

年份	Y	S	I_M	I_W	年份	Y	S	I_M	I_W
1985	1.00	1.00	1.00	1.00	1996	6.40	1.03	0.17	0.30
1986	1.14	0.94	0.90	1.13	1997	6.97	1.04	0.23	0.27
1987	1.31	0.99	0.66	1.05	1998	7.50	1.03	0.33	0.27
1988	1.66	0.98	0.51	1.10	1999	7.98	1.06	0.39	0.25
1989	1.96	1.03	0.39	0.77	2000	8.77	1.13	0.38	0.24
1990	2.14	0.98	0.53	0.81	2001	9.86	1.12	0.50	0.21
1991	2.37	0.97	0.47	0.70	2002	10.88	1.15	0.52	0.21
1992	2.75	1.02	0.36	0.66	2003	12.73	1.24	0.48	0.19
1993	3.45	1.09	0.29	0.55	2004	15.21	1.30	0.45	0.17
1994	4.43	1.04	0.34	0.41	2005	20.02	1.16	0.38	0.17
1995	5.61	1.09	0.54	0.31	—	—	—	—	—

根据标准化处理结果（表 4-4）和分解分析公式（4.17）、（4.18），对宁夏回族自治区 1985~2005 年的环境压力动态变化进行结构分解分析（表 4-5、表 4-6，图 4-7、图 4-8）。

表4-5 环境压力（反馈输入能值）动态变化分解分析（1985~2005）

	ΔY^{effect}	ΔS^{effect}	ΔI_M^{effect}
1985~1986	0.14	-0.063	-0.104
1986~1987	0.14	0.053	-0.287
1987~1988	0.23	-0.012	-0.209
1988~1989	0.15	0.039	-0.226
1989~1990	0.07	-0.050	0.280
1990~1991	0.12	-0.011	-0.125
1991~1992	0.17	0.060	-0.289
1992~1993	0.26	0.067	-0.214
1993~1994	0.31	-0.063	0.218
1994~1995	0.42	0.071	-0.678
1995~1996	0.19	-0.072	-0.292
1996~1997	0.10	0.012	0.418
1997~1998	0.13	-0.009	0.715
1998~1999	0.16	0.079	0.515
1999~2000	0.33	0.217	-0.062
2000~2001	0.47	-0.017	1.192
2001~2002	0.57	0.115	0.259
2002~2003	1.09	0.576	-0.551
2003~2004	1.47	0.352	-0.611
2004~2005	2.86	-1.021	-1.300

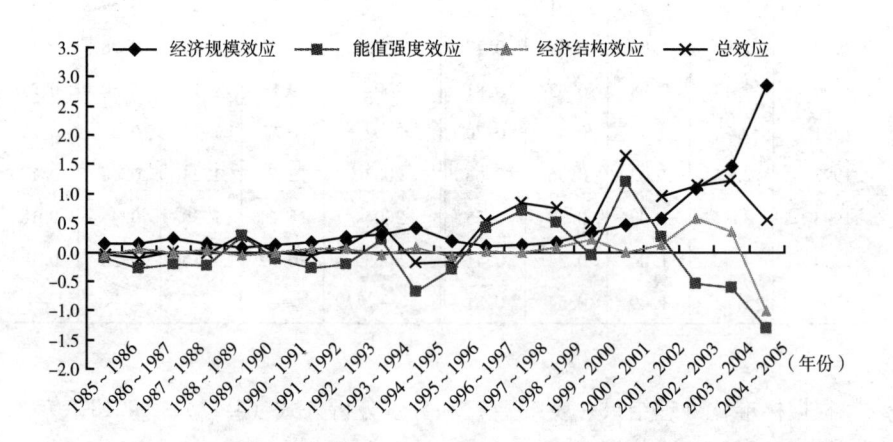

图4-7 环境压力（反馈输入能值）动态变化趋势图（1985~2005）

分析结果表明：宁夏反馈输入能值在研究期间总体上呈上升趋势，从宏观趋势来看，经济规模对反馈输入能值的增量效应呈上升趋势，经济结构效应呈现波动趋势，总体上表现为增量效应，能值强度的抑制效应在不断增加，但幅度不大，不足以抵消经济规模和结构带来的增量效应①。

表4-6 环境压力（废弃物能值）动态变化分解分析结果（1985~2005）

	ΔY^{effect}	ΔS^{effect}	ΔI_W^{effect}
1985~1986	0.14	-0.071	0.136
1986~1987	0.18	0.075	-0.098
1987~1988	0.37	-0.022	0.079
1988~1989	0.32	0.082	-0.597
1989~1990	0.15	-0.085	0.064
1990~1991	0.18	-0.017	-0.235
1991~1992	0.25	0.099	-0.088
1992~1993	0.48	0.126	-0.386
1993~1994	0.58	-0.094	-0.584
1994~1995	0.50	0.091	-0.528
1995~1996	0.27	-0.113	-0.071
1996~1997	0.17	0.018	-0.156
1997~1998	0.15	-0.008	-0.015
1998~1999	0.13	0.058	-0.148
1999~2000	0.21	0.138	-0.133
2000~2001	0.29	-0.009	-0.326
2001~2002	0.24	0.047	0.002
2002~2003	0.44	0.232	-0.220
2003~2004	0.59	0.142	-0.233
2004~2005	1.14	-0.432	-0.192

① 其中1985~1989年总体上呈缓慢下降趋势，这是由经济结构、投入强度效应和经济规模效应综合作用的结果，在此期间经济规模的累积效应为0.66，经济结构效应为0.02，投入强度效应，即技术效应为-0.83，三者的总效应为-0.15，结构效应和技术效应的抑制效应超过了经济规模的增量效应。结构效应之所以为负，是由宁夏此期间的经济结构特征决定的，即第二产业基本保持稳定，第三产业保持稳定上升，第一产业缓慢下降。1989~1996年间，反馈输入能值呈缓慢上升趋势，经济规模累积效应上升到2.4，而经济结构效应为0.01，技术效应为-1.83，总效应上升到0.58，经济规模效应超过了技术效应，导致这期间反馈输入能值上升。反馈输入能值在1996~2005年间呈快速上升，在此期间，三者的累积总效应达到了8.06，经济规模效应开始快速上升，累积达到7.19，而技术效应也达到了0.57，三者的综合效应使得反馈输入能值在此期间快速上升。

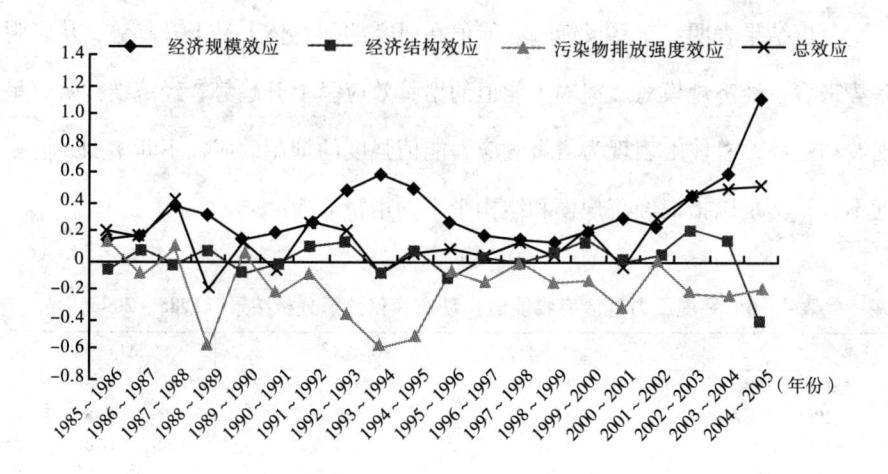

图 4-8　环境压力（废弃物能值）动态变化趋势图（1985~2005）

分析结果表明：宁夏的废弃物能值在 1985~2005 年总体呈上升趋势，经济规模是其不断增加的主要影响因素，经济结构对其增长也表现为增量效应，但是影响程度不大，排放强度效应，即技术效应表现为对废弃物能值增长的抑制效应，但由于技术抑制效应难以抵消经济规模和经济结构的增量效应之和，故导致研究期间废弃物能值不断上升①。

基于宁夏的研究案例说明，无论是以物质投入为表征的环境压力，还是以废弃物排放为表征的环境压力，在研究期间都呈上升趋势，导致其上升的主要因素都是经济规模效应，经济结构效应在初期表现出对环境压力的抑制作用，但影响程度不大，随着产业结构的进一步演化，经济结构开始表现出增量效

---

① 具体而言，该趋势基本上可以划分为三个阶段，即 1985~1988 快速上升阶段，1989~2001 缓慢上升阶段和 2001~2005 再次快速上升阶段。在第一阶段，经济规模的平均效应为 0.22，经济结构平均效应为 -0.01，技术平均效应为 0.04，总平均效应为 0.26，三者综合作用表现为增量效应，导致这一阶段废弃物能值快速上升。第二阶段，三者的平均效应分别为：0.28、0.02、-0.24，总平均效应为 0.06，小于第一阶段平均效应，故在此阶段废弃物能值增长较缓，主要影响因素为技术。第三阶段，三者的平均效应分别为：0.6、-0.003、-0.16，总平均效应为 0.44，远远高于前两个阶段，导致废弃物能值在此期间快速增加。

应。技术效应对环境压力的增加总体表现出抑制作用，但不足以抵消经济规模的增量效应。

因此，本研究认为：传统的经济发展方式，对于环境压力呈现不断上升趋势，而且，技术水平虽然可以抑制环境压力的增加，但是目前看来并不能完全抵消其影响，这就使得转变经济发展方式，完善和重组区域社会经济活动过程显得非常迫切，这种迫切性将是区域循环经济发展的重要驱动力来源。

4.3 驱动机制的信息识别：政府认知与公众意识

4.3.1 数据采集与属性统计[①]

本节研究的数据采集主要有两个渠道[②]，一是纸质问卷调查，二是网络问卷。为了检验受访者的代表性与普遍性，本研究以年龄层次为检验属性，对被访对象的年龄属性数据进行了统计分析（表4-7）。

在网络问卷调查中，18~30岁的年龄群体占了82.67%，这主要是由于和上网人群的特征有关。另外，在网络问卷中，企业主占网络答卷人数的1.33%（1人）；公务员占网络答卷人数的14.66%（11人：75人），但仅占全部公务员人数的4.18%（11人：263人），因此，为了简化统计过程，本研究将网络答卷人数全部纳入"社会公众"范畴，形成年龄属性分析数据（表4-8）。

---

① 感谢"陕西汉中循环经济产业集聚区规划"、"甘肃临夏循环经济发展规划"、"甘肃循环经济发展规划"等项目组的全体成员，特别感谢张师弟子龙，逯师弟承鹏，郭师妹晓佳，张师妹伟伟在数据统计中给予的无私帮助和建议。

② 关于问卷的发放数量、地点、渠道等，详见本文第一章第二节中的"2.1 研究手段"（第11页）。

表4-7 受访者的年龄数据统计表(原始数据)

问卷类型	纸质问卷				网络问卷	
被访对象*	公务员		社会公众		社会群体	
年龄结构	数量	比例(%)	数量	比例(%)	数量	比例(%)
18岁以下	0	0.00	21	6.18	0	0.00
18~30岁	14	5.56	79	23.24	62	82.67
31~45岁	162	64.29	132	38.82	12	16.00
46~60岁	76	30.16	87	25.59	1	1.33
61岁以上	0	0.00	21	6.18	0	0.00
合计	252	100.00	340	100.00	75	100.00

* 公务员是指在政府中工作的人员,并以此表征区域循环经济系统的行为主体"政府";社会公众是指除公务员和企业主以外的其他人员,表征区域循环经济发展系统中的"公众";社会群体的概念是指包含公务员和社会公众在内的所有访问对象。在初始的纸质问卷统计中,由于选择"企业主"一栏的仅为4人,因此,为了便于分析统计,将该4份问卷视为无效问卷。

表4-8 受访者的年龄数据统计表(整合数据)

年龄结构	访问对象				参考数据	
	公务员		社会公众		中国人口年龄结构*	
	数量	比例(%)	数量	比例(%)	比例(%)	年龄结构
18岁以下	0	0.00	21	5.06	27.28	0~19岁
18~30岁	14	5.56	141	33.98	12.60	20~29岁
31~45岁	162	64.29	144	34.70	27.09	30~44岁
46~60岁	76	30.16	88	21.20	19.73	45~59岁
61岁以上	0	0.00	21	5.06	13.30	+60岁
合计	252	100.00	415	100.00	100	—

* 数据来源:国家统计局,《中国人口统计年鉴2006》。

通过对比中国2006年的人口年龄结构,本研究认为,该问卷调查基本上体现了普遍性与代表性,问卷具有分析价值。

4.3.2 数据分析与结果

本研究从问卷中选取"您知道为什么要发展循环经济?"用以表征研究政府和公众对区域循环经济发展的推动力认知。问题的备选答案分别为"为了节约能源和保护环境","国家政策要求","为了节约成本(省钱)",以及"不知道"。基于"唯一性"的考虑,答题要求是只能选一项,否则视为无效。在交叉综合分析的基础上,获得问卷统计与计算结果。

问卷调查的统计结果显示:从答案选项来看,政府与公众对于区域循环经济发展驱动因素的认知既有相似性也有差异性。相似性表现在二者均强烈认可将"节约能源和保护环境"作为发展循环经济的主要驱动因素,并且不约而同地忽视了"节约成本(省钱)"的备选项。差异性表现在第二驱动因素的认可上,政府选择了"社会公众呼吁"(15.08%)和"国家政策要求"(13.10%);但对于公众而言,其第二驱动因素完全倾向于"国家政策要求"(24.82%),相比之下,认为是"社会公众呼吁"只占6.27%,而这种差异性的出现是和自身角色定位相吻合的(表4-9,图4-9)。

表4-9 区域循环经济发展推动力认知统计分析

问题:您知道为什么要发展循环经济?					认知误差*(%)
受访对象	公务员(政府)		社会公众(公众)		
答案备选项	数量	比例(%)	数量	比例(%)	
1)节约能源和保护环境	181	71.83	271	65.30	-6.52
2)节约成本(省钱)	0	0.00	2	0.48	0.48
3)国家政策要求	33	13.10	103	24.82	11.72
4)社会公众呼吁	38	15.08	26	6.27	-8.81
5)不知道	0	0.00	13	3.13	3.13
合　　计	252	100.00	415	100.00	0.00

*"认知误差"为"公众认知"与"政府认知"的差值,例如:对于1)而言,认知误差(-6.53%)="公众认知"(65.30%)-"政府认知"(71.83%)。

因此,本研究认为:问卷调查结果证明了"驱动机制模型"中关于"政府"和"公众"的"受力分析"的正确性,但是由于问卷调查中没有获得关于"企业"对于驱动因素的认知情况,因此,无法完全确认对于企业"受力

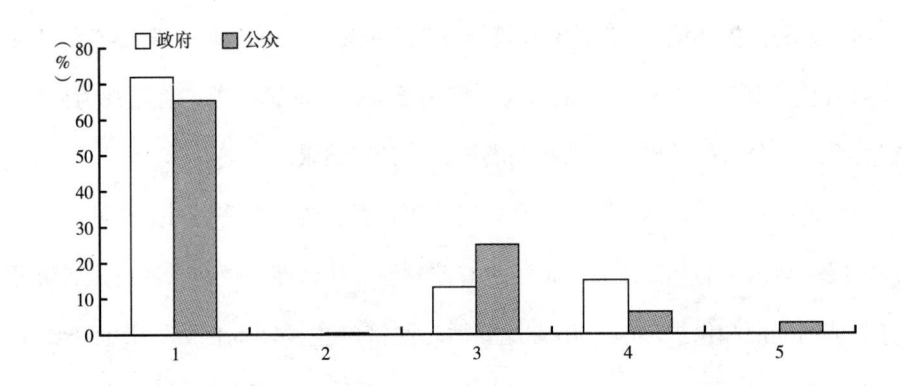

图 4-9　循环经济发展驱动因素政府与公众认知对比示意图

分析"是否正确。总的来说，本研究构建的"区域循环经济发展驱动机制"模型是比较客观的。

4.4　本章小结

本章基于广义物质流管理的概念，构建了区域循环经济发展驱动机制的宏观概念模型，并借助物理学"受力分析"手段，对政府、企业和公众等三个行为主体进行了受力分析，进而分别构建了驱动机制的微观作用模型。

本研究认为：区域循环经济发展的主要驱动因素有三个方面，分别为政策的支持促进、经济利益的驱动以及公众意识提升，作用过程主要是基于信息流、价值流和资本流来实现，进而影响区域物质流和能量流，实现完善和重组区域人类社会经济活动的过程。

基于能值分析和广义脉冲响应函数等方法的关于宁夏回族自治区的经济增长和环境压力之间关系的定量研究结果表明：传统的经济发展方式，对于环境压力呈现不断上升趋势，而且，技术水平虽然可以抑制环境压力的增加，但是目前看来并不能完全抵消其影响，这就使得转变经济发展方式、完善和重组区域社会经济活动过程显得非常迫切,这种迫切性将是区域循环经济发展的重要驱动力来源。

基于纸质问卷和网络问卷的关于政府认知和公众意识的统计分析结果表明:问卷调查结果证明了"驱动机制模型"中关于"政府"和"公众"的"受力分析"的正确性,但是由于问卷调查中没有获得关于"企业"对于驱动因素的认知情况,因此,无法完全确认对于企业"受力分析"是否正确。

总的来说,本研究构建的"区域循环经济发展驱动机制"模型是比较客观和正确的。

第 5 章　区域循环经济发展的规划机制

区域循环经济发展规划的提出并不是偶然的问题,而是资源环境危机下人文响应的具体表现形式之一,是将循环经济理论与区域实践相结合的纽带,更是完善和重组区域人类社会经济活动过程的基本依据和工作蓝图。由于目前中国的循环经济实践正处于由"局部试点"向着"区域推广"转折的混合阶段,使得"规划"成为区域循环经济发展过程中不可或缺的前提性工作环节,成为区域循环经济发展机制的重要组成部分。

2005 年 7 月,国务院下发的《国务院关于加快发展循环经济的若干意见》(国发〔2005〕22 号)揭开了区域循环经济发展规划编制的帷幕,因为其明确要求"地方各级人民政府要组织发展改革(经贸)、环境保护等有关部门,根据本地区实际,制定和实施循环经济发展的推进计划(第三款第九条)",同年12月开始的国家第一批循环经济试点①,则标志着循环经济发展规划第一次正式走上前台。而后,随着各地方政府自行开展的区域循环经济发展试点②,以及2007年12月国家第二批循环经济试点③的铺开,使得制定科学可行的"规划"成为循环经济发展的前提和条件。

2009年1月1日实施的《中华人民共和国循环经济促进法》更是指出"国务院循环经济发展综合管理部门会同国务院环境保护等有关主管部门编制全国循环经济发展规划,报国务院批准后公布施行。设区的市级以上地方人民政府循环经济发展综合管理部门会同本级人民政府环境保护等有关主管部门编制本行政区域循环经济发展规划,报本级人民政府批准后公布施行(第二章第十二条)"。

然而,和编制"城市规划"、"工业园区规划"等不同的是,区域循环经济发展规划的编制并无严格的法律依据和具体的操作指南④,纵观目前编制的区域循环经济发展规划,都表现出一定的缺失和弊端。因此,探究区域循环经济发展规划编制的基本原理和框架结构,乃是当前区域循环经济理论体系建设

---

① 国家第一批循环经济试点,在区域层次上,分别有北京市、辽宁省、上海市、江苏省、山东省、重庆市(三峡库区)等6省级区域,有宁波市、铜陵市、贵阳市、鹤壁市等4个市级区域(国家发改委等,《关于组织开展循环经济示范试点(第一批)工作的通知》,发改环资〔2005〕2199号)。
② 诸如江苏(2006)、辽宁(2006)、甘肃(2007)等地,先后开展了省级层面循环经济发展试点,并取得了良好效果;部分地级市也于其后尝试开展了市级层面的循环经济发展试点工作,诸如成都(2006)等。
③ 国家第二批循环经济试点,在区域层次上,分别有天津市、山西省、浙江省、河南省、甘肃省等5个省级区域,有青岛市、深圳市、邯郸市、阜新市、白山市、七台河市、淮北市、萍乡市、荆门市、榆林市、石嘴山市、石河子市等12个市级区域(国家发改委等,《关于组织开展循环经济示范试点(第二批)工作的通知》,发改环资〔2007〕3420号)。
④ 《中华人民共和国城乡规划法》(2008年1月1日实施);《生态工业园区建设规划编制指南(中华人民共和国环境保护行业标准HJ/T 409-2007)》(2008年4月1日实施),等。2005年11月,国家发改委提出了"循环经济试点实施方案编制要求",该"要求"主要针对申报国家试点的有关单位而言,并无普遍适用性。

和发展实践中亟待解决的关键问题。

本章的主要任务是在实践经验总结和理论逻辑推演的基础上,对区域循环经济发展规划的编制理念、框架结构,以及规划过程进行了辩驳和阐释,进而构建区域循环经济发展的规划体系,试图解决区域循环经济发展中面临的科学规划问题。因此,本章的研究主要围绕两个问题进行,即:①"是什么"的问题,即对于循环经济规划基本原理的系统探析和基本认知;②"如何做"的问题,主要揭示规划的内容体系、规划过程,及它们之间的相互关系。

5.1 规划的基本原理

5.1.1 定义内涵

从系统演绎的角度来讲,区域循环经济发展的根本目标是完善和重组区域内的人类社会经济活动,换句话说,区域循环经济发展规划,就是通过某种手段,实现对现有的人类社会经济系统的改变,即:

如果令目前的系统为 $F_{(x)}$,未来的目标系统为 $G_{(x)}$,K 为某种手段,则可以构建如下函数映射关系式:

$$G_{(x)} = K \cdot F_{(x)} \tag{5.1}$$

基于本研究第二章中的有关论述[①],我们得知:一个系统的改变,必须通过改变系统的元素组成结构或者元素之间的相互作用关系来实现。同时,我们也已经阐释,区域循环经济系统内部元素的主要作用关系是基于物质流(*Material*,*m*)、

[①] 关于"系统"的有关陈述,请参考本文第二章中的有关论述。

能量流（Energy, e）、价值流（Value, v）、信息流（Information, i）、资本流（Capital, c）的传输和转化；而在现实社会中，人类社会经济系统的改变以"项目（project）"为基本载体（Heck, 2006；Luehr, 2008），即通过项目，实现对物质流、能量流、价值流、信息流、资本流的矢量改变，进而改变系统。因此，我们可以将 K 解释为"项目"，并将 K 的函数映射关系定义为：

$$K = f_{(m,e,v,i,c)} \tag{5.2}$$

因此，区域循环经济发展规划的函数映射关系为：

$$G_{(x)} = f_{(m,e,v,i,c)} \cdot F_{(x)} \tag{5.3}$$

但从另一方面而言，元素组成结构的改变与元素相互之间作用关系的改变是相辅相成的，互为因果关系。因此，基于作者过去的规划实践经验总结，本研究从行为主体分析入手，将区域循环经济发展规划的主要行为主体分为内部行为主体（政府、企业、公众）和外部行为主体（第三方）。其中，政府是区域循环经济发展规划的编制委托单位，即行政单位；企业和公众是区域循环经济发展的利益相关单位；第三方主要包含作为知识咨询服务机构而具体承担编制工作的规划设计单位，以及来自外部的关注区域生态环境和可持续发展的NGO 等组织。区域循环经济的规划对象，毫无疑问，为区域产业体系、支撑体系，以及保障体系。

诚如前文所阐释的，循环经济的本质是一种更为关注产业系统的生态经济，因此，区域循环经济发展规划，就是指按照生态经济学基本原理，辨识、模拟和设计人工复合生态系统内的各种生态关系，进而依据循环经济理念，通过规划统筹区域的元素流，充分有效和科学地利用各种资源条件，协调区域发展和人地关系的时空过程的一种战略手段。如果说区域循环经济发展的驱动机制是信息流在各行为主体之间的相互作用与传递过程，那么，规划机

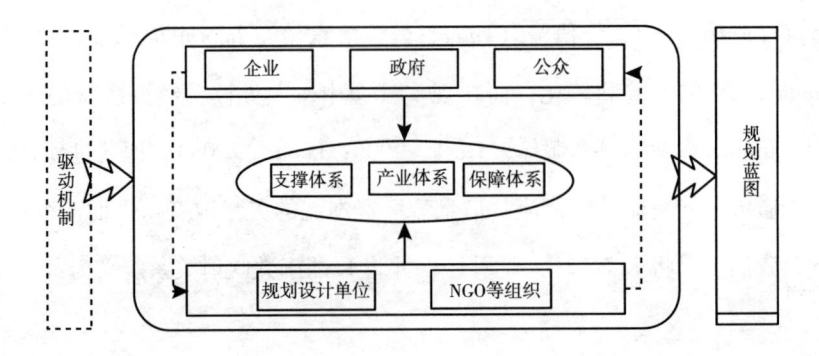

图 5-1　区域循环经济发展规划主客体关系示意图

制则是指各行为主体之间及其对于规划客体（规划对象）的认知和信息化处理过程。

5.1.2　基本特征

规划是政府履行宏观调控、经济调节、公共服务职责的重要手段和依据。规划的编制和实施对于实现区域发展战略目标、弥补市场失灵、有效配置公共资源、促进人与自然和谐发展等具有不可替代的作用和意义。区域循环经济发展规划的特征主要表现如下：

5.1.2.1　规划对象的产业性

区域循环经济发展规划和其他规划的主要不同点就在于其侧重于区域产业体系的仿生态构建，这种仿生态构建不仅仅是相似产业的内部纵向闭合，更是包含不同产业之间的横向耦合和区域整合。在规划中，产业体系的仿生态构建主要基于"代谢"分析方法，通过产业共生和产业集群来实现。

产业共生（Industrial Symbiosis）是指将不同的产业、行业耦合在一起，通过共同生产来提高资源利用效率。区域产业共生的运作是以区域内所有行为主体（政府、企业、公众）的相互合作为基础，以减少废弃物和增加经济效益为目标,以资源的高效利用与回收为重点,它既可能在某种条件下自发形成,也可能通过规划形成(鞠美庭,2008)。根据共生企业间的相互利益关系,可以分为:共栖互利性产业共生、寄生型产业共生、偏利型产业共生,以及混合型产业共生等(以卡伦堡产业共生为例,图5-2)。

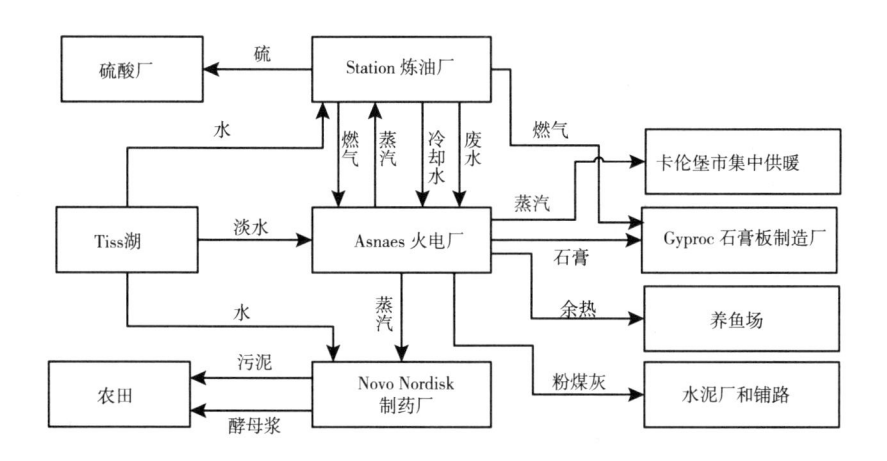

图 5-2 丹麦卡伦堡产业共生示意图

资料来源:M. R. Chertow,2000;鞠美庭、盛连喜,2008。

产业集群(Industrial Cluster)是指一定数量的企业共同组成的产业在一定地域范围内的集中,以实现集聚效益的现象,一般包括同一类型和不同类型的两种产业的集群。产业集群与其他企业组织一样,是伴随着分工与专业化的发展而产生和发展的。通过区域的产业系统集成管理,可以把分散的企业和产业协调优化并形成生态产业链,从而实现产业集群的生态化,建立"资源→产品→再生资源"的闭环流程,其实质是通过企业间的物质、能量和信息交换,建立价值和资本的流程链,实现物质循环和能量的多级利用。

5.1.2.2 规划空间的地域性

规划空间的地域性是区域循环经济发展规划的鲜明特征。区域循环经济建设是基于不同地区的实际情况展开的，而各区域在自然条件、经济发展水平、社会发展状况等方面存在差异，因而，循环经济系统也就具有明显的区域特性（李昕，2007）。在区域循环经济发展规划中，必须贯彻循环经济系统的区域性，使得区域循环经济规划中的战略布局、方向、重点和战略步骤等具有自己鲜明的地方特点，因地制宜地推进循环经济建设，不能照搬照抄其他地区的发展模式，例如：利用电厂的脱硫石膏，在丹麦卡伦堡生态工业园中是经济的，但在我国，这一模式却是行不通的（付晓东，2007）。

区域循环经济规划要充分考虑地域性问题，因地制宜地创造适合当地特色的循环经济发展模式。只有如此，才能充分发挥各地区的比较优势和竞争优势，也才能充分合理地利用区域资源，实现社会、经济、生态效益。但是，目前很多规划出现区域循环经济发展模式的趋同现象，原因在于，一方面规划者没有深刻地挖掘区域特色；另一方面循环经济涉及面广，方法和内容的集成性强，需要具有各方专业知识团队的分工协作，由于规划者知识的缺失，造成了规划的片面性。

区域循环经济发展规划的地域性的表征形式主要体现在区情的分析和识别，即基于时间和空间的动态过程角度，探析区域比较优势和绝对优势的演化和转移，并在此基础上确定区域产业体系的仿生态构建形式和人文响应过程。

5.1.2.3 规划过程的社会性

作为完善和重组人类社会经济活动过程的循环经济，其行为主体主要包括政府、企业和公众；同时，在区域循环经济发展的驱动力来源主要有：政策的支持促进（政府）、经济利益的驱动（企业），以及公众意识提升（公众），因此，区域循环经济发展规划的鲜明特征之一就是其规划过程的社会性，即：在规划的编制过程中，通过信息公开、意见征询等手段强化区域行为主体对于规划的认知和了解。

区域循环经济系统的构建和优化运行，必须建立在全社会的共同认知和支持基础上，因此，规划的编制过程，就是循环经济理念的全社会普及过程。建立基于全社会的广泛参与，有助于提高规划决策的科学性和合理性，提高社会对于规划的认可程度；通过共享规划成果，能增强公众、企业对于规划政策和规划项目的认同感，确保规划顺利实施。循环经济发展中社会过程主要体现为公众参与机制，包括参与的决策过程、参与的保障体系、共同治理体系（黄贤金，2004）。建立公众参与机制的基本要素有三个方面：①公民参与的环境权，包括公众的健康权、知情权、检举权和参与权等；②政府公开有关资源环境和生态的信息（杨雪锋，2006）。

关于规划过程社会性的表现形式，主要体现在规划工作流程和报告成果的文字描述，它的表征活动一般为企业调研座谈、政府调研座谈、居民代表座谈，专家咨询会议，以及社会问卷调查等。如果在区域循环经济规划报告中，没有体现出规划过程的社会性，那么，该规划就是一个值得怀疑的规划。

5.1.3 规划性质

目前我国的规划体系，按照行政层级，包括国家、省、县三级规划；按照对象和功能分为国民经济和社会发展总体规划、专项规划和区域规划三种。概括而言，我国目前的区域循环经济规划主要有两种形式（石磊、张天柱，2006）：第一种是制定专门的循环经济规划，设定循环经济的目标和指标，提出发展循环经济的任务、重点和措施等[①]；第二种是在总体规划、区域规划和

---

① 诸如《辽宁省发展循环经济试点方案》（2002），《甘肃嘉峪关循环经济发展规划》（2005），《浙江宁海县循环经济发展规划》（2006）等。

一些专项规划中融入循环经济的理念、原则,增设部分章节和内容,出台或者不出台循环经济的实施方案①。第一种类型的循环经济发展规划,内容比较丰富,操作性较强,但是由于区域循环经济发展规划在我国并没有形成既定的规范体系,使得该专项规划的法律体系和行政体系不明确,使得在执行过程面临诸多困难;第二种规划类型虽然有明确的法律定位,但是在实施过程中更依赖于其他专项规划的编制水平和实施状况。

综上所述,笔者倾向于将区域循环经济发展规划作为特殊的专项规划予以对待(图5-3)。区域循环经济发展规划既要以总体规划和区域规划为前

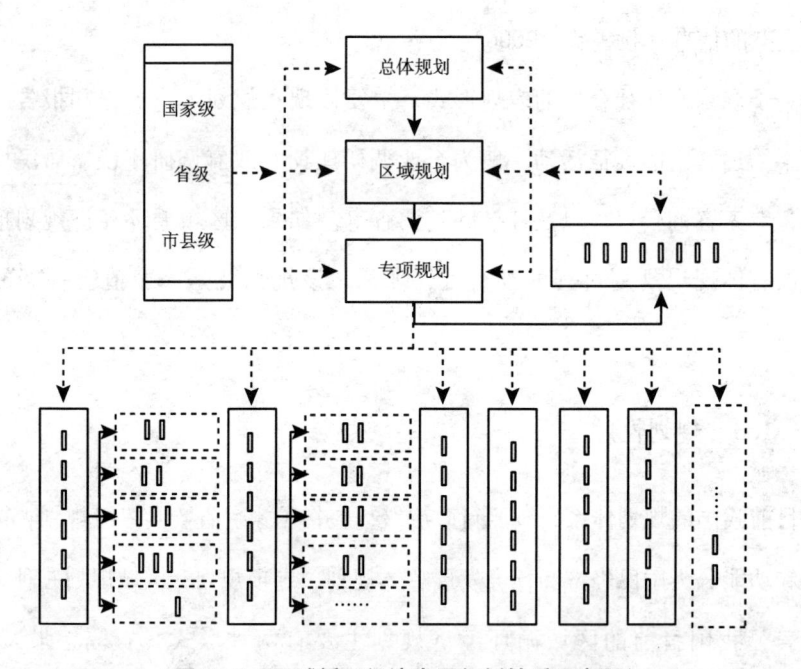

图 5-3 区域循环经济发展规划性质示意图*

* 本图是在徐东先生的"中国现行规划体系的结构框架图"基础上修改拓展而成。徐东:《关于中国现行规划体系的思考》,《经济问题探索》2008年第10期,第181~185页。

---

① 诸如《江苏省生态省建设规划》(2004),《杭州市"十一五"循环经济发展规划》(2005)等。

提，也要以他们为目的；在于产业发展规划、环境保护规划等专项规划的关系上，区域循环经济发展规划与这些规划相互约束，互为函数，规划时既要求与其他规划的相对固定，也要充分考虑循环经济发展规划对于各类专项规划的反馈作用。当然，鉴于循环经济的宏观性和战略性，循环经济发展规划与这些专项规划并不是简单的并列关系（石磊、张天柱，2006）。

在区域专项规划中，和区域循环经济发展规划的关联性比较紧密的有区域产业发展规划、区域社会发展规划、区域城镇体系规划①、区域环境保护规划，以及区域工业园区建设规划（图5-4）。

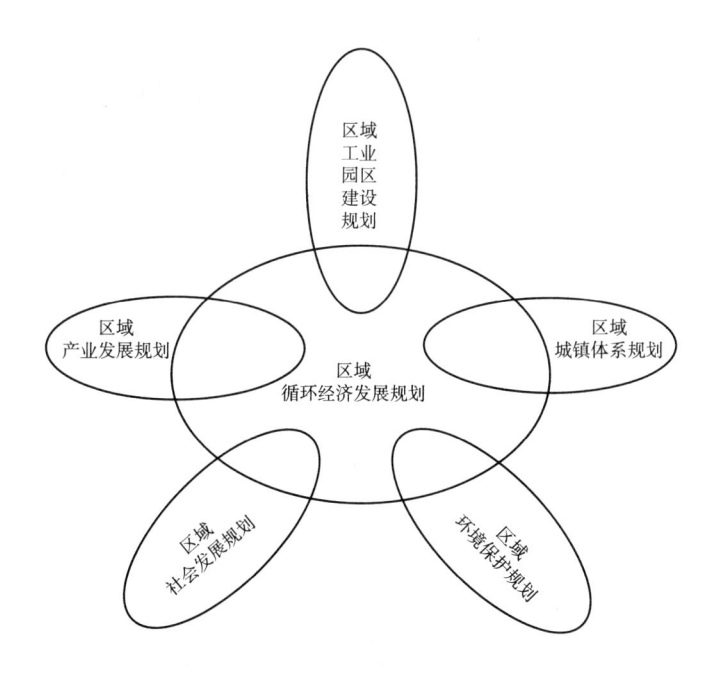

图5-4 区域循环经济发展规划与其他专项规划关联示意图

---

① 在《中华人民共和国城乡规划法》中，并无"区域城镇体系规划"这一称呼。本文的区域城镇体系规划是指该特定区域内的城镇体系发展规划。

其中，区域产业发展规划是区域循环经济发展规划的主要关联性专项规划，工业园区建设规划和区域循环经济发展规划中的产业集群与产业共生体系构建互为参照与反馈，区域城镇体系规划、区域环境保护规划，以及区域科技发展规划，则是构成区域循环经济发展规划中的支撑体系与保障体系的重要内容，并互为反馈影响关系。

5.2 规划过程与内容体系

5.2.1 规划过程

在区域循环经济发展中，其规划过程主要包括：规划目标的确定和规划的技术路线。

5.2.1.1 规划目标的确定

规划目标是指在合理分析现状和科学预测未来的基础上，对于规划期末的区域循环经济发展水平的期望。规划的整体目标是实现对区域人类社会经济活动过程的完善和重组，即在充分发挥系统内部潜力，使系统内物质和能量多层次地获得最大限度的利用，在整体上获得最大的经济效益、生态效益和社会效益。因此，在具体分类上，规划目标可以分为生态系统目标、经济系统目标和社会系统目标。

（1）经济系统目标：充分利用区域优势，使产业结构和资源结构相匹配，和技术结构相协调，增强整个经济系统的调节功能，并能根据技术进步、建设发展的客观需要等外部环境变化情况，提出产业调整的方向和改进方案，形成柔性的协调的产业生态网络。

（2）生态系统目标：根据区域自然条件和生态特点，规划建设自然资源特别是土地资源和水资源持续利用的物质循环系统。提高系统内物质、能量循环再生利用的效能，尽可能降低有害物质的积累，提高系统本身对环境污染物的降解和自净能力。

（3）社会系统目标：形成良好的循环经济文化氛围，建立比较完善的发展循环经济法律法规体系、政策支持体系、体制与技术创新体系和激励约束机制。推进绿色消费，完善再生资源回收利用体系。

在规划目标的具体测算上，可以在参考2007年国家发展和改革委、国家环保总局、国家统计局联合公布的评价循环经济发展情况的22个指标基础[①]上，结合区域自身特点和要求，筛选出具体指标，并提出区域循环经济发展规划期的目标值。在规划期的确定上，建议采取"远期规划、五年修订"的方式，即远期规划到2020年，到编制下一个五年计划时再修订（石磊、张天柱，2006）。

5.2.1.2 规划的技术路线

区域循环经济系统是一个复杂的系统，但由于我国循环经济的发展尚处于初级阶段（冯之浚，2005），循环经济规划呈现"百家争鸣"的局面，其编制的技术路线也是一个急待解决的迫切问题，因此，本研究从规划的编制程序和分析方法的角度，构建了区域循环经济发展规划编制的技术路线（图5-5）。规划主要包含如下五个阶段：

第一，前期准备阶段。包含规划的提出背景，前期准备以及组织分工。循环经济规划是涉及经济、社会、生态环境等各个方面的重大规划，这样一个庞大的系统工程必然需要良好的前期准备和组织分工，规划队伍应是至少包含环

---

① 国家发展和改革委、国家环保总局、国家统计局：《关于印发循环经济评价指标体系的通知》（发改环资〔2007〕1815号），2007年6月27日。

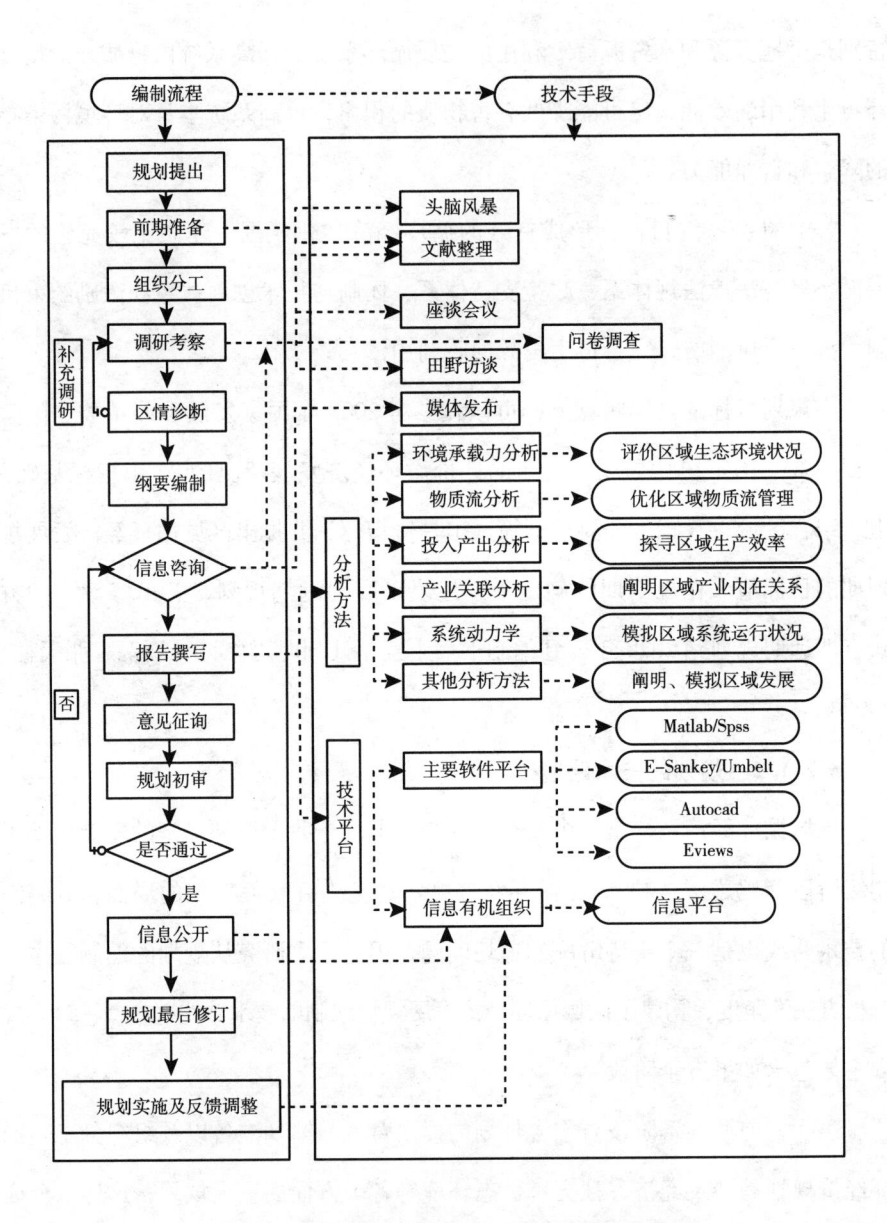

图 5-5 区域循环经济发展规划编制技术路线图

境学、经济学、地理学、社会学等在内的多层次、多学科、多方面的人才组合。该阶段的主要技术方法有头脑风暴法和文献整理法。

第二，调查研究阶段。调查研究就是通过多种途径广泛地收集与区域循环经济发展规划编制有关的历史、现状以及发展趋势的信息资料和数据，相互比较核实进行数据加工处理。其主要内容包括：①区域产业体系；②生态环境概况；③社会经济水平；④其他主要规划成果资料。该阶段的主要方法为座谈会议，田野访谈和问卷调查。

第三，区情诊断阶段。在调查研究基础上，对区域的自然、社会、经济条件进行诊断评价，并通过区际之间的比较研究，探析有利条件和制约因素，并对未来区域发展趋势，特别是产业发展作出科学预测，并在此基础上编制规划《纲要》草案，并将《纲要》进行广泛的意见征询，在此基础上，形成《纲要》文本，为报告起草奠定指南。

第四，报告设计阶段。根据纲要的基本思路，起草规划报告，即拟定实现目标的途径、方法、措施步骤的多个方案，并将报告草案通过有关信息平台予以公布，征求社会各方的意见和建议，在此基础上，形成规划报告提交委托方组织的有关评审。报告撰写中涉及的主要方法有物质流分析、产业关联分析等。

第五，报告评审阶段。对规划报告文稿和图件进行审核，并将修改后的报告内容选择性地公开，接受社会公众以及有关利益相关方的监督，并执行该规划报告中的有关内容。

5.2.2　内容体系

由于区域循环经济发展规划系统具有复合性的特征，即，从行为主体来讲，主要包含政府、企业、公众，以及第三方的规划设计单位和NGO等组织，从规划对象来讲，主要包含区域产业体系、支撑体系，以及保障体系，从要素功能来讲，包含生产者、消费者、分解者，以及传输者。因此，区域循环经济的发展是一个涉及"生产、流通、消费、回收、处置"等多环节,包含"工业、农业、第三产业"等众多对象和"产业共生"等组织类型的综合体,这就决定了区域循环经济规划要有清晰而又灵活的内容体系框架。

回顾目前的中国区域循环经济发展规划,它们的内容形式各具特点,例如,辽宁提出了影响广泛的"3+1"模式(丁冬,2005),即大、中、小循环和资源再生产业;江苏结合生态省建设规划,制定了发展循环型工业、循环型农业、循环型服务业和循环型社会的专项规划[1];山东提出了发展循环经济的"点、线、面"和"八项创建活动"[2];贵阳市提出了"一个目标、两个环节、三个核心体系和八大循环体系"的战略框架,建立和采取了"政府主导、规划先行、制度建设、立足生产、转变观念"的循环经济建设和推进体系[3];国家发展和改革委员会提出的"循环经济试点实施方案编制要求"则包含7个部分,分别为"(一)试点单位基本情况;(二)发展循环经济的工作基础;(三)发展循环经济的指导思想、目标和主要任务;(四)发展循环经济的重点;(五)项目规划和投资;(六)保障措施;(七)需要国家给予的支持"[4],在随后的2007年的国家发展和改革委员会关于循环经济郑州会议中,取消了第七款"需要国家给予的支持"。

然而,实践中的循环经济规划,存在两种极端情况,一种是将循环经济规划等同于为各种废物寻找减量化、再利用和资源化的答案,而在一定程度上忽视了废物循环对于产业发展乃至经济发展的反馈作用;另一种是将循环经济规

---

[1] 江苏省人民政府:《江苏省人民政府关于印发江苏生态省建设规划纲要的通知》,苏政发〔2004〕106号,2004年12月28日。
[2] 张凯:以科学发展观为统领,大力发展循环经济,努力建设具有山东特色的生态省,2005,http://218.98.153.90/23/news/2005224142925.html。
[3] 赵英民:发展循环经济、建设生态贵阳,2005,http://www.hwcc.com.cn/。
[4] 国家发展和改革委员会、国家环境保护总局等,《关于组织开展循环经济示范试点(第二批)工作的通知》,发改环资〔2007〕3420号。

划泛化为国民经济和社会发展规划，将人口发展，甚至是社会公平等都强加到循环经济规划中，试图赋予循环经济万能的表象，这两种做法都会不同程度地伤害循环经济规划的制定和落实（石磊、张天柱，2006）。

因此，本研究在基于循环经济脉络梳理和本质认识的基础上，构建了区域循环经济发展规划的逻辑演绎和内容框架体系（图5-6）。

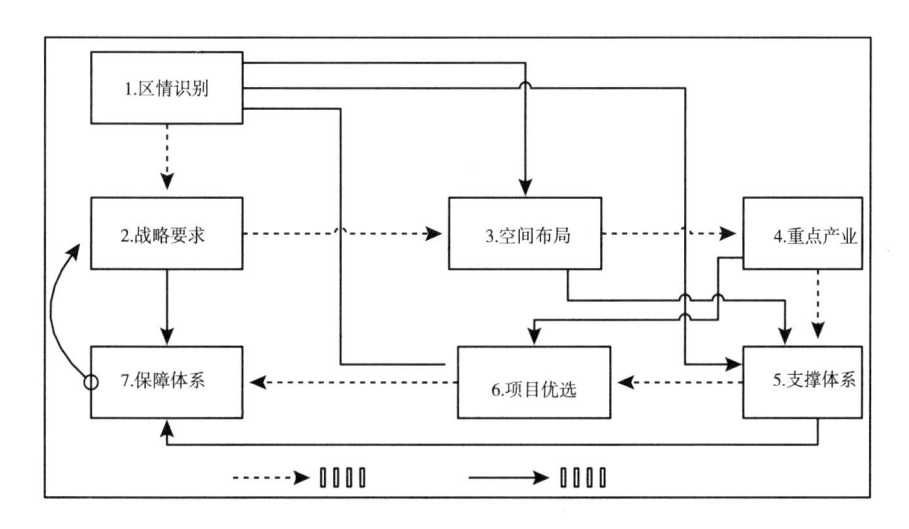

图5-6　区域循环经济发展规划逻辑演绎示意图

在区域循环经济发展规划中，其首要环节是"区情识别"，只有充分认识区域的现实情况及未来发展趋势，才能提出科学合理的"战略要求"，进而对产业和功能区进行"空间布局"，并在此基础上，探析阐明区域循环经济发展的"重点产业"，构建"支撑体系"，随后，在"项目优选"的基础上，建立区域循环经济发展的"保障体系"，最终实现"战略要求"中的有关目标。

在逻辑关联上，"区情识别"是规划的基石，它不但是"战略要求"的规划基础，也是"空间布局"、"重点产业"、"支撑体系"、"项目优选"的工作基础和主要依据；脱离了区域现实的产业布局或者支撑体系构建，就不可能实现循环经济发展的既定目标；同理，"保障体系"的设计必须体现"战略要求"的目标设定,以及"支撑体系"的建构,否则,规划中的"保障体系"将失去依据性和保障性。

根据上述逻辑关联图,本研究结合笔者参与多项循环经济规划的实践经验,并在对现有的区域循环经济规划案例成果分析、总结和批判性继承的基础上,将规划机制中的规划报告内容体系初步明确如下(表5-1)。

表5-1 区域循环经济发展规划内容体系结构

第一层级	第二层级	主要内容与设计方向概述
1. 区情识别	1.1 发展基础	区位、资源、产业的现状分析与诊断
	1.2 规划意义	阐述编制规划的必要性及其意义所在
	1.3 制约因素	基于自我识别和区际比较,探寻危机
2. 战略要求	2.1 指导思想	突出区域特色,围绕区域优势,以优化资源利用效率和效益为核心,坚持"市场引导和政策推动"相结合,"政府、企业、公众"责任与义务公平分担
	2.2 基本原则	"减量化、再利用、资源化"、"科学布局、集聚发展、园区承载、项目支撑"、"全面部署、突出特色、重点推进、分步实施"、"政府推动、市场引导、企业落实、公众参与"
	2.3 战略目标	"近期目标"、"中期目标"、"远期展望"
3. 空间布局	3.1 功能分区	梯级结构,组团模式等
	3.2 产业布局	产业的实体整合和虚拟集聚,工业园区布局等 产业关联性分析与体系构建等
4. 重点产业	4.1 冶金产业	产业链纵向延伸和横向拓展,废弃物综合利用,能量的梯级利用等
	4.2 石化产业	
	4.3 现代农业	农业有机废弃物的利用;可再生能源开发等
	4.4 旅游产业	发展体系创新和产业关联,景区的清洁生产等
	4.5 静脉产业	生活垃圾等分类回收利用等
	4.x ……	……
5. 支撑体系	5.1 城镇设施	电力电信,园林绿化,给排水等
	5.2 道路交通	对外交通网络构建,内部交通网络完善
	5.3 物流服务	仓储设施,物流枢纽,配送节点等
	5.4 生态环境	生态多样性保护,水源地保护等
	5.5 能源供应	能源生产,能源结构优化等
	5.6 信息平台	物质流管理平台、技术征询与交易平台,等
	5.7 关键技术	区域发展循环经济的关键性技术需求与研发

续表

第一层级	第二层级	主要内容与设计方向概述
6. 备选项目	6.1 项目汇总	重点产业和支撑体系中的备选项目汇总
	6.2 效益分析	经济效益、生态效益、社会效益分析与风险讨论
7. 保障措施	7.1 组织领导	规划的行政体系、运作体系等
	7.2 政策体系	国土资源政策、财税政策、产业政策等
	7.3 公众参与	循环经济理念的社会普及与认知推广
	7.4 市场机制	市场作用的完善等
8. 附件	区域地理区位图,产业布局图等	

与目前已完成的各类区域循环经济发展规划报告的内容体系相比,本研究中设计的内容体系具有如下3个鲜明特点:

(1)新增了"空间布局"的内容。这是因为在区域循环经济发展中,产业集聚形成的工业园区是排头兵(季昆森,2006),而在现阶段,空间布局规划是实现产业集聚和工业园区建设的重要手段和体现。另外,废弃物的回收利用在很大程度上需要规模经济效应,而工业生产过程中的废弃物,特别是固体废弃物(例如粉煤灰等),具有显著的交通指向性,受运输制约明显,如果对废弃物资源化的产业不进行集中布局,将会影响到产业共生的自组织形成,进而在市场行为中无法实现废弃物的资源化利用。

(2)突破了以往的"大、中、小"循环规划模式。以往的循环经济发展规划,人为地隔断了产业之间的联系,过分偏重于产业链的机械延长,忽略了产业链的横向耦合和纵向闭合,同时,"大、中、小"循环的规划模式,忽略了对于"支撑体系"的建设,这也使得规划中的"闭合循环"脱离了现实基础,成为无本之末。

(3)注重产业之间的关联分析。现有规划过分注重产业的现阶段状况以及建立在断面分析基础之上的产业链设计,忽略了关于产业未来演变与转化趋势的预测分析。例如,对于旅游业,在很多循环经济规划中并没有提及或者很少提及关于其在区域循环经济发展中的地位与作用。实际上，作为具有"引领"作用的旅游产业，正是未来实现循环经济发展目标的重要载体，而旅游业发展的"投资多，见效慢"的固有特性，需要在现阶段予以重视，并给予积极的培育和扶持。

5.3 案例研究：区域循环经济型旅游业发展规划设计

本节以"汉中循环经济产业集聚区发展规划[①]"课题为依托，分析了汉中循环经济规划下的旅游业创新示范体系与产业关联性，旨在探析区域循环经济发展规划中的产业体系研究与构建模式，帮助阐释区域循环经济发展规划机制的有关内容。

5.3.1 研究区域概况

汉中地处陕西省西南部，北依秦岭，南屏巴山。西、南分别与甘肃、四川毗邻，东与安康市、北与宝鸡市相接；处于成渝经济区、关中—天水经济区和江汉经济区的交汇地带，具有承接三大经济区辐射的优越条件。同时，汉中也是国家南水北调中线工程水源地和水源涵养区、国家秦巴山地多样性保护区，也是省内"引汉济渭"工程的水源保护区。

近几年，汉中旅游业发展较快，旅游产值持续增长，2005~2007年，旅游业产值年均增幅46.52%，为汉中国民经济序列中增幅最快产业。2007年，汉中旅游收入达17.20亿元，占全市生产总值的5.9%，但仅占陕西省旅游收入的3.41%，相对于汉中自身优越的旅游资源禀赋，其旅游业还有很大的发展提升空间。

[①] 课题资助：汉中循环经济产业集聚区发展规划（2008.12~2009.5），项目委托：陕西省汉中市发展和改革委员会。本人主要负责项目统筹，构建规划报告体系、纲要起草等工作。感谢胡师妹晓芬在本节研究中协助绘制图5-8、5-9、5-10。

图 5-7 汉中市地理位置示意图

5.3.2 产业发展方向

依据循环经济理念，结合汉中丰富的自然与人文旅游资源，在"一心一带，两线三区"旅游空间布局的基础上，通过以汉台（包括石门）、勉县的"两汉三国文化"和华阳、黎坪的"生态旅游"为载体的循环经济型旅游示范区的建设，在"旅游管理机制、景区建设模式、配套服务设施"三方面实现创新和示范，带动旅游业全面发展，并在此基础上构建汉中循环经济型旅游产业链；加强中心城区旅游基础服务设施建设，形成区域旅游网络，实施区域中心城市旅游联动合作发展，使汉中成为陕、甘、川、渝交界区域集"历史文化观光、休闲度假、生态旅游"为一体的循环经济型旅游示范区，进而打造成为"全国循环经济型旅游创新示范中心"。

5.3.3 产业建设体系

5.3.3.1 理论模型

在旅游业的发展中导入循环经济理念。在旅游系统内部，优化组合"吃、住、行、游、购、娱"六要素，同时，在旅游全过程中倡导绿色消费，延长旅游产品生命周期，从而构建循环经济型旅游业建设体系（图5-8）。

在循环经济型旅游业发展中，体系创新主要包括"旅游管理机制、景区建设模式、配套服务设施"等三方面。其中，旅游管理机制创新是指将循环经济理念导入传统的旅游管理体系中，在旅游区发展规划的制定上体现循环经济特色，在日常管理上遵循减量化等原则；景区建设模式创新是指在景区（点）建设中，坚持使用循环经济类的产品，诸如用粉煤灰制作的水泥等，坚持使用节能产品等；配套服务设施创新是指在旅游产品设计中，坚持生态化的原则，将循环经济理念作为重要指导原则，实现绿色设计与生态包装。

（1）旅游核心载体：旅游景区和旅游饭店

①旅游景区（点）建设

依据循环经济理念予以保护性开发，遵循环境承载力的规律，把旅游活动强度和游客进入数量控制在"生态承载力"范围内；对景区的旅游资源与旅游环境进行保护，以减少对区内环境的破坏；利用旅游淡季实行景区休眠制度，加强对景区进行维修和保护；引导消费者树立"绿色"的消费理念和消费方式，尽量减少废弃物的产生，或者将垃圾带出景区。

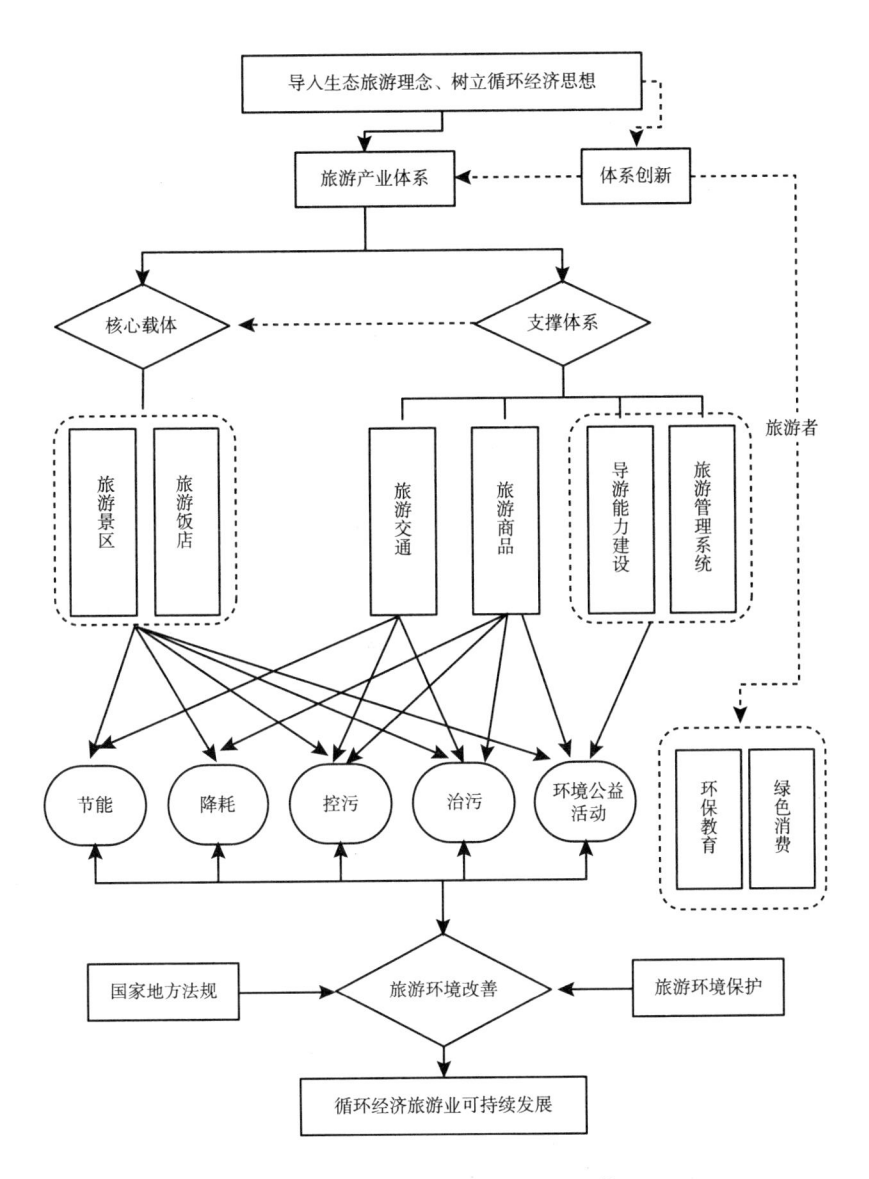

图 5-8　循环经济型旅游产业建设体系

② 旅游饭店（宾馆）建设

积极开展绿色酒店的创建工程，推行 ISO14000 国际环境管理体系认证，严格执行清洁生产的要求。在饭店的建设中，提倡就地取材、依境造势，规模、档次要适中，推广节能型材料，节约能源和水源的使用。

（2）旅游支撑体系：旅游交通、旅游商品、导游能力建设和旅游管理系统

①旅游交通：旅游交通要求交通工具要环保、节能，路线设计要求便捷及对环境的影响最小化。在景区内要尽可能使用太阳能或电能驱动的清洁交通工具，或者以步代车，对道路交通网进行生态设计，建立以节能为中心的无污染型交通运输体系。

②旅游商品：在旅游商品的设计和生产中，要体现地方特色，提倡就地取材，开发体现区域文化底蕴、资源节约型的旅游商品，不搞过度包装；对旅游商品材料的选择上，要选择经久耐用或易于再生利用、无害化处理的材料。

③导游能力建设：有针对性地编制旅游解说系统，加强游客对循环经济型旅游景区的认识，引导并规范游客的行为，使其符合循环经济的要求，通过公益性活动教育，普及循环经济理念。

④旅游管理系统：旅行社、饭店、景区等的管理者及工作人员们在设计、建设、经营及管理的过程中要以发展生态旅游为理念，向顾客提供绿色的旅游产品，并倡导消费者在消费时选择未被污染或有助于公共健康的绿色产品，引导旅游消费者形成绿色消费观。

（3）旅游者

旅游者是旅游活动的主体，是最大的受益者，同时也是旅游环境问题的主要制造者。旅游者消费方式和理念在很大程度上决定了旅游经济的持续性和生态性，因此对旅游者来说，倡导"绿色消费"和"理性消费"是旅游业可持续发展的重要环节。绿色消费的实施可通过教育和立法来实现。理性消费要求旅游者在进行旅游消费时，对出游地、出游时间进行选择，尽量避开高峰期，这样既保证旅游质量，又减轻对旅游区的压力。

5.3.3.2 建设规划

按照循环经济型旅游体系的要求,把汉中循环经济型旅游景区建设成为区内旅游,区外食宿的格局,并在景区内外实行清洁生产模式(图5-9)。

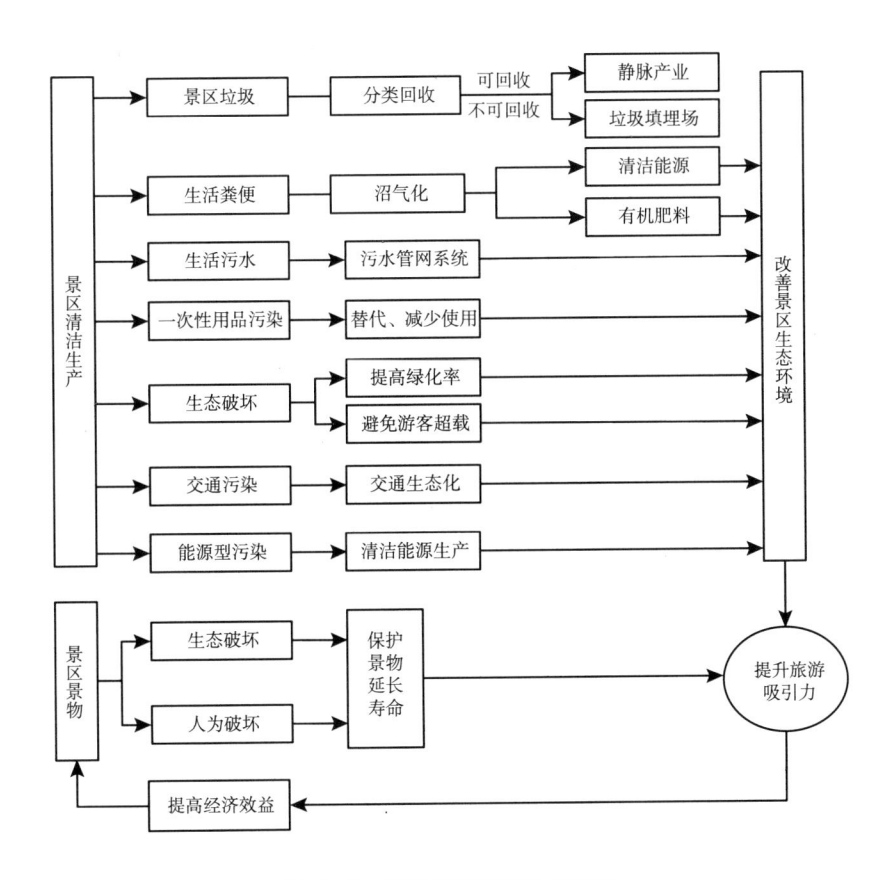

图5-9 旅游景区清洁生产模式

因此,在汉台区"汉文化"循环经济型旅游示范区,应依据循环经济理念修复建设古汉城、汉中市博物馆、古汉台、拜将台、饮马池等景点,建筑物采用新型节能材料,区内交通设备应尽可能改为电动车、电动船等使用清洁能源的交通工具。在"三国文化"循环经济型旅游示范区,应加强对定军山、环定军山、温泉休闲区等主要旅游景点实行循环经济旅游示范区改造,在各个景点及基础设施的建设中实行清洁生产。在长青·佛坪野生珍稀动物循环经济型旅游示范区，出于对珍稀动物的保护，野生珍稀动物旅游示范区内的基础设施建设，只需建立必要的食宿设施，改善自然保护区的交通可进入性，完善安全设施。区外食宿设施建设方面，主要是旅游饭店餐饮部规范潲水油回收处理，消除食品"餐桌污染"；客房部制定合理的清洁生产方案，并严格执行。

5.3.4 产业关联构建

在汉中现有的经济基础和旅游示范区建设的基础上，按照循环经济理念，积极拓展和延伸旅游产业的上下游产业，构建基于循环经济的产业关联（图5-10）。

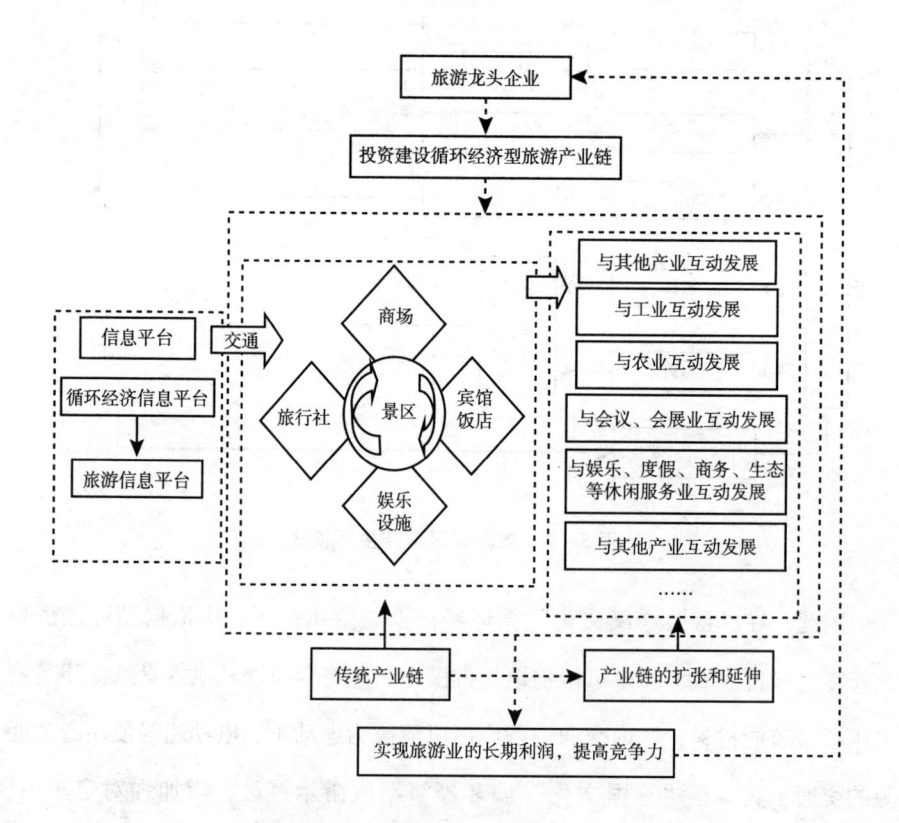

图5-10 旅游产业关联示意图

循环经济型旅游产业关联构建，要求在传统旅游产业链的基础上进行科学的扩张和延伸，把旅游业同工业、农业等产业关联起来，通过规划旅游业与其他产业的互动发展，实现区域产业体系的横向耦合和区域整合，帮助区域循环经济发展整体目标的实现（图 5-11）。

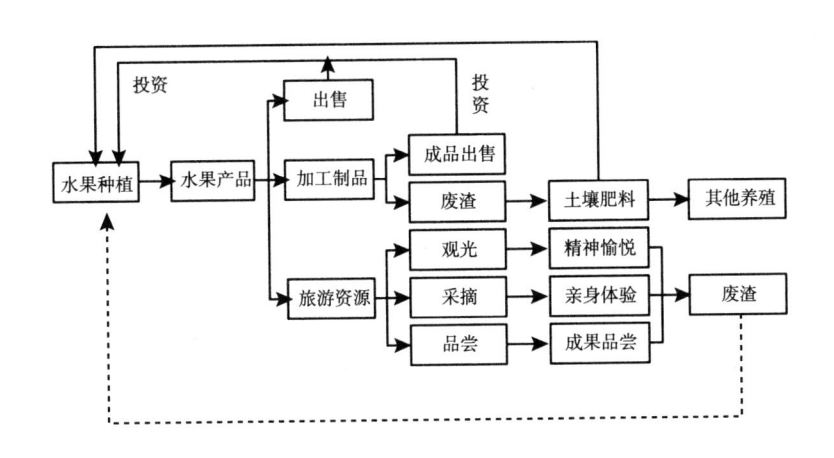

图 5-11　旅游业与水果产业互动发展示意图

5.3.5　综合效益分析

通过将旅游景区打造成循环经济型旅游创新示范区，以实现汉中的循环经济型旅游业。在旅游业中贯彻循环经济，实现旅游资源的可持续利用，使旅游经济的发展从数量型向质量型转变。同时，旅游循环经济还拉长生产链，推动环保产业和其他新型产业的发展，增加了就业机会，促进社会经济的全面协调发展。

5.4　本章小结

本研究在系统推理的基础上，将区域循环经济发展规划定义为：区域循环经济发展规划，就是指按照生态经济学基本原理，辨识、模拟和设计人工复合生态系统内的各种生态关系，进而依据循环经济理念，通过规划统筹区域的元素流，充分有效和科学地利用各种资源条件，预协调区域发展和人地关系的时空过程的一种战略手段。规划机制是指各行为主体之间及其对于规划对象的认知和信息化处理过程。规划对象的产业性、规划空间的地域性、规划过程的社会性等三个独特特征；在规划性质定位上，区域循环经济发展规划是一种特殊的专项规划。

本研究基于逻辑演绎的角度，阐明了区域循环经济发展规划的过程及其主要支撑技术手段，规划过程主要分为"前期准备"、"调查研究"、"区情诊断"、"报告设计"、"报告评审"等五个阶段。本研究构建了区域循环经济发展规划的内容体系，包含"区情识别"、"战略要求"、"空间布局"、"重点产业"、"支撑体系"、"项目优选"，以及"保障体系"。

本研究以陕西汉中循环经济发展规划为例，对循环经济型旅游产业发展体系和关联性构建进行了阐释和说明，从"旅游管理机制、景区建设模式、配套服务设施"等三个方面构建了创新型产业发展体系，旨在解释和佐证区域循环经济规划机制的有关内容。

第6章 区域循环经济系统的运行机制

为什么要研究区域循环经济系统的运行机制？

诚如前文所言，发展区域循环经济的根本目的就是为了实现人类社会经济活动过程的完善和重组，而这种完善和重组过程的重要表征就是系统的运行方式。运行机制的研究，将有助于探明区域循环经济系统的运行载体之间的关联机理与相互作用过程，为其后的系统反馈认知和优化调控奠定基础，进而最终实现区域人类社会经济活动过程的完善和重组。因此，可以说，运行机制研究应当是区域循环经济发展系统机理研究的主体和核心，更是循环经济理论体系不可或缺的重要组成部分。

然而，由于区域循环经济系统运行过程的抽象性、复杂性和开放性，使得目前关于其机制的研究很少有学者涉及①，但从另一方面而言，运行机理的阐

---

① 目前，体现循环经济运行机制研究的成果主要有：中国社科院数量经济与技术经济研究所副所长齐建国教授等的《现代循环经济理论与运行机制》（北京：新华出版社，（转下页注）

明对于区域循环经济的发展实践具有非常重要的现实指导意义，更是区域循环经济发展实践中不应回避的关键问题，基于此，本章的研究主要围绕两个基本问题展开，即：①运行载体的识别及其属性。②运行过程与机理分析，以尝试阐明区域循环经济运行的基本原理与作用方式。在本章的最后，笔者运用情景分析（Scenario Analysis，SA）进行了案例分析，以帮助阐释和理解区域循环经济发展的运行机制。

6.1 运行载体识别及其属性

区域循环经济系统的运行机制研究，主要是为了探明系统运行载体之间的关联机理与相互作用过程，因此，关于运行载体的识别及其属性分析，是运行机制研究的首要环节，也是区域循环经济理论研究和实践发展的关键前提。如果不能正确、合适、充分地识别运行载体及其属性特征，区域循环经济的发展将会陷入似是而非或者无的放矢的尴尬局面。

在传统的循环经济理论研究中，"'企业'是循环经济发展的基本载体"

（接上页注①）2006，ISBN：7501177287），北京工业大学李云燕博士的《循环经济运行机制——市场机制与政府行为》（科学出版社，2008，ISBN：70302112）；杨雪锋先生的博士学位论文《循环经济的运行机制研究》（华中科技大学，2006）。齐先生等主要从市场经济的角度阐述了循环经济发展的运行问题，包含市场调控、制度设计、联合项目评价等内容，李云燕博士的研究也主要着重于市场机制和政府行为等方面的研究，杨雪锋先生则将循环经济运行机制定义为"是指在一定的经济环境中，在一定的经济条件和经济因素的约束和引导下，适应循环经济发展需要的经济资源分配、调节机制。主要指循环经济运行的经济条件、动力机制、微观基础、经济关系的演化及其制度安排等方面"（第47页）。作者认为，本研究对于"运行机制"定义的不同之处在于研究角度和研究范畴：齐先生等对于"运行机制"的定义侧重于宏观经济学或制度经济学范畴，某种程度上接近于本研究中的"发展机制"内涵，具有广义的概念；而本研究主要从运行载体的角度阐述循环经济系统的运行问题，更侧重于具体对象之间的相互作用过程，应当属于狭义上的运行机制研究。然而，需要特别感谢的是，上述三位学者的学术成果对于本章的研究起到了积极且重要的启发和引领作用。

这一论断成为众多学者的共识，并在各种不同的循环经济类文献中被一再作为基本论据而被提起或者引用，然而，疑问在于：为什么企业是基本的运行载体？除了企业（我们暂且认为企业是基本载体）之外，是否还有其他的载体？倘若还有，又应该从哪里着手去系统地一一识别？

在前文中，我们阐释了循环经济的基本问题，论证了循环经济的产生根源来自于传统的人类社会经济活动过程引发的生态危机和资源胁迫，发展区域循环经济的根本是为了完善和重组人类社会经济活动过程，这种过程不仅是自然作用过程，而且是经济社会过程（本文第二章和第三章），因此，本研究从人类社会经济活动过程分析着手，尝试探析区域循环经济系统运行的基本载体。

在关于人类社会经济活动过程研究的基础性学科中，关联性比较紧密的有人文地理学和环境社会学，这是因为：人文地理学主要以"人地关系"为研究对象，所谓人地关系是指"人类社会及其活动与自然地理环境的关系"，人类经济活动过程可以划分为"生产—分配—交换—消费"等四个环节（K. Marx, 1867）；环境社会学研究的核心是环境与社会间的相互作用（Dunlap & Catton, 1979），通过研究社会群体间的互动及发展过程，能够协助解决社会问题并制定公共政策，社会群体的组织形式一般为"家庭—社区—区域（乡村—集镇—城市）"等（宋雪峰，2004）。

6.1.1 基于人类经济活动过程的视角

在传统的经济活动过程中，"生产—分配—交换—消费"等四个环节通过单程线性作用组成经济形式，而循环经济理念则要求全过程的闭合循环，以减轻对于自然资本的依赖和生态系统的破坏。不管是单程线性，还是闭合循环，这四个环节在市场经济中的体现形式都为"产业"，而当在一定的区域范围内，通过企业间物质循环和能量流动的要素流相互作用，相互联系而形成类似于自然生态系统的产业体系的时候，则形成了产业生态网络（图6-1）。

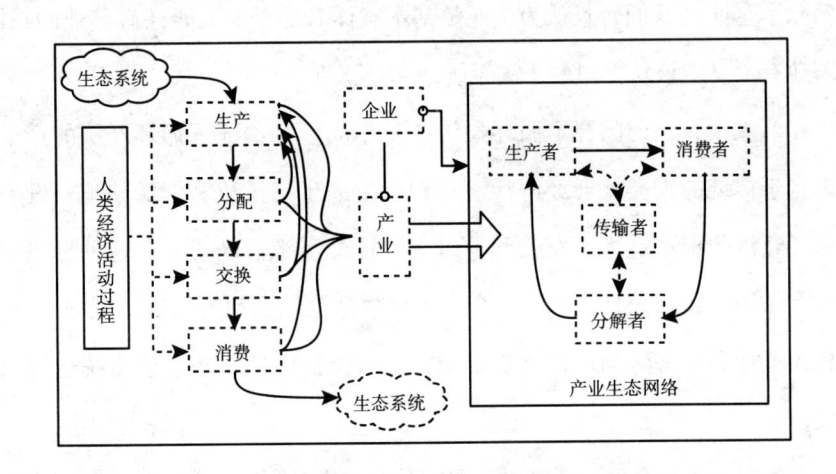

图6-1 基于人类经济活动过程视角的区域循环经济运行载体识别

在产业生态网络中，生产者、消费者、分解者，以及传输者的角色扮演是由企业完成的，而它在某种程度上也与人类经济活动过程的"生产—分配—交换—消费"呈现一定的但并非充要的函数映射关系。例如，产业生态系统网络中的"传输者"角色在"分配"和"交换"的环节扮演了关键的角色，而在现代产业体系的主要体现形式为"物流服务业"，这也是为什么本研究将"物流服务"作为区域循环经济发展规划中重要内容的原因所在（本书第四章）。

因此，基于人类经济活动过程分析，我们可以把由企业组成的产业生态网络作为区域循环经济的运行载体之一。本研究将产业生态网络作为运行载体，而不是选择企业，这是因为企业只是组成产业生态网络的基本细胞单元，单个循环型企业主要开展清洁生产活动，主要收益是减少三废排放，废物回收和无害化处理，取得环境收益和经济收益。但是由于规模经济、范围经济和外在经济的不足,平均成本较高,不利于长远发展,如果区域内部企业没有组成产业生态网络,那么,也就不是我们所要研究的区域循环经济的概念内涵了。

6.1.2 基于社会群体组织形式的视角

为什么要从环境社会学的角度去研究区域循环经济系统的运行载体?

在现有的循环经济研究的文献中,我们很难发现基于社会学的研究视角,但是,我们却无法故意去忽视一个基本事实,那就是:区域循环经济发展目标的实现,不仅仅取决于产业系统的优化与调控,更是包含公众在内的重要社会问题(冯之浚,2006),德国、日本的循环型社会的建立目标和既往的历史经验,也从侧面证明了这一点。因此,基于社会学中的社会群体组织形式的理论视角,对区域循环经济系统的运行载体予以研究和识别,显得具有特别的意义。

社会群体(Social Group)是指人们通过互动而形成的,由某种社会关系联结起来的共同体。社会群体的基本特征是:①基于社会群体成员间的直接、明确持久的社会关系而形成的有联系的纽带;②体现群体意识的共同的期待和行动能力;③体现群体成员互动和开展活动所遵循的准则的群体规范(王思斌,1987)。在社会群体的组织形式上,基于地缘关系结合起来的"个人(家庭)—社区①—区域(乡村—集镇—城市)"是典型的代表形式之一。其中,社区是指"居住在一定地域的,以一定的社会联系和社会关系为纽带,以同

---

① 社区(Community)这一名词源于拉丁语,德国著名的经济社会活动家腾尼斯(F. Tennies)于 1887 年在其著作《社区与社团》(*Gemeinschaft und Gescllschaft*)中首先使用了"Gemeinschaft"(一般译为共同体、公社、社区等)。后来,美国学者把"Gemeinschaft"翻译为"Community",从而使原来不带地域含义的"Gemeinschaft",赋予了地域的含义,向地域共同体靠拢(张堃、何云峰,2000)。20 世纪 30 年代,费孝通先生将其译为中文"社区",并逐步成为社会学中的一个专门概念。

质人口为主体的人群生活的共同体，是一个相对独立的地域社会"（郑杭生，2002）。

社区是社会的具体地域，社会的发展实际上是由社区来完成的，或者说是最终体现在社区之中的（郑杭生，2002；李景峰、李金宝，2004）。社区的发展是社会行动过程在社区中的具体化，是人类有组织、有目的、有计划地在具体社区中，将社区各要素有机地组织结合起来，根据社区的共同需求，协调社区中的各种力量，充分利用社区内外各种资源，采取一系列的步骤，其目的在于更好地解决社区问题，促进社区中物质和精神文明建设，从而使整个社区处于良性循环之中（黎熙元、何肇发，1998），它是一种有方向性的变迁，而且是具有积极性的变迁（李涵，2006）。

从区域循环经济发展角度而言，作为消费者的个人（家庭）是产品的终端营销对象，这也使得所谓"社会"层面的循环经济发展，特别是在以生活垃圾的分类回收利用为主的静脉产业，应当从个人的层次最先展开。但是，由于循环经济的规模经济性，使得个人的循环经济型行为，诸如对垃圾的分类，并不能对区域循环经济的发展产生决定性的本质影响，例如，即使对于垃圾的分类很充分，但是由于垃圾量太少，使得无法形成规模。但从另一方面而言，当某一社区或者若干社区，基于"群体意识"等而采取一致行动的时候，循环经济的发展在一定程度上成为可能，甚至带动了周边区域的发展。

因此，基于社会群体组织形式视角的理论推演结果表明，以个人（家庭）为基本单元的社区网络系统应作为区域循环经济系统运行的另一载体[①]

[①] 根据2005年初民政部基层政权与社区建设司的初步统计，目前全国的社区规模集中在1001~3000户之间，共38866个，适度规模社区为多数。超大规模的社区（8001户以上）有834个；大规模社区（5001~8000户之间）有1946个；中等规模的社区（3001~5000户之间）有7456个；小规模社区（1000户以下）有20316个（郑权，2005）。

(图6-2)。社区网络系统（Networking of Communities），就是指区域内的若干社区，在循环经济理念的目标导向下，通过不同的行为方式组成的网络。

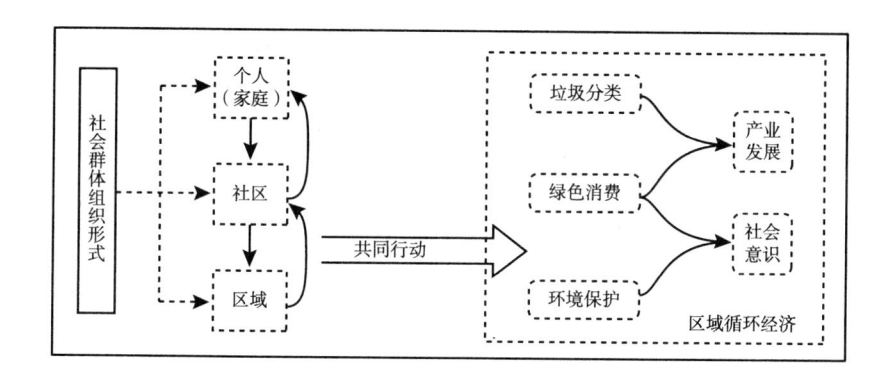

图6-2 基于社会群体组织形式视角的区域循环经济运行载体识别

另外，基于社会群体组织形式视角的区域循环经济运行载体识别过程也表明了社区和产业的关联性，这说明产业生态系统和社区网络系统是有机关联的，同时也证明了循环经济的本质是一种更为关注产业系统的生态经济论点。

因此，本研究认为，区域循环经济系统的运行载体主要有两个部分（图6-3），即：①以企业为基本单元的产业生态网络，②以个人（家庭）为基本单元的社区网络系统。

然而，我们也注意到：在本节的理论分析与推演中，其中隐含的逻辑就是"社区之所以成为区域循环经济运行载体，其必要条件是具备社区的基本特征"，然而，问题在于：中国的社区具备这些基本特征么？如果没有，又应该如何通过系统构建获得这些特征？因为本节的研究主要是从理论推演的角度分析区域循环经济的运行载体，因此，根据研究框架的安排，对于上述问题的回答主要体现在"第七章：区域循环经济发展的反馈机制"中。

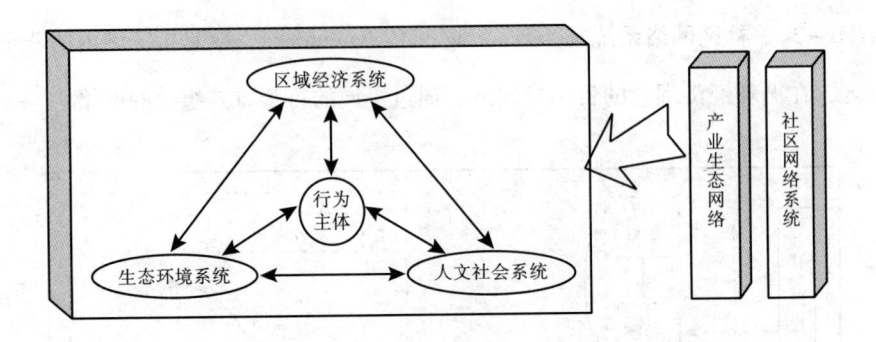

图6-3 区域循环经济发展的运行载体

6.2 运行过程与机理分析

循环经济的本质是生态经济，但是，经济系统的运行机制是"增长型"的，而生态系统的运行机制是"稳定型"的（K. Boulding，1969），因此，不断增长的经济系统对自然资源需求的无止境性，与相对稳定的生态系统对资源供给的局限性之间，就必然构成一个贯穿始终的矛盾，循环经济系统的运行机制，则要求生态系统与经济系统相互适应与协调的生态经济发展模式（杨雪锋，2006）。

本章第一节的研究，确定了区域循环经济系统运行载体分别为产业生态网络和社区网络系统，因此，本节的研究将围绕上述两个载体展开，探究区域循环经济系统的运行机理，并在此基础上，阐明如何在区域的循环经济发展实践中，对该系统运行过程进行函数映射关系构建和分析模拟。

6.2.1 产业生态网络

作为模仿自然而构建的产业生态系统，它的基本作用机理是竞争与共生，主要表现为建立在企业之间的横向共生和产业链的纵向闭合基础之上的产业生态网络内部的系统耦合。

建立不同产业之间的横向共生是形成物质闭环循环的重要形式（M. Mirata and T. Emtairah, 2005），通过不同工艺流程的横向耦合及资源共享，为废弃物找到合适的"分解者"，建立产业生态系统的"食物链"或"食物网"，实现物质的再生利用和分层利用；产业链的纵向闭合，是指改变产业流程，减少废物，使产业适应环境而不是改变环境来适应产业，通过废物资源化和副产品交换实现资源利用在产业链之间形成闭合回路（杨雪锋，2006）；通过两个或两个以上的生产体系或环节之间的系统耦合，使物质、能量能多级利用、高效产出，资源、环境能系统开发、持续利用，以互联的方式进行物质交换，以最大限度利用进入系统的物质和能量，最终形成产业生态网络内部的系统耦合（鞠美庭、盛连喜，2008）。

产业生态网络的空间组织形式主要体现为生态工业园区（[美]劳爱乐、耿勇，2003）。生态工业园区通过物流或能流传递等方式把两个或两个以上生产体系或环节链接起来，形成资源共享、产品链延伸和副产品互换的产业共生网络（图6-4）。

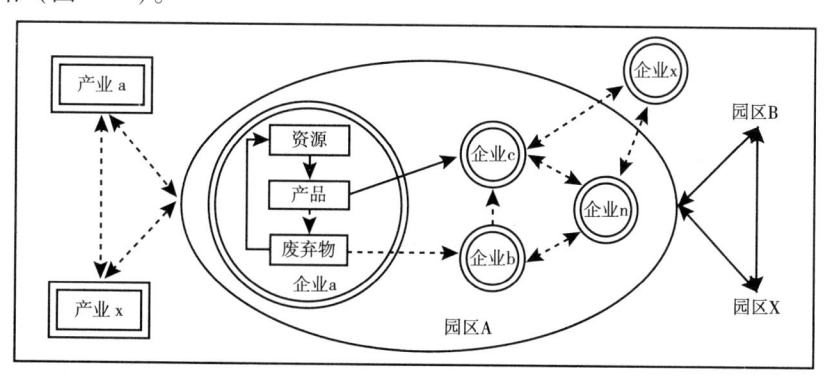

图6-4 区域产业生态网络形成示意图

生态工业园的构成至少需要以下几个要素（黄贤金，2004）：①核心产业和主导性产业链。园区内应有特殊的资源优势与产业优势以及多类别的产业结构，形成核心资源和核心产业，构成主导性产业链，进而以此为基础与其他类别的产业链对接，形成生态产业系统。②企业间应具有较强的关联度，以形成互动或互利关系。③产业链中的核心资源具有稳定性，核心产业（企业）具有发展前景。核心企业的要求是：技术先进、产品具有一定的市场竞争力、企业发展前景好、具有较大经济规模和副产品流（物质、能量、水）、在当地有一定影响的重点产业中的龙头企业。④政府的协调和指导。生态工业园发展的关键条件是：锚定厂商、环境价值观和社会资本、奖励诱因与限制密切合作关系、法制与契约和规模尺度（Ehrenfeld and Gertler，1997；Lowe，Warren and Moran，1997；Lowe，Moran and Holmes，1998）。

具有高度演化的，并且产生共生网络的卡伦堡工业园（Gertler and Ehrenfeld，1996）（第五章，图5-2），是产业生态系统的典型案例，30多年来没有经过重大规划，其发展得益于通过利用副产品获得经济效益并能够最大限度地减少成本（李勇进，2007）：Statoil炼油厂每年实现节约用水120万立方米；Asnaes火电厂的用水量下降了60%，并通过利用Statoil炼油厂的燃气，年节约化石能源30000万吨；有20000公顷的农场使用Statoil炼油厂用硫生产的商业肥料；通过交换，Asnaes火电厂每年可避免50000~70000吨粉煤灰的废弃物产生；通过替代煤炭和石油，年平均避免产生380吨的二氧化硫（大气）和130000吨的二氧化碳（大气）（Enrefeld and Chertow，2002；李勇进，2007）。

在卡伦堡工业园区运行机理分析的基础上，结合德国和日本的有关经验，本研究描绘了产业生态网络运行机理示意图（图6-5）。

在图6-5中，我们可以发现，企业c是产业生态网络运行的关键枢纽点，它扮演了"分解者"的角色，而正是该角色承担了扩张型的经济系统与稳定

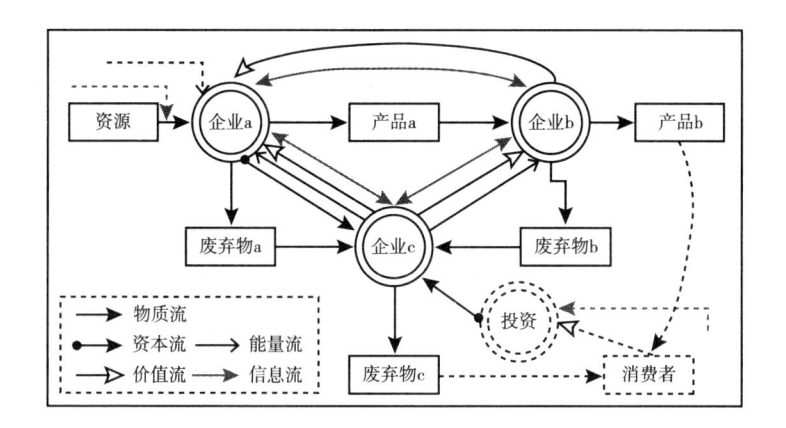

图 6-5　产业生态网络运行机理基本示意图 *

* 关于该机理示意图的说明与解释，以及随后的有关函数关系（6.1）和（6.2）的研究成果，已于 2008 年发表：Xue Bing；Chen Xingpeng；Lu Hongyan；etc；（2008）*Analysis of Transition Process from Waste Management towards Resource Management System*. Int. Conf. Wirel. Commun., Netw. Mob. Comput., WiCOM, V11, P1 - 4. [DOI: 10. 1109/WiCom. 2008. 2737]。

型的自然系统之间缓冲任务和磨合作用。对于企业 c 而言，它的成立，可能是企业 a 为了资源化其废弃物 a 而投资设立的，同时也有可能是投资商基于利益驱动的角度投资设立的，不论其成立的驱动因素来源于何处，其本质是资本流的作用过程；企业 c 以企业 a 和企业 b 的废弃物为原料，通过资源化过程，产生能量输送给企业 a 和企业 b，因此，企业 a、企业 b、企业 c 之间通过物质流（废弃物）、能量流（企业 c 生产的能量）、价值流（企业 c 因使用企业 a 和企业 b 的废弃物而付出的交换价值），以及信息流（企业之间关于产品和废弃物的信息交换等），实现相互作用过程。这表明：产业生态系统的系统自我运行过程的实现主要基于企业之间的物质、能量、信息、价值和资本的交换与转化。这也正如埃尔克曼关于卡伦堡工业生态系统的经验总结时指出的："共生系统是在商业基础上逐步形成的，所有企业都从中得到了好处。每一种'废料'的供货都是伙伴之间独立、私下达成的交易"（Korhonen，2001）。

在区域循环经济发展中，企业 c 的出现可能是由于政府、公众和其他企业驱动作用的结果，但对于企业 c 而言，在市场经济中，利润是其生存的根本基础，因此，从价值流和资本流的角度来讲，如果令企业 c 的年均投入成本（Cost，c）为 $G_{(c)}$，生产的能量（Energy，e）年销售收入为 $f_{(e)}$，产品 c 的（Products，p）年销售收入为 $f_{(p)}$；政府补贴（Governmental subsidy，s）为 $f_{(s)}$，则必须满足如下函数关系式，企业 c 方具有生存的基础：

$$G_{(c)} \leq f_{(e)} + f_{(p)} + f_{(s)} \tag{6.1}$$

其中，年均投入成本 $G_{(c)}$ 为企业 c 在其生命周期（life，n）内包含其建设总投资（Total Investment，i）、利息（Rate，r）、废弃物（Waste，w）的购买成本 $g_{(w)}$，以及运行（Operation，o）费用 $g_{(o)}$ 在内的总成本的年均值。

由于企业是产业生态系统的基本细胞单元，而区域循环经济的本质就是更为注重产业系统的生态经济，因此，在市场经济中，函数关系式（6.1）成为区域循环经济运行的关键依据，如果区域内部的关键企业，特别是扮演分解者角色的企业，无法满足上述关系，则区域循环经济系统就无法实现自我运行，更不可能实现完善和重组社会经济活动过程的目标。

在函数关系式（6.1）中，和传统的企业利润计算过程不同的是，我们引入了"政府补贴 $f_{(s)}$"这一变量，这是因为，在区域循环经济发展的初期，由于循环经济的自身特点，使得类似企业 c 的"分解者"企业无法通过市场行为获得利润驱动（齐建国，2007），在这种情景下，政府补贴将有可能成为其驱动力，也是影响其生存的根本基础，这也使得函数关系式（6.1）成为调控区域循环经济系统的重要分析工具，因为，当市场经济行为下，如果函数关系式（6.2）能够在企业 c 实现，那么，政府就可以取消对于企业 c 的补贴 $f_{(s)}$。

$$G_{(c)} \leq f_{(e)} + f_{(p)} \tag{6.2}$$

6.2.2 社区网络系统

社区作为公民社会的基础层面，不仅是公民政治权利实现的空间，同时也是公民社会权利实现的空间（李友梅，2009）。人具体生活在社区，没有离开社区而存在的社会人，因此人对于社区总有一种特殊的归属感，这种归属感使得社区具有鲜明的社会归属功能（杨力，2008），即而这种社会归属功能往往将群体的行为方式转化为社区对某一具体问题的直接或间接行动。在社区中，也可以通过有关活动与规范约束居民的行为，调整居民的关系，维持社会的一致性，这是一种无形的社会力量。中国社区发展的原驱动力主要来源于政府，但是随着社区发展和完善，社区将靠自己的力量最终实现自我管理、自我教育和自我服务，逐渐成为社会主体（李景峰、李金宝，2004）。

在区域循环经济系统的发展中，以个人（家庭）为基本单元的社区网络系统，其运行机理主要依赖于信息的共享和交换，例如，社区中的单元 a（个人或者家庭）通过分享等方式将信息传递于单元 b 和单元 c，再分别由单元 b 和单元 c 将信息予以分享传递与单元 d、单元 e，以及单元 x，进而通过反馈作用，形成社区内部的群体共识，进而对外采取一致的行动方式，进而通过物质、价值等途径实现和产业生态网络的耦合（图 6-6）。和产业生态网络不同的是，社区的首要功能是体现于循环经济的社会意识提升，以及为区域产业的发展奠定良好的工作基础。

社区网络系统中，循环经济的运行机理一般有两种方式：

（1）社区和系统外产业体系的耦合。例如，企业 b 通过将产品 b 出售给消费者（单元 a，单元 b，等）获得价值回报。对于社区而言，其可以通过绿色消费的方式购买环境友好型产品，以及对失去使用价值的废弃产品，通过分

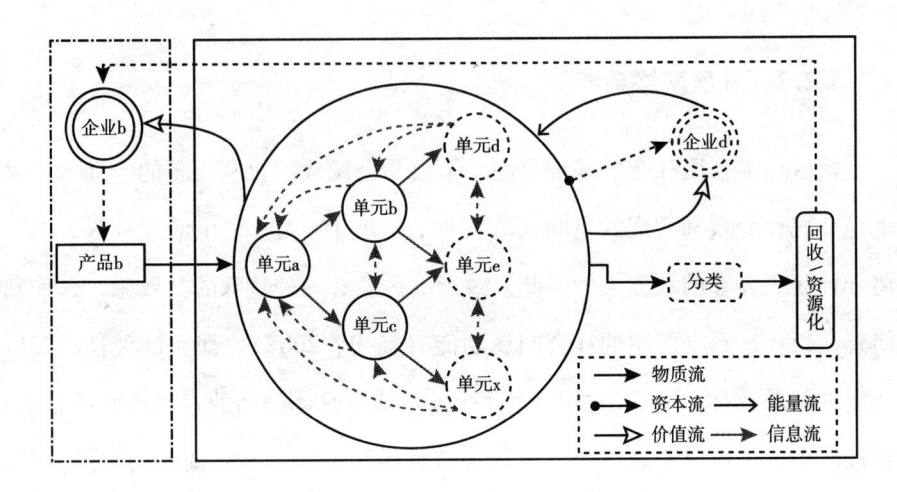

图 6-6　社区网络系统运行机理基本示意图

类的方式，再交由企业 b 或者企业 d 实现回收和资源化。该作用过程是社区和社区外企业共同影响的结果，该过程同时也体现了生产者责任制延伸的思想（企业 b→产品 b→废弃物→企业 b）。

（2）社区内部的运行。社区内部的循环经济运行过程，在内涵上接近于生态社区建设的概念。例如，通过位于社区系统内的企业 d，在社区内部实现废弃物的资源化过程，进而实现"零排放"社区的建设目标。企业 d 的功能，在现实的发展实践中，并非只是"废弃物资源化"型的企业，当然，也有可能是可再生能源生产型企业，它的建设投资，可以来源于社区，也可以来源于系统外部。当然，在市场经济下，企业 d 的生存取决于函数关系式（6.1）或者（6.2）的成立条件。

通过上述分析，我们可以明确：虽然社区网络系统是区域循环经济发展的运行载体，但是，它的运行过程和产业生态系统有很多不同之处，并且最终需要通过和产业系统的耦合，实现区域循环经济的系统发展。然而，尽管如此，社区在区域循环经济的发展运行中，仍然具有不可替代的重要作用。

6.2.3 系统运行机理与目标

根据本章前文的分析，我们对区域循环经济系统的运行机理进行了综合合成，绘制了区域循环经济系统运行机理基本示意图（图6-7）。

在该系统中，物质流的表现形式分为动脉产业的物质流（生态系统→企业a→企业b→消费（社区））和静脉产业的物质流（废弃物a/b→企业c/d→生态系统），通过引入分解者企业c/d，实现了废弃物的资源化，或者社区内部的交换使用（单元e↔单元x），最终物质流的闭合循环（生态系统→企业a→企业b→企业c/d→生态系统）；对于能量流而言，基于热力学定律，它主要来自于物质的转换过程（物质流：社区的废弃物→企业d）产生的能量（能量流：企业d→社区），或来自于风能、太阳能转化为人类活动用能（能量流：企业d→社区）等，其流动过程主要表现为梯级利用，而反馈形式则表现为价值流（价值流：社区→企业d）；对于资本流的全过程分析，在投资商的角色中，可以通过和价值流的互动实现货币形式的闭合循环（资本流：投资商→企业c；价值流：企业c→投资商），但在政府中，由于它无法从企业获取直接的价值回报，其主要表现为资本流的政府补贴等（资本流：政府→企业c），因而无法实现平衡，但是，该资本流在系统中的反馈形式表现为生态系统的服务功能提升（信息流：生态系统→政府），或者表现为企业对于社会的责任回报等。信息流，毫无疑问，在系统中起到了沟通的链接作用。

综上所述，区域循环经济系统的运行，从要素流分析的角度来讲，就是物质流、能量流、信息流、价值流、资本流在区域内部以及和外界之间的不断交换与转化，最终实现经济、社会、生态三维和谐的多种效应。

对于区域循环经济系统而言，其运行目标就是实现区域人类社会经济活动过程的完善和重组。这种完善和重组的重要标志就是减少人类活动对于生态环

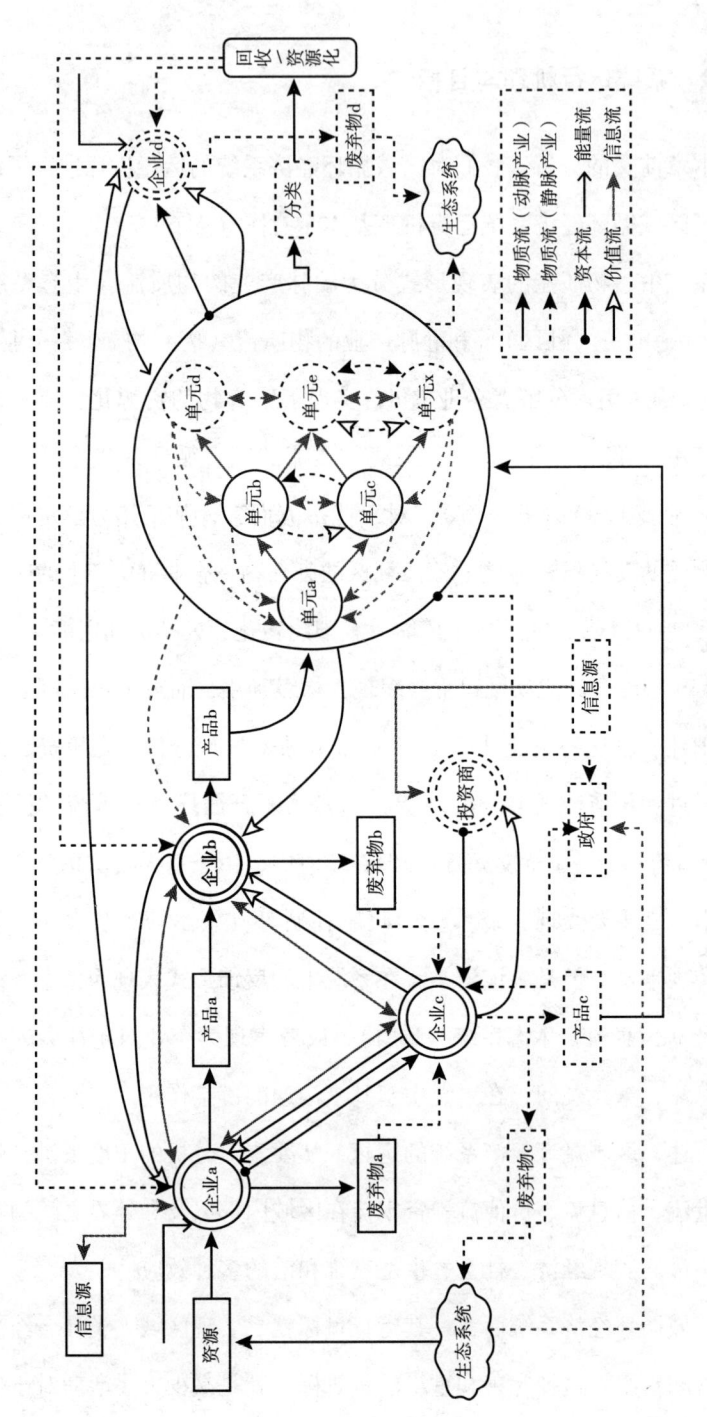

图 6-7 区域循环经济系统运行机理基本示意图

境的胁迫，实现区域社会经济活动的非物质化（De-materialization），即在实现一定的经济增长目标的同时尽可能地减少进入经济系统的物质和能量流动。考虑到资源利用的动力源于经济增长，而经济增长又是一个主要的政策目标，因此，减少环境影响的唯一途径就是资源利用和环境影响的脱钩（Delink）或解耦（decouple）（Stefan Bringezu，2003）。经济增长与资源消耗之间有两种"解耦"（Stefan Bringezu，2003；杨雪锋，2006）：一是资源利用与经济增长的解耦，即单位产量（或产值）的资源利用减少；二是环境影响与资源利用的解耦，即单位资源利用量的环境影响减少（图6-8）。

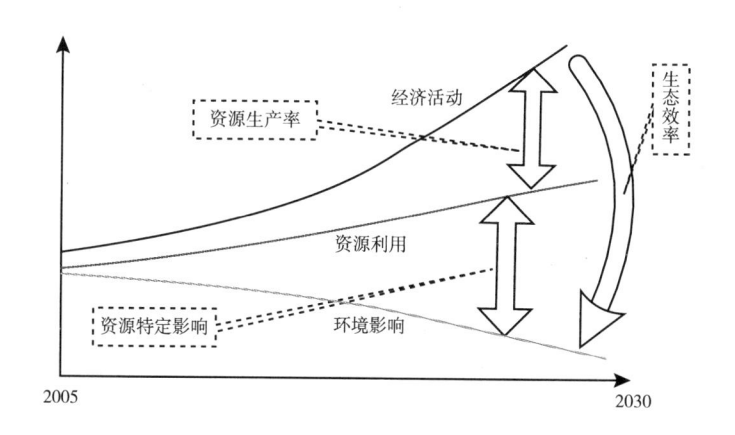

图6-8 经济增长与资源消耗的解耦暨测度指标

资料来源：Stefan Bringezu，2003；杨雪锋，2006。

测度解耦的指标有资源生产率、资源特定影响和生态效率：①资源生产率，即单位资源投入的价值增加值，测度资源利用与经济增长的解耦；其倒数反映经济的物质密度，如果经济的物质密度减少，意味着发生了非物质化。②资源特定影响，即单位资源利用的环境影响，测度环境影响与资源利用的解耦。这种影响应包括整个生命周期，如经济活动上游的开采、使用阶段的影响，以及经济活动下游中大气、水和土壤的后续处理。③生态效率，即单位环境影响的价值增加值（生态效率＝资源生产率/资源特定影响），测度环境影响与经济增长的解耦。

6.3 基于情景分析的耦度关系及解耦运行研究

能源是人类社会赖以生存的物质基础之一，是经济发展和社会进步的重要资源。本节以甘肃为研究案例，基于情景分析（Scenario Analysis）方法，对其能源消耗与经济发展的互动机理进行了定量分析，并在此基础上探讨了区域社会经济活动过程中能源与经济"解耦"的实现路径。

在本节的案例研究中，可能会有这样的疑问：在区域循环经济系统的运行机制研究中，为何要选择能源经济系统作为研究对象进行案例分析？这是因为：在区域循环经济发展实践中，能源不但是实现产业生态系统运行的动力来源，也是区域产业网络的重要组成部分。在社会经济活动过程中，能源的表征形式既有表现为"物质"形式的化石能源（煤、石油、天然气等），也有表征为"能量"的电力等，因此，研究区域能源系统中的能源消费与经济活动的关联，对于探析区域社会经济活动的"去物质化"，即资源与经济的"解耦"，具有很好的代表意义。

6.3.1 研究区域背景

改革开放以来，甘肃社会经济得以迅速发展，但其传统粗放型的经济发展方式也使得区域生态环境负荷率迅速上升、人口与资源环境矛盾日益加剧（薛冰，2006）。如果不改变传统的发展方式，甘肃的资源将难以为继，生态环境将难以支撑，产业竞争力将难以提升，人民生活质量将难以提高（李勇进，2007；杨冕，2008）。在如此背景下，从发展循环经济入手，弱化资源与环境对经济发展的约束，是甘肃的必然选择。

就能源角度而言，相对落后的生产技术与工艺，以及以冶金有色、石油化工、煤炭等为主的重型产业结构，导致甘肃的能源消耗量不断上升，这不但使得能源成为制约经济发展的潜在因素，更因为大量化石能源的使用，引起了区域生态环境质量的持续下降。

甘肃省能源消费总量①由1985年的1790.12万吨标准煤上升到了2007年的5109.29万吨标准煤，年均增长4.88%；实际GDP（以2005年为基期）由1985年的287.3亿元上升到2007年的2421.7亿元，年均增长10.17%（图6-9）。

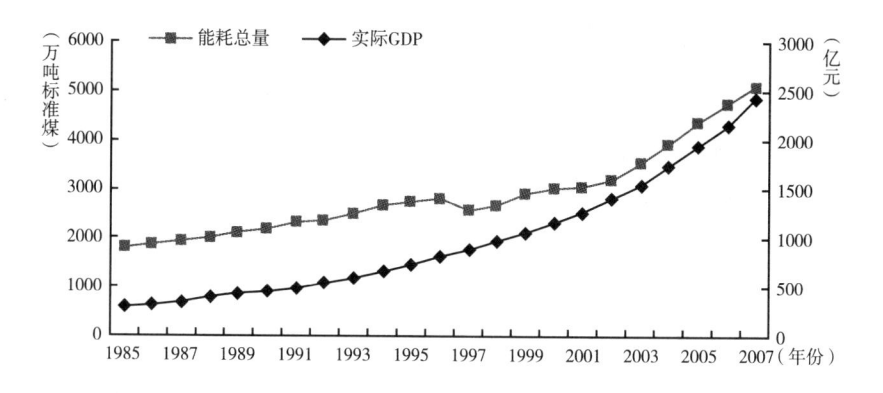

图6-9 甘肃省1985~2007年实际GDP与能耗总量示意图

6.3.2 研究方法与数据收集

本节运用情景分析方法对甘肃省经济发展与能源消耗之间的关系进行研

---

① 能源消费总量是指一定时期内，区域内各行业和居民生活消费的各种能源的总和，包括原煤和原油及其制品、天然气、电力，不包括低热值燃料、生物质能和太阳能等的利用。能源消费总量分为终端能源消费量、能源加工转换损失量和能源损失量三部分（中国能源统计年鉴，2007）。

究，预测不同情景下甘肃2020年及2030年实际能源消耗及其环境影响，进而从物质与能量流动的基础上，分析了能源—经济系统的运行机理，探析了系统的优化过程与实现路径。在本研究中，我们以实际GDP表征区域的经济活动，以能源消耗总量（EC）表征资源利用水平，以CO_2排放量（CE）表征区域经济活动和资源利用对环境的特定影响①。

本节研究的数据主要来源于《甘肃统计年鉴》《中国能源统计年鉴》，并以《新中国五十年统计》《中国电力年鉴》作为参考年鉴，以确认数据的一致性。

6.3.3 基准线情景设定

本研究涉及的基准线情景分别为2008~2030年间的GDP增长预测，以及能源消耗总量预测。因此，我们主要采用多方案预测方法，通过对比研究，选择基准线情景。所谓基准线情景，是指在模拟现实情况下，最能体现未来发展趋势的情景。

6.3.3.1 GDP的基准线情景模拟

GDP的增长预测，主要取决于预测期的GDP目标或增长速率的设定。本

---

① 之所以选择CO_2作为环境影响的表征，这是因为：①CO_2是能源消耗过程中的主要生成物之一，相比SO_2等能源消耗过程中的副产物而言，CO_2更具普遍性、大量性。②作为温室气体CO_2和全球气候变化，特别是全球变暖具有紧密的关联性（IPCC，2005）。根据IPCC第四次评估报告，在过去一百年内，即1906~2005年全球平均气温上升了0.74℃，最近50年来，约每10年升高0.13℃，是过去100年升温的2倍，未来20年全球气温还会以每10年0.2℃的速度上升。全球变暖不可避免地会引发一系列连锁反应，不管是海平面上升还是极端气候增多，其后果都不容忽视（IPCC，2005）。美国全国大气研究中心研究人员也指出：本世纪结束前若能减少70%的二氧化碳等温室气体排放，地球就可部分避免气候变暖带来的灾难性后果（http://bjyouth.ynet.com/article.jsp?oid=50408760）。③CO_2是未来低碳经济研究的重要对象之一，也是《京都议定书》中核定的三个执行机制的交易载体，因此，使用CO_2作为环境影响的表征，具有代表性。

研究将甘肃的实际GDP划分为2个阶段进行分别预测，第一阶段至2020年末，第二阶段为2021~2030年。

对于2020年甘肃省实际GDP的设定，本研究选取了四个情景分析方案，分别为：方案1根据国家经济发展目标"实现人均国内生产总值到2020年比2000年翻两番"[①]，甘肃省的经济发展目标亦是实现人均国内生产总值到2020年比2000年翻两番；该方案下的GDP年均增长率为7.12%；方案2 2008~2020年间的GDP年均增长率为8%；方案3 2008~2020年间的GDP年均增长率为9%；方案4以甘肃1985~2007年实际GDP的平均增长率10.18%为基础，进行趋势分析。

显然，如果按照方案4进行GDP增长预测，显得过于乐观，因为没有考虑到经济发展中的风险因素，诸如经济危机等；而方案1的GDP增长则显得过于保守，因为甘肃的实际GDP在1985~2007的年均增长达到10.18%，即使在2000~2007年间，也达到了9.95%左右，而按照方案1的预测，2008~2020年间的实际GDP增长仅为7.12%，与实际情况有所背离。因此，在比较方案3和方案2的基础上，基于保守的原则，即最低增长的原则，我们选取方案2作为基准线情景（表6-1）。

对于2021~2030年间甘肃实际GDP的增长趋势预测，其年均增长率选取低增长方案，年均增长率为7%（拓学森，2005），低于2008~2020期间的增长速率（8%）。

6.3.3.2 能耗总量的基准线情景模拟

在区域能源消耗总量的预测研究中，一般的方法有两种，分别为：①根

[①] 胡锦涛：《高举中国特色社会主义伟大旗帜为夺取全面建设小康社会新胜利而奋斗——在中国共产党第十七次全国代表大会上的报告》，2007年10月15日。

表 6-1 2007~2030 年甘肃实际 GDP 增长趋势预测

单位: 亿元

年份	方案1	方案2	方案3	方案4
2007	2422	2422	2422	2422
2008	2546	2615	2640	2668
2009	2677	2825	2877	2939
2010	2815	3051	3136	3238
2011	2959	3295	3418	3568
2012	3111	3558	3726	3930
2013	3271	3843	4061	4330
2014	3440	4150	4427	4771
2015	3616	4482	4825	5256
2016	3802	4841	5260	5790
2017	3998	5228	5733	6379
2018	4203	5647	6249	7028
2019	4419	6098	6811	7743
2020	4646	6586	7425	8530
2021	4972	7047	7944	9127
2022	5320	7541	8500	9766
2023	5692	8068	9095	10450
2024	6090	8633	9732	11181
2025	6517	9237	10413	11964
2026	6973	9884	11142	12801
2027	7461	10576	11922	13697
2028	7983	11316	12757	14656
2029	8542	12108	13650	15682
2030	9140	12956	14605	16780

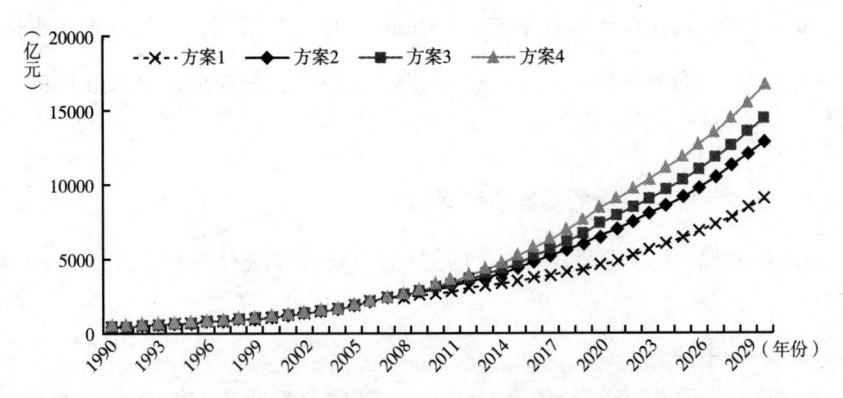

图 6-10 甘肃省 1990~2030 年实际 GDP 增长情景设定示意图

据历年能源消耗总量,基于线性方程进行趋势预测;②根据能源消耗和GDP的关系,建立以GDP为自变量的函数方程,进行趋势预测。在第一种方法中,其增长预测较为简单,适合于短期的预测;而第二种方法则较为复杂,不但需要长时间序列的统计数据,而且需要首先确定GDP增长与能源消耗之间的因果关系,进而基于协整分析方法,建立函数方程。如果该区域的GDP增长和能源消耗之间并无协整关系,则无法建立基于GDP为自变量的函数方程。

对于甘肃省2008~2030年间的能耗总量基准线情景设定,本研究同时采用上述两种方法进行预测,进而在其对比分析的基础上,选定能源消耗的基准线情景。

方案1:以1985~2007年甘肃能源消耗总量的平均增长率为基础,计算2020年及2030年的能耗总量;1985~2007年间,甘肃能耗总量年均增长4.88%,以此作为2008~2030年甘肃省能耗总量的年均增长率,则2020与2030年,甘肃省能耗总量应分别为9492万吨与15286万吨标准煤(图6-11)。

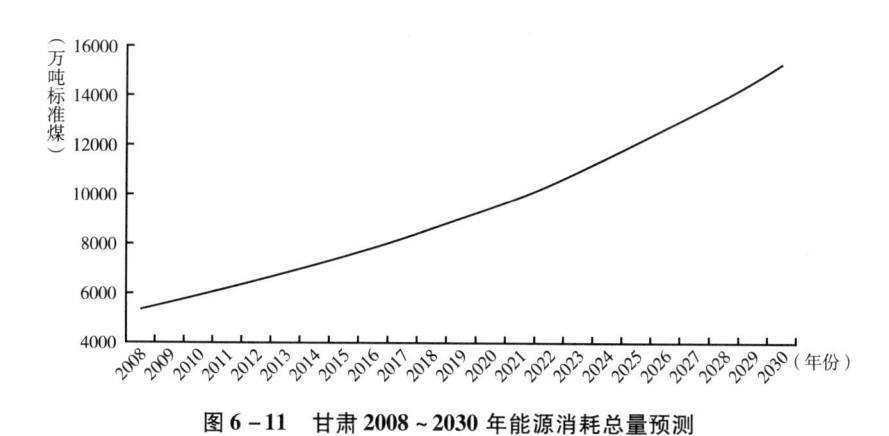

图6-11 甘肃2008~2030年能源消耗总量预测

方案2:通过分析1985~2007年甘肃省实际GDP与能源消耗总量之间的协整关系,建立以GDP为自变量的函数方程,进而根据2008~2030年的甘肃实际GDP增长的基准情景为依据,计算确定2008~2030年的能耗总量。

由于多数的宏观经济指标在时间序列上都是非平稳的，而当经济过程非平稳的时候，回归拟合系数在不同的时序条件下具有不同的分布，从而由变量间的统计关系来推断计量经济模型的形式，就会出现较大的偏差，导致出现伪回归现象（C. R. Nelson & C. I. Plosser，1982）。因此，本文采用"迪基·福勒检验（Augmented Dickey-Full，ADF）"方法对序列的平稳性进行检验。同时，为了消除原始数据的异方差性，对 GDP、能耗总量（Energy Consumption，EC）作对数处理，并分别用 LGDP 和 LEC 表示。检验结果见表 6 – 2。

表 6 – 2　ADF 检验结果

序　列	ADF 检验值	5% 显著水平	1% 显著水平	判断结论
LGDP	1.2492	– 3.0207	– 3.8085	非平稳
LEC	1.6508	– 3.0049	– 3.7696	非平稳
LGDP 一阶差分	0.7247	– 1.9614	– 2.6998	非平稳
LEC 一阶差分	– 1.6458	– 1.9581	– 2.6797	非平稳
LGDP 二阶差分	– 4.1833	– 1.9614	– 2.6998	平　稳
LEC 二阶差分	– 6.0410	– 1.9591	– 2.6857	平　稳

ADF 检验结果表明：LGDP 和 LEC 的水平序列和一阶差分序列是非平稳的，但它们的二阶差分序列在 1% 的显著性水平下呈现平稳状态，为二阶单整序列，满足协整检验前提。

在平稳性检验的基础上，运用 Johansen 协整检验方法对 LGDP 和 LEC 之间的协整关系进行检验，结果见表 6 – 3。

表 6 – 3　Johansen 协整检验结果

特征值	趋势统计值	5% 临界值	概率	协整数
0.6994	25.3910	15.4947	0.0011	没有*
0.1257	2.5515	3.8415	0.1103	至少一个

注：*代表 5% 的显著性水平下拒绝原假设。

检验结果表明：在5%的显著性水平下，LEC 和 LGDP 之间存在明显的协整关系。据此，建立如下回归方程：

$$LEC = 5.3575 + 0.4390 \times LGDP \quad (6.3)$$
$$(39.862) \quad (19.218)$$
$$R^2 = 0.945 \quad F = 369.237 \quad DW = 0.335$$

由于方程（6.3）的 DW 统计量仅为 0.335，说明其残差项存在序列自相关问题。通过在该回归方程中添加 AR（1）和 AR（2）项，得到如下广义差分回归方程：

$$LEC = 5.0542 + 0.4907 \times LGDP + 1.2219 \times AR(1) - 0.4103 \times AR(2) \quad (6.4)$$
$$(8.007) \quad (4.773) \quad (5.382) \quad (-1.567)$$
$$R^2 = 0.980 \quad F = 324.472 \quad DW = 2.025$$

方程（6.4）的 DW 统计量上升到 2.025，较好地消除了残差项的序列自相关，其解释变量、常数项、AR（1）和 AR（2）的 t 统计量也通过显著性检验。

根据方程（6.4）及甘肃的实际 GDP 增长情景（基准线情景），计算出甘肃 2008~2030 年间的能源消耗总量（图 6-12：方案 2）。

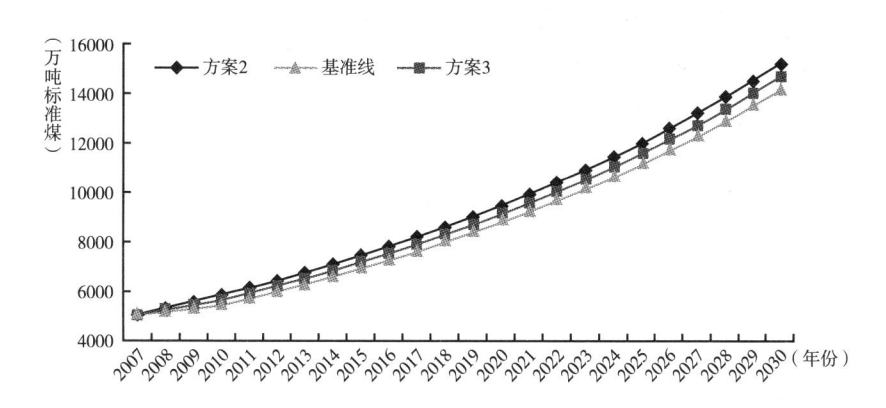

图 6-12 甘肃能源消耗总量预测与基准线情景

对比分析方案 1 与方案 2，我们发现方案 1 的预测结果要略高于方案 2，就其预测分析过程来讲，方案 1 是基于历史数据的线性模拟，而方案 2 则是建立在

GDP 增长基础上的协整函数模拟，二者各有其可取之处，因此，本研究采用方案 1 和方案 2 的均值，作为能源消耗总量的基准线情景（图 6-12：基准线）。

6.3.3.3 环境影响（CO_2 排放量）的基准线情景模拟

实际上，在有关社会经济或者能源的区域统计数据资料中，并没有 CO_2 排放量的直接统计指标，因此，需要对能源消耗总量进行分解分析，以计算和预测 CO_2 排放总量。目前，我们能够找寻到的可以用来计算 CO_2 排放量的主要依据是能源消耗总量（单位：标准煤）及该年份的能源消耗结构组成，因此，我们基于如下假设前提进行 CO_2 排放总量预测[1]：

（1）仅计算预测由于能源消耗引起的 CO_2 排放，不考虑其他因素导致的 CO_2 排放增加或者减少，或者因为区域政策和产业结构变动等引起的 CO_2 排放情景波动[2]。

（2）通过计算 2001~2007 年间的 CO_2 排放系数（吨标准煤的 CO_2 排放量，Emission Factory，ef）及其年均下降速率，并假设 2008~2030 年间能源消耗的 CO_2 排放系数的年均下降速率与在 2001~2007 期间的下降水平相同。

在区域能源消耗总量的统计数据中，不但包含了一次能源的投入量，也包含了电力（在甘肃主要是火电、水电、风电）等二次能源的投入量，因此，在 CO_2 排放系数计算中，必须建立区域能源消耗平衡示意图，以消除因为重复计算而带来的误差。

根据区域能源消耗的物质能量平衡（图 6-13），区域能源消耗种类主

---

[1] 显然，该假设并没有考虑到能源消耗结构变动等因素对于 CO_2 排放的影响，然而，这也是目前学界在 CO_2 排放预测中需要攻克的主要难题之一，目前尚无权威的模拟方法能够实现对系统的 CO_2 排放仿真模拟。

[2] 诸如由于植树造林等导致的 CO_2 吸收量增加，或由于畜牧养殖规模的迅速扩大引起的 CO_2 排放增加等因素。

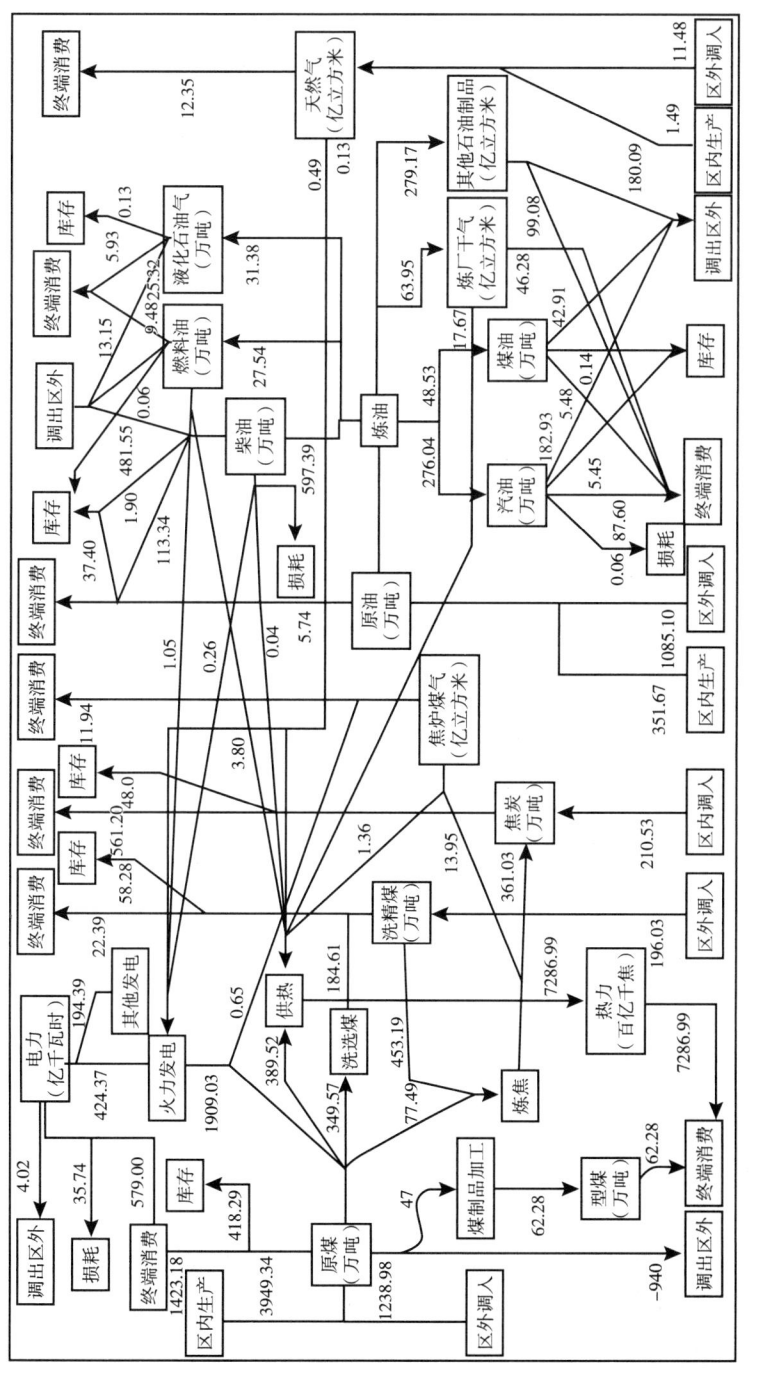

图 6-13 甘肃能源消耗平衡图（2007 年）

* 图中的线宽取决于该能源折合成"标准煤"后的数值。标准煤折合系数取自中国能源统计年鉴（2008）之"附录 4：各种能源折标准煤参考系数"。

由于"其他焦油产品"、"其他能源消耗"数值较小，本图中并没有予以列出，但是在随后的 CO_2 排放中给予了计算。

资料来源：甘肃统计年鉴（2008）；中国能源统计年鉴（2008）。

要有原煤、洗精煤、型煤、焦炭、焦炉煤气、原油、汽油、煤油、柴油、燃料油、液化石油气、炼厂干气、天然气、其他石油制品、其他焦化产品、热力、电力、以及其他能源等,并且各类能源之间存在加工转换等关系,然而,由于不同能源之间的加工转换其并不能改变 C 原子的形态,据此,可以根据 IPCC 的有关参考标准,只需计算源燃料的投入即可。

据图 6–13,基于物质和能量平衡的分析计算,可以将 CO_2 排放的燃料来源归结为原煤、洗精煤、焦炭、原油、天然气等,同时,须去除因为汽油、煤油、柴油、燃料油、液化石油气、炼厂干气、其他石油制品、其他焦化产品等能源调出区外或者库存而减少的 CO_2 排放。据此,根据 IPCC 的潜在排放系数和碳氧化率等计算区域能源消耗引起的 CO_2 排放(表 6–4)。

表 6–4 区域 CO_2 排放的分类计算与结果显示 *

能源分类	单位	源消耗量	潜在排放因子(tc/TJ)	碳氧化率(%)	平均低位发热量($MJ/t, km^3$)	CO_2 排放量 ** (tCO$_2$e)
		A	B	C	D	E
原煤	万吨	4257.93	25.80	100	20908	84217461
洗精煤	万吨	137.75	25.80	100	26344	3432926
型煤	万吨	0.00	26.60	100	20908	0
焦炭	万吨	152.53	29.20	100	28435	4643685
焦炉煤气	亿立方米	0.00	12.10	100	16726	0
其他煤气	亿立方米	0.00	12.10	100	5227	0
原油	万吨	1432.87	20.00	100	41816	43939054
汽油	万吨	-188.44	18.90	100	43070	-5624465
煤油	万吨	-43.05	19.60	100	43070	-1332526
柴油	万吨	-483.45	20.00	100	42652	-15272628
燃料油	万吨	-13.21	21.10	100	41816	-427365
液化石油气	万吨	-25.45	17.20	100	50179	-805396
炼厂干气	万吨	0.00	15.70	100	46055	0
其他石油制品	万吨	-180.09	20.00	100	38369	-5067240
其他焦化产品	万吨	-6.59	25.80	100	28435	-177268
天然气	亿立方米	12.97	15.30	100	38931	2832686
热力	百亿千焦	0.00	0.00	100	0.00	0

续表

能源分类	单位	源消耗量	潜在排放因子(tc/TJ)	碳氧化率(%)	平均低位发热量(MJ/t, km^3)	CO_2 排放量** (tCO_2e)
		A	B	C	D	E
电力	亿千瓦时	0.00	0.00	100	0.00	0
其他能源	万吨标煤	0.00	0.00	100	0.00	0
区域 CO_2 排放合计						110358925

* 潜在排放系数、碳氧化率、平均低位发热量来源为 "2006 IPCC Guidelines for National Greenhouse Gas Inventories（Volume 2：Energy）"。

** CO_2 排放量 = A × B × C × D × 44/12/10000（质量单位）或 E = A × B × C × D × 44/12/1000（体积单位）；该计算公式采自于中国清洁发展机制网（http：//cdm.ccchina.gov.cn）。

2007年，甘肃能源消耗总量为5109.29万吨标准煤，由此产生的区域 CO_2 排放总量为110358925吨，因此，2007年的甘肃吨标准煤的 CO_2 排放系数为2.160。

根据同样的分析过程，分别计算2001～2006年的吨标准煤 CO_2 排放系数，其平均排放系数为2.168（表6-5），年均下降速率（λ）为2.333%（图6-14）。

表6-5 区域历年能源消耗的 CO_2 排放系数（2001～2007）

年 份	2001	2002	2003	2004	2005	2006	2007
CO_2 排放系数	2.174	2.172	2.171	2.169	2.164	2.163	2.160

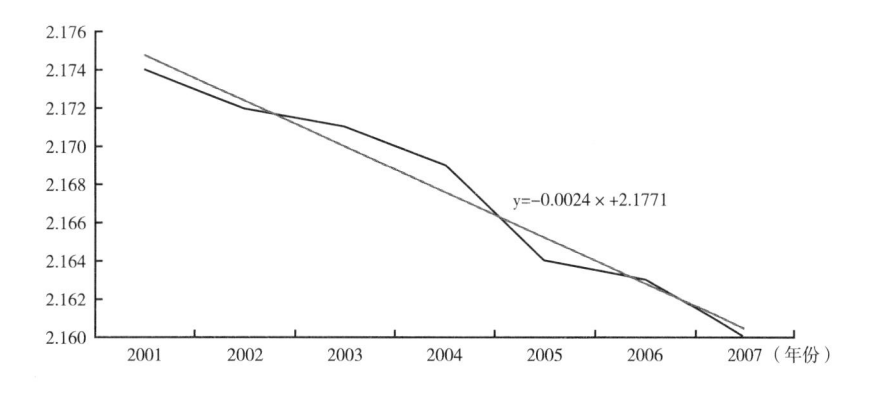

图6-14 区域历年能源消耗的 CO_2 排放系数下降水平（2001～2007）

因此，令：y 年的 CO_2 排放总量为 $CE(y)$，y 年的能源消耗总量为 EC_y，y 年的 CO_2 排放系数为 EF_y，CO_2 排放系数 EF 的年下降率为 λ，则 2008~2030 年间，区域能源消耗的 CO_2 排放总量的预测函数方程为：

$$EF(y) = EF(y_{-1}) \times (1 - \lambda) \qquad (6.5)$$

$$CE(y) = EC_y \times EF_y \qquad (6.6)$$

根据表 6-13，公式（6.5）、公式（6.6）及本节 3.2 中关于能源消耗总量的基准线情景，计算可得 2008~2030 年间的 CO_2 排放总量（图 6-15），其中，公式（6.5）中的 λ 取值 2.3333%。

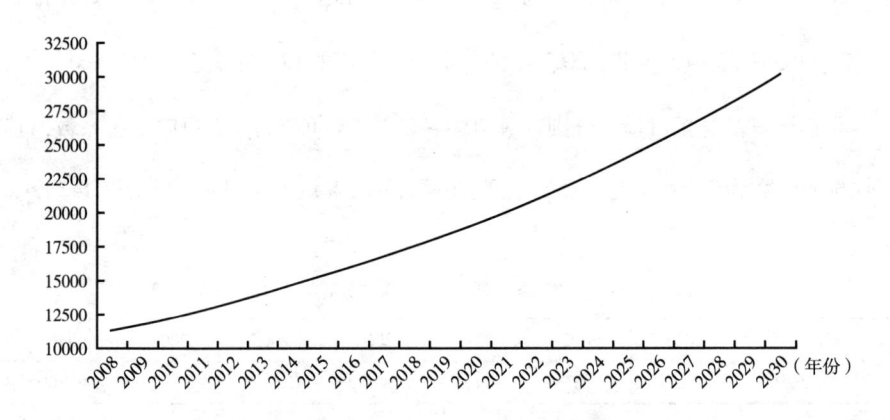

图 6-15 区域 CO_2 排放总量预测（2008~2030）

6.3.4 区域系统的耦度关系与解耦运行分析

6.3.4.1 耦度关系的发展趋势模拟

为了形象对比分析区域经济活动（实际 GDP），资源利用水平（能源消耗总量，EC），以及环境影响（CO_2 排放量，CE）的耦度关系，将上述三个变量 GDP，EC，CE 等做归一化处理（图 6-16）。

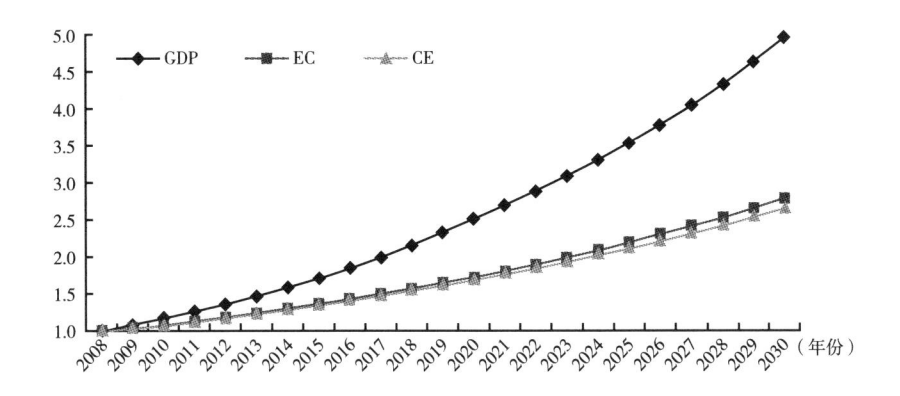

图 6–16　区域 GDP/EC/CE 的耦度关系示意图（2008～2030）

甘肃能源的实证分析表明，基于现有的社会经济活动组织方式及其发展趋势，区域经济活动（实际 GDP）和资源利用水平（能源消耗总量，EC）呈现出逐步"解耦"的特征，随着经济活动强度的增大，资源利用水平虽然有所上升，但是上升速度明显小于经济活动强度的增长速度，即资源生产率不断升高；环境影响（CO_2 排放量，CE）和资源利用之间关系，仍然呈现密切相关性，虽然测度区域经济活动和环境影响之间的生态经济效率有所提升，但是，就资源利用水平和环境影响关系而言，他们二者之间没有实现"解耦"，也就是说，如果维持现有的发展方式，区域的资源利用仍然对环境保持较大的胁迫，虽然其生产效率在不断提高。

该实证研究结果深刻表明：在区域的社会经济活动过程完善和重组中，"资源生产率"的单方面提升或者"资源生产率"和"生态效率"的同时提升，都不意味着循环经济发展目标的实现，这要求我们在区域循环经济系统的运行和随后的调控中，必须注意实现环境影响和资源利用的"解耦"，只有同时实现了经济活动、资源利用、环境影响之间的系统"解耦"，才能实现区域循环经济发展的目标愿景，也才能实现区域人类社会经济活动过程的完善和重组。

该案例的实证分析结果，对于目前的区域循环经济研究而言，是具有较为强烈的振聋发聩式的"预警"作用的，这是因为，目前关于循环经济的研究和实践，过于偏重追求"资源生产率"和"生态效率"的提升，而忽视了对于"环境影响"变动的系统分析。因此，从理论的角度来讲，本实证研究结果，在某种程度上对那些仅仅依据"生态效率"或者"资源生产率"来测度和衡量循环经济发展水平的研究结论提出了质疑，甚至是部分否定。

6.3.4.2 系统运行的解耦过程实现

基于前文结论，系统运行的"解耦"应当是区域经济活动、资源利用、环境影响之间的协调与同步"解耦"。在基于能源利用角度的案例研究中，我们发现，即使保持目前的技术水平与发展趋势，是可以实现"区域经济活动"与"资源利用"，以及"区域经济活动"与"环境影响"之间的逐步解耦的，但是没有实现"资源利用"与"环境影响"之间的解耦，因此，对于本案例，其主要目标是实现能源消耗（EC）和环境影响（CE）的"解耦"脱钩。根据前文的分析，我们很容易确定，该目标的实现必须满足如下双重前提条件：

（1）区域化石能源使用的减少。这是因为，表征能源消耗特定环境影响的 CO_2 排放主要来自于化石能源（煤、石油、天然气）的使用，因此，只有实现化石能源使用量的降低，才能实现其环境影响的持续下降，乃至负增长。

（2）区域能源供应的充分保障。能源是经济载体运行的动力来源，区域社会经济的持续发展不可能摆脱对于能源的依赖，因此，在追求环境影响下降的过程中，必须充分保障区域能源的供应水平。

基于上述约束条件，使得区域能源消耗（EC）和环境影响（CE）"解耦"过程的实现主要取决于对化石能源的替代，即，既要实现化石能源使用量的减少，也要保证区域能源的充足供应。很显然，要想实现该目标，其主要路径是

以 CO_2 零排放①（*CO_2 Zero Emission*）或者 CO_2 中性排放（*CO_2 Neutral Emission*）② 为特征的可再生能源的开发和使用。

在本章的第一节和第二节的分析中，本研究基本阐明了区域循环经济系统运行的基本载体及其作用机理，其主要载体是以企业为基本单元的产业生态网络和以个人（家庭）为基本单元的社区网络系统，据此，使得区域的能源消耗（EC）和环境影响（CE）的"解耦"目标的实现也应当是以产业生态网络和社区网络系统为载体。

在区域产业生态系统构建和社区网络系统设计中，应积极探索以建立可再生能源为主要目标导向的能源供应系统，而其"解耦"目标的实现主要有两条路径：①积极发展以风能、太阳能、水能为主的可再生能源，通过能源（电力）替代，实现 CO_2 等温室气体减排；②积极发展以生物质能为主的替代性能源，实现区域能源消耗的 CO_{2e} 中性排放。例如，在区域的产业生态系统中，可以探求建立以规模化沼电开发为主的能源供应系统，该系统不但可以帮助实现农业有机废弃物的资源化利用，也有助于实现对化石能源的替代和能源供应保障，同时实现了 CO_{2e} 的减量排放。

利用中国能源统计年鉴、甘肃统计年鉴、中国电力年鉴等，根据《京都议定书》下所确立的联合国清洁发展机制项目执行理事会（Executive Board of Clean Development Mechanism，CDM-EB）的计算要求，根据方法学 *ACM0002*，经计算，2007 年甘肃电网的 CO_{2e} 排放因子约为 0.841 t CO_{2e}/MWh③，该数

---

① CO_{2e} 是指在能源消耗过程中，产生的以 CO_2 为主要代表的温室气体，诸如 CH_4 等。
② CO_{2e} 中性排放是指不增加额外的温室气态排放。例如，利用玉米秸秆等生物资源生产的燃料乙醇，虽然在使用过程中向大气排放 CO_2 等温室气体，但是由于温室气体是来源于玉米等植物的光合作用过程，因为，使用该燃料乙醇，则为 CO_{2e} 中性排放。
③ 其中，2005~2007 年的电量边际排放因子的加权平均值为 1.1136；截至 2007 年的容量边际排放因子为 0.5689。因为篇幅的原因，本文不再详细描述其计算过程。

值意味着，每采用可再生能源发电 1 百万千瓦时，即可实现 CO_{2e} 减排 0.841 吨。

6.4 本章小结

本研究分别基于人类经济活动过程的视角和社会群体组织形式的视角，对区域循环经济系统的运行载体进行了系统识别，认为其载体主要由两部分组成，即，以企业为基本单元的产业生态网络和以个人（家庭）为基本单元的社区网络系统。本研究拓展了对于区域循环经济运行载体的认识，突破并修正了以往研究中仅将"企业"作为循环经济系统运行载体的局限性认识。

本研究紧紧围绕广义物质流管理方法，从物质流、能量流、信息流、资本流、价值流的角度对区域循环经济系统的运行机理进行了阐释和说明，在实现了将产业生态系统和社区网络系统在区域系统中对接的同时，建立有关函数方程，为系统调控奠定了基础。同时，本研究也指出了系统运行的主要目标，即实现"经济活动"、"资源利用"和"环境影响"的协调同步"解耦"。

本研究以甘肃为案例，以能源为分析对象，基于情景分析方法对其耦度关系进行了研究，并从系统运行载体的角度，探析了实现解耦过程的具体路径。实证研究的主要启示之一就是揭示了仅仅依据"生态效率"或者"资源生产率"来测度和衡量循环经济发展水平是比较片面的，在区域的社会经济活动过程完善和重组中，"资源生产率"的单方面提升或者"资源生产率"和"生态效率"的同时提升，都不意味着循环经济的实现，必须注意环境影响和资源利用的"解耦"。

在本章关于运行载体的理论研究中，我们特别提醒："社区之所以成为区域循环经济运行载体，其必要条件是具备社区的基本特征"，由此产生的疑问是：中国的社区是否具备这些基本特征？如果没有，又应该如何通过系统构建获得这些特征？在本章的研究中，笔者并没有直接回答这个问题，根据研究逻辑和论文框架的需要，将在本研究"第七章：区域循环经济发展的反馈机制"中予以回答和解释。

第 7 章　区域循环经济发展的反馈机制

区域循环经济系统,是通过模仿生态系统的运行规律,以高效的资源代谢过程、完整的系统耦合结构及整体、协同、循环、自生功能为目标的复合"社会-生态-经济"系统,然而,由于其自身并不具备自然生态系统般完整的反馈和自组织机制(徐玖平,2008),因此,在区域循环经济的发展过程中,必须补充和完善信息反馈机制,为区域循环经济的健康运行和优化调控奠定充分的基础。

　　本章的研究主要基于控制论和信息论的角度,探讨了在区域循环经济发展中建立反馈回路的理论依据及其属性特征,随后,本研究详细分析了以信息平台为核心的信息反馈机制的建立路径,旨在为区域循环经济发展过程的研究赋予必要且新鲜的元素,从而为包含驱动、规划、运行以及调控在内的区域循环经济的具体实践和理论研究提供指导和思考。

7.1 反馈原理与机制特征

7.1.1 反馈的基本原理

反馈的概念来自生物学，是指一个生命系统中的能影响该系统的连续活动与生产效率的反应（刘琦岩，1995）。当生态系统中某一成分发生变化的时候，它必然会引起其他成分出现一系列的相应变化，这些变化最终又反过来影响最初发生变化的那种成分，这个过程就叫反馈（维纳，1948）（图7-1）。一般而言，在生态系统中，自然存在着始端对末端的影响，有时候这种影响又会反作用于始端，因而形成反馈机制（回路）（夏锦文、徐佩，2006）。

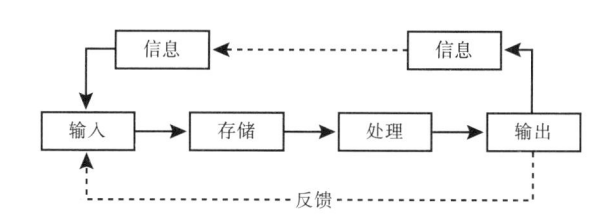

图7-1 反馈过程的基本示意图

随着控制论、信息论的深入研究，把反馈又分为两种：负反馈和正反馈。负反馈是比较常见的一种反馈，它的作用是能够使生态系统达到和保持平衡或稳态，负反馈的结果是抑制和削弱最初发生变化的那种成分所发生的变化。正反馈是比较少见的，其作用与负反馈相反，即生态系统中某一成分的变化所引起的其他一系列变化，不是抑制而是加速最初发生变化的成分所发生的变化，因此，正反馈的作用常常使生态系统远离平衡状态或稳态。

在一个生态系统中，任何一个物种的发展过程都受到某些限制因子或负反馈机制的制约作用，也得到某些利导因子或正反馈机制的促进作用。作为过程稳定的生态系统，这种正负反馈机制是相互平衡的，健全的生态系统就靠这种反馈机制实现自我调节以适应环境条件的变化。两种反馈对系统的存在和发展都是必不可少的机制，但不一定同时存在，虽然两者的功效是相反的。

反馈广泛渗透于社会、经济及工程等领域，是一种重要的思想和方法（维纳，1948）。作为控制论中最基本的概念，反馈是对复杂系统的一条基本的系统学原理；反馈现象无处不在，它在人类进步、社会发展和技术创新中起着不可或缺的重要作用（郭雷，2003）。

7.1.2 反馈机制的组成要素

虽然说，反馈的本质是一种信息的变换与传递过程，但在反馈机制研究中，其首要命题却是对于其组成要素的抽象识别。为此，我们通过引入中国古代哲学中的"五行"作为参考，对反馈机制的组成要素进行识别和简化归类。所谓"五行"，是指"金、木、水、火、土"。在道家思想中，"五行"存在着既相互联系又相互制约的调节反馈机制，即"我生我克，生我克我"。

从控制论而言，五行中的每一行都是控制系统，也都是被控对象。五行的生与克，实际上就是代表控制信号和反馈信号两个方面。五行中的每一行，皆可同时发出和接收相生和相克两种相反的控制信息，因而五行的反馈调节也表现为正反馈和负反馈两种形式。当某一行发出相生的信息，另一行接收到的也是相生信息，或某一行发出相克信息，另一行接收到的也是相克信息时，则反馈作用是加强的正反馈；当某一行发出的是相生信息，另一行接收到的是相克信息，或某一行发出的是相克信息，另一行接收到的是相生信息时，则反馈作用是减弱的负反馈。五行系统通过这种固有的内在联系和自我调节反馈机制，维系自身的协调和稳定（Lu HY，2009；张星平，2007）（图7-2）。

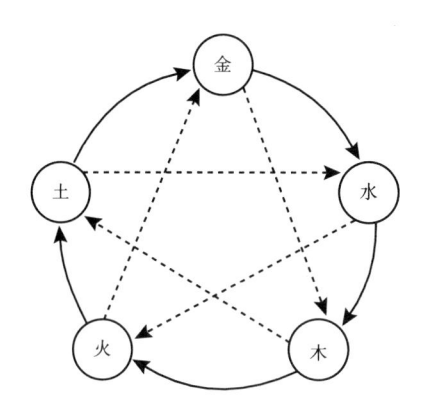

图7-2 道家五行暨相互作用关联图

在分析借鉴"五行"思想的基础上,本研究认为,反馈机制主要由对象(发出方和接收方)、媒介、内容等三个部分组成(图7-3)。

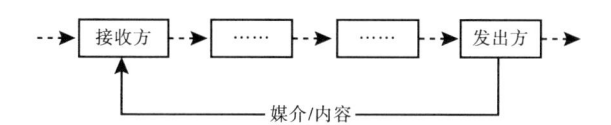

图7-3 反馈机制的组成要素示意图

反馈对象包含(反馈信息的)发出方和(反馈信息的)接收方,很显然,在复杂系统中,发出方同时也可以是接收方;作用媒介是指信息的传递载体与路径方向,这是因为,从哲学角度来看,信息并不是一种物质实体,它必须借助某种载体或者路径才能实现传递;内容是指发出方给予接收方的具体"指令",包含信息的具体内容以及信息量的大小,即熵值。维纳曾指出"信息量的概念从属于一个古典概念——熵,正如一个系统中的信息量是它的组织化的度量,一个系统的熵就是它的无组织程度的度量,这一个正好是那一个的负数"(维纳,1948),显然,信息是负熵。

根据耗散结构理论,熵是系统状态混乱程度的一种量度,熵越大,系统越混乱无序，低熵则意味着有序。对于区域社会经济系统而言，只有实现了或趋向低熵，系统才会趋向稳定和有序。很显然，引入或创造表现为"负熵"的信息，是实现社会经济系统"低熵"的重要路径，这也证明了信息对于社会经济发展的重要作用。

综上所述，我们可以将反馈机制简单定义为：表现为负熵的信息在系统反馈对象之间的传递与作用机理。毫无疑问，这种作用是一种矢量作用，即：信息的传递既有大小（信息量，即熵值），也有方向（从哪里发出，指向哪里）。

7.1.3 反馈机制的属性特征

从系统的角度来看，为了增加系统的有序性，系统和环境必须通过信息交换来减少无序性，从而达到稳定或其他特定目的，系统正是靠反馈机制来控制这一点（维纳，1948）。在区域循环经济系统中，反馈机制主要是通过信息流在系统元素间的传递和作用，实现对系统的充分认知，进而实现区域循环经济的发展目标。

和区域循环经济发展的驱动机制、规划机制、运行机制以及调控机制[①]不同的是，反馈机制在区域循环经济系统中具有双重性的特征和表现形式：一方面，从宏观的角度来讲，反馈机制可以作为独立的研究内容，与其他机制并列于区域循环经济的理论体系和具体实践中，它在驱动、规划、运行以及调控之间起到连接、纽带以及铺垫的作用；另一方面，从微观的角度来讲，在驱动机制、规划机制、运行机制、调控机制的内部也存在着不同形式的反馈作用，这个时候，反馈机制表现为上述四个机制的子系统组成。为了研究

---

① 关于"调控机制"的有关研究和详细论述，请参阅随后的第八章"区域循环经济发展的调控机制"部分。

方便，笔者将其分别命名为机制间反馈（际反馈）和机制内反馈（内反馈）（图7-4）。

```
         驱动机制
    ╱      │      ╲
规划机制 ─ 反馈机制 ─ 调控机制
    ╲      │      ╱
         运行机制
```

→------▶ 机制间反馈（际反馈）　　-----▶ 机制内反馈（内反馈）

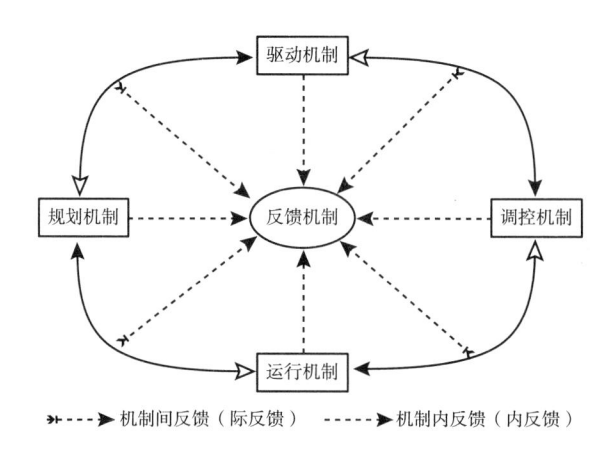

图7-4　反馈机制的属性特征及关联性

在区域循环经济系统中，由于其复杂性、开放性，以及数据的海量性等特点，导致系统内部的反馈作用机理非常复杂，无论是宏观层面的际反馈研究，还是微观层面的内反馈研究，在目前，笔者尚没有发现系统的研究成果，因此，可以说，关于区域循环经济反馈机制的研究，在一定程度上呈现空白状态。然而，通过模仿生态系统来完善和重组人类社会经济活动过程的循环经济，如果无视或者故意忽略对于反馈机制的认知和构建等方面的研究，不得不说是一种缺憾，这是因为：对于生态系统来讲，反馈机制是其实现自组织运行和自我调节优化的重要手段，没有反馈机制，生态系统就无法实现进化中的平衡；在系统中，要实现其目的，必须具有灵活的反馈机制，它决定了系统的行为、目的[①]和功能（维纳，1948）。

---

① 在维纳的定义中，行为是一个实体相对于它的环境作出的任何变化，目的是指趋向于目标的行为，一切有目的行为都是需要负反馈的行为，通过反馈机制达到系统的稳定的目的。

循环经济的实现过程，说到底是在市场经济体制下运行。在市场经济中，市场主体都具有自利性，商品生产或服务提供都遵循"成本最低，利润最大化"的原则，其他因素则是次要考虑的（李云燕，2007）。例如，以清洁生产为例，在清洁生产尚未全面推广和成为硬性要求的前提下，企业进行清洁生产，需要投入大量的环保设备，或采购绿色原材料，或使用清洁能源，这将比没有采取清洁生产的同行背上更多的负担，其生产成本也会高于同类产品的社会平均成本，从而偏离"成本最低"原则，导致"绿色产品"在竞争中处于劣势地位；另外，发展循环经济存在长期和短期利益矛盾，投资发展循环经济，恰恰可能在短期内见效慢，成本大，许多企业可能会为了短期盈利不愿加大对循环经济的投资，因此，针对上述现象的存在，有关行为主体（企业或者公众）需要将信息通过恰当的渠道，"反馈"到政府，使得政府对循环经济的"运行"作出优化"调控"，"规划"鼓励消费者（公众）购买绿色产品，"驱动"企业主动发展循环经济，激发企业将循环经济真正落实到生产中。另一方面，"反馈机制"的建立在促使生产者不断改善产品质量上具有重要的地位，在反馈中暴露出的产品质量问题将透过信息反馈系统不断传递到企业管理阶层，促使生产者加强管理、改进工艺；对于消费者，该机制可以引导他们安全消费并提高他们的环保意识；对于分解者，该机制的建立可以促使他们更快捷更完全地消除废弃物与污染物。因此，关于区域循环经济的反馈机制研究，不但理论意义重大，而且对于区域的具体实践都具有极强的指导意义。

在前文关于驱动机制、规划机制、运行机制，以及随后的调控机制研究中，笔者对于各机制内部的元素之间作用机理和过程进行了充分的阐述，虽然没有具体提及"反馈"，但是在研究中，对于"反馈"的表现形式与作用过程都给予了分析阐释和描述，诸如，在规划机制研究中，其规划过程中涉及的信息公开和座谈等，即为反馈的表现。基于此，本章对于内反馈不再做一一赘述。

由于区域循环经济的行为主体主要是政府、企业和公众，其运行载体主要是以企业为基本单元的产业生态网络和以个人（家庭）为基本单元的社区网络系统，因此，在际反馈中，不管是驱动机制、规划机制、运行机制，还是随后的调控机制，都是围绕上述行为主体、运行载体，以及特定目的之间展开的，因此，在本章的随后研究中，笔者主要围绕际反馈进行，探索区域循环经济发展反馈机制的设计和路径选择。

7.2 反馈机制设计与路径选择

早在60年代就有研究表明，反馈对于提高决策的性能具有重要作用（A. Chapanis，1964），然而这种作用是否能得到充分发挥，在很大程度上取决于反馈机制的设计（J. Jacoby，1964；D. Teeni，1991；周泓、冯允成，1997）。本节的研究主要从信息流角度，从反馈对象、反馈媒介和信息内容方面，对区域循环经济发展的反馈机制进行了设计和路径选择探讨。

7.2.1 反馈对象的界定

反馈的本质是一种信息的传递与作用，因此，在区域循环经济发展的反馈机制设计中，其首要命题就是对于反馈对象的认知。如果不能实现对于反馈对象的系统认知和界定，那么，其所建立的反馈机制就失去了理论基础、研究的意义和应用价值。

在前文的有关研究中，我们已经阐明，在区域循环经济系统中，其行为主体包含政府、企业、公众。其中，就企业的角色而言，可以划分为生产商、销售商、回收商等，企业之间通过产业共生等理念在自组织或者他组织下，构建成为区域产业生态系统（包含生产者、消费者、分解者和传输者），成为区域循环经济运行的主要载体之一；就公众的角色而言，它不但包含企业产品的消费者，也包含提供智力支持的技术单位，同时，在社会公众中，由个人（或家庭）组成的社区及其网络成为区域循环经济运行的另一主要载体。

反馈机制的主要目的是实现对于区域循环经济系统发展的认知，这种认知不但包含在特定时刻的认知，也包含对历史过程的理解和未来趋势的预测，为随后的系统运行调控和优化奠定基础。因此，在本研究中，笔者将反馈对象初步界定为区域循环经济系统的行为主体，即：政府、企业、公众。

在反馈信息发出方与接收方的具体界定上，即使是在完全市场经济条件下，区域循环经济系统的运行与发展都离不开政府这只"看得见的手"对其的引导和调控[1]，同时，作为以提供完善的社会公共服务和社会福利为重要职能的政府，是区域政策指令的主要发出者，基于上述考虑，本研究将政府界定为信息反馈的接收方，而把其发出的信息纳入"调控机制"的研究范畴，在随后的第八章中予以详细研究和论述。对于企业和公众，则既可以是反馈信息接收方也可以是反馈信息发出方，具有双重身份。因此，区域循环经济发展中的信息反馈方式主要有："企业↔企业"、"企业↔技术单位"、"企业→政府"、"公众↔公众"，以及"公众→政府/企业"等五种方式。其中，"公众↔公众"的信息反馈方式在运行机制部分中已经予以了较为详细的阐释，本节也不再赘述。

---

[1] 虽然有学者认为，在市场经济条件下，循环经济的一切活动都应当按照市场的原则予以组织运行，笔者对此持谨慎的保留态度。这是因为，循环经济的活动组织形式及其目的与市场经济下的传统活动有着关键性的不同：前者是以生态、社会效益为核心目标导向，旨在帮助实现人类社会经济活动过程的完善和重组，经济效益并非其唯一决定因素；而后者则是在"经济人"的假设前提下，主要追求经济效益的最大化，在这种情况下，它可以忽略其活动过程对于生态乃至社会的影响，循环经济理念的产生恰恰是对这种情况的隐射与说明。

(1) 企业↔企业。循环经济的工作重点之一是构建产业生态系统（或生态工业园区），即通过企业间的物质流、能量流、信息流，利用不同企业的原料、产品、副产物乃至所排放废弃物间的相互联系、相互作用，形成中间产品和废弃物循环利用、能量梯级利用的仿生态网络。显然，在产业生态系统构建中，企业间信息传递是至关重要的。企业群落的节点企业之间物质和能量的循环和集成利用，必须以了解彼此供求信息为前提，这些信息包括区域内有害及无害废物的组成、资源的环境兼容性、能源的可再生性、产品生命周期的能耗、废弃物的流向等资源信息，相关生态链上产业（包括虚拟园区的辐射产业）的生产信息、市场发展信息、技术信息、法律法规信息、人才信息、相关工业生态其他领域的信息等[①]。

(2) 企业↔技术单位。企业与技术单位之间的反馈信息内容主要包含清洁生产工艺，产品的面向环境设计（Design for Environment，DfE），以及市场需求预测等，该信息反馈的主要目的是寻求消除"实验室产品"和"商业化产品"之间的期望误差。企业是区域循环经济的直接实践者之一，而技术单位则是循环经济发展的重要支持和推动者，由于二者之间信息反馈机制的不完善，诸如信息量的不对称（i.e.：企业隐瞒废弃物排放量、废弃物的具体组成等信息），反馈渠道的不完善（i.e.：企业和技术单位之间缺少沟通平台，或者现有的信息沟通成本太高），使得在区域循环经济的现实发展中，出现企业和技术单位相互脱离的情景，阻碍了区域循环经济的发展。

---

① 根据笔者在参与循环经济课题中实践调研的经验总结，以及有关学者的研究结果表明（刘远彬、左玉辉、周晶，2004；王丽萍、王春、朱玉丽，2006）：在现实情况中，出于自身利益的考虑，大多数企业通常会将废弃物特征的信息"隐藏"起来，夸大自己废弃物的回收利用价值，使得以废弃物为原料的"分解者"企业在获取废弃物信息的质量、及时性、全面性上处于劣势，不能掌握其他单位废弃物的完全信息，而只能根据对整个市场的粗略估计确定其支持价格，从而导致判断错误。这种"信息"反馈的不对称，使得该类型企业获取"原料"的成本增加，经济收益减少，影响其发展循环经济的积极性。

(3) 企业→政府。企业与政府之间的信息反馈有两种类型，一是主动式，即企业主动将信息反馈给政府，进而提出有关政策请求，例如要求政府通过减免税收等形式对其活动过程予以补贴；二是被动式，即根据政府的有关指令，提供反馈信息（诸如经济普查、污染物调查等），这是因为由于自身利益驱动，产生废弃物的企业主观上不存在遵循信息披露规则的动机，客观上会采取选择性地发布信息的谋略，对其自认为不利于企业的相关信息进行封锁，这种封锁又常常导致公共悲剧的产生[①]。然而，无论是主动式还是被动式，其本质都是为了加强对企业以及以其为基本单元的区域产业系统的认知，以制定出台有关政策指令，促进区域循环经济发展目标的实现。

(4) 公众→政府/企业。循环经济是一项涉及自然、经济、社会各个领域，生产、流通、消费各个环节以及区域、产业、企业各个方面的系统工程。因此发展循环经济必须要依靠全社会公众的广泛参与，因此，来自于公众的信息反馈是区域循环经济发展目标实现的重要依赖，也是检验区域循环经济发展目标是否最终实现的核心标准。在"公众→政府/企业"的反馈方式中，其核心是公众的知情权（Right-to-Know），即在法律的明确保障之下，公众需要通过合适的信息渠道，从政府和企业等获取充分的循环经济信息，进而转化为自身的行动或者社区的群体行动，实现反馈回路的构建。

7.2.2 反馈媒介的构建

在区域循环经济发展中，对于反馈对象之间信息流的处理和利用水平决定着整个反馈机制的运作水平。因此，在明确了反馈对象与反馈方式的前提下，

[①] 发生于 2006 年 9 月的"甘肃徽县铅中毒"事件是典型的证明案例：污染源徽县有色金属冶炼公司隐瞒其经济活动过程对区域水源和土壤污染的信息，导致区域内至少 368 人的血铅超标，其中 14 岁以下儿童 334 人。

区域循环经济发展中的反馈机制设计面临的第二个命题即为：反馈媒介的构建。

在区域循环经济系统的反馈媒介构建中，应满足如下前提：

（1）能够反映区域循环经济发展中涌现的海量信息，包括即时信息和历史信息；

（2）反馈对象对于信息的获取应当是低成本的、易达的、充分的。

基于前文的研究结论，笔者将区域循环经济信息定义为"能够直接或间接表征区域自然资源、生态环境、社会、经济等内容的有关数量、质量、分布、联系和规律等方面的数据、文字、图形、语言等信息的总称"。在现代社会经济生活中，信息传递的方式主要有现代的网络通信技术、传统的平面媒体，以及对象之间的"面对面交流"[①]。毫无疑问，在信息的海量存储上与传递速率上，现代网络通信要远远优于传统的平面媒体；但在信息的传递对象和普及程度上，平面媒体仍然具有不可替代的作用；而对象之间的面对面交流在信息完整度和真实度的捕捉、诊断，以及作用效果上，具有无可比拟的优势。因此，区域循环经济发展中的反馈媒介，应当同时考虑上述三种方式来构建，将其命名为：区域循环经济信息交流平台。

区域循环经济信息交流平台是指利用计算机、网络和通信等现代信息技术，辅以传统媒体，并在考虑"对象间直接交流"的前提下，构筑的一个虚拟与现实相结合的、开放的信息交流平台网络，通过对区域循环经济活动的相关信息进行采集、分类、筛选、储存、分析、评价、发布、管理和控制，为区域循环经济发展提供基础支撑信息，满足政府、企业、公众对信息的需求，实现

---

① 本研究对于"面对面交流"的界定，仅仅是指在现实世界中双方不借助任何通信技术而发生的直接交流方式。基于视频等现代通信网络技术而发生的交流方式不属于本研究中提及的"面对面交流"范畴。

反馈对象之间信息流的高效处理和利用。

区域循环经济信息交流平台的构建是一个复杂的系统工程（董雷、刘凯，2007）。基于反馈对象的角度，将区域循环经济信息交流平台划分为如下4个子平台，即共用信息交流平台（简称：共用平台），政府信息交流平台（简称：政府平台）、企业信息交流平台（简称：企业平台）、公众信息交流平台（简称：公众平台）（图7-5）。

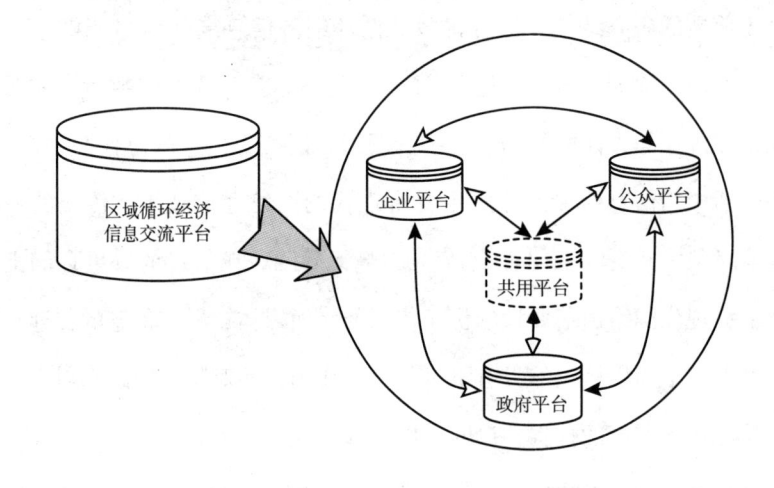

图7-5　区域循环经济信息平台的框架结构

共用信息交流平台（图7-6）是区域信息平台建设的基础，共用平台向反馈对象提供公用信息查询和后台支持服务，区域内其他信息交流平台共同对它提供信息支持。共用平台主要基于现代通信网络技术而构建，具有信息综合度高和数据处理量大等特点，其主要载体为 Web 网站和数据库。Web 网站的主要内容应至少包含但不局限于如下模块：①区域循环经济信息的公开与讨论（BBS 讨论系统）；②与政府平台、企业平台、公众平台的网络链接或地址显示；③区域循环经济有关的基础数据查询。数据库的内容主要包含：①区域资源环境信息；②区域社会经济数据；③主要图件资料。

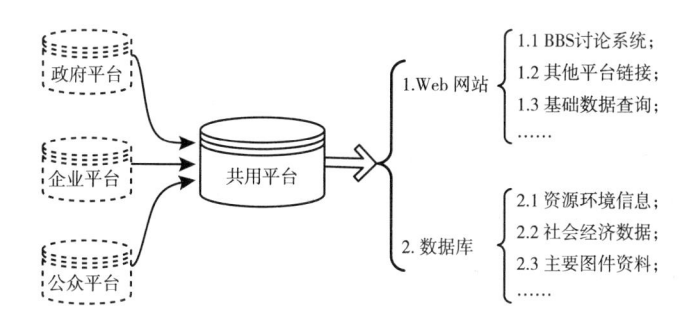

图 7-6 共用信息交流平台构建示意

政府信息交流平台的构建主要针对"公众/企业→政府"的反馈方式，它的主要作用是在对企业和公众反馈信息的收集、分类、处理、诊断的基础上，通过政策指令的形式"调控"区域循环经济系统的运行。同时，政府平台也为相关政府职能部门之间的信息集成管理和交互提供网络空间。因此，政府平台的构建应当至少包含信息发布系统、信息处理系统，以及信息存储系统等三个部分，它的主要载体形式是 Web 网站和专家系统（图 7-7）。

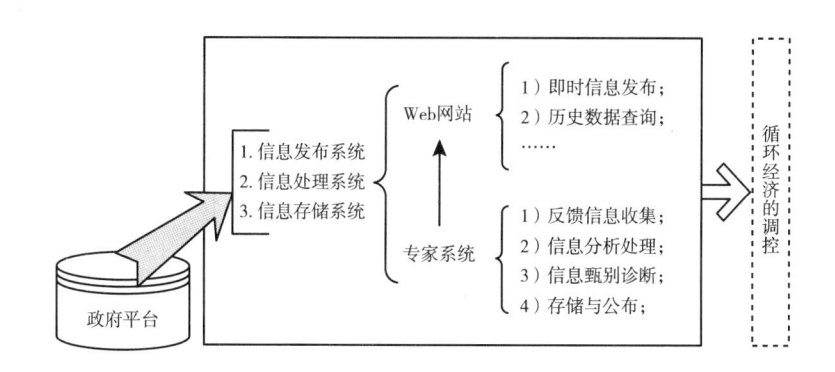

图 7-7 政府信息交流平台构建示意

信息发布系统主要基于 Web 网站而构建，同时辅以传统媒体，它的主要功能是即时发布政府的有关政策指令，并提供若干年限内的有关政策数据查询功能。信息处理系统和信息存储系统主要基于专家系统（数据库）而构建，它的主要功能是承担来自企业和公众的反馈信息收集、分析处理、甄别诊断，以及关于信息处理过程和结果的存储，并将其提供给信息发布系统，通过Web网站或传统媒体予以公布。专家系统是政府平台的核心和关键组件，专家系统的信息甄别诊断结果，是对区域循环经济发展进行"调控"的主体依据。

企业信息交流平台主要针对"企业↔企业"、"公众/技术单位↔企业"等反馈方式而构建，它的主要作用是帮助企业公开或者获取包含区域废弃物特征及潜在价值、市场准入条件、循环经济技术、招商引资项目等信息，从而使企业能够实现事前的调节，强化了信息传递功能。企业平台主要依托现代通信网络技术进行构建，其主要表现形式有两种，一种是面向企业的终端平台，一种是由若干企业终端平台以及有关附属信息共同组成的产业信息网络系统（或园区信息网）（图7-8）。

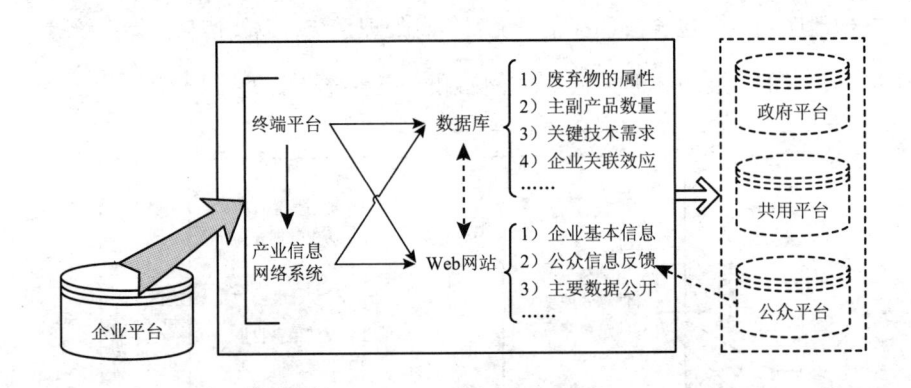

图7-8 企业信息交流平台构建示意

企业平台的主要载体是数据库和Web网站，其中，数据库的主要功能是对区域企业（或产业、园区）的产业类别、废弃物属性、主副产品数量、关键技术需求等信息进行收集、分析、处理、存储，以及再输出，并通过Web网站予以发布。在企业平台的Web网站中，其主要功能不但包含企业基本信息和有关数据的公布，也应该提供端口和平台让公众对其经济活动过程和产品给予反馈信息,因此,企业平台所提供的功能覆盖了公众平台的部分范畴。来自企业信息平台的信息反馈结果,不但作用于企业自身的再组织过程,也通过政府平台、共用平台等作用于区域内的有关行为主体。

公众平台的构建目标,不但要求能够充分实现社会公众对于政府和企业的信息反馈,更要求实现社会公众内部的信息沟通与充分反馈。公众信息交流平台的构建与政府平台、企业平台相比,具有其较为独特的特征。因此,不管是"公众→政府/企业"的反馈,还是"公众↔公众"的反馈,公众信息交流平台的构建都应同时围绕现代通信网络技术、传统媒介,以及"面对面的交流"而进行。

在"公众→政府/企业"的反馈方式下,基于现代通信网络技术和传统媒介的"公众平台"主要通过在"共用平台"、"政府平台"、"企业平台"中嵌入特定的模块来实现,例如,共用平台下基于 Web 的 BBS 讨论系统,政府平台下的基于 Web 或专家数据库的信息收集系统,以及企业平台下的基于数据库的关键技术需求和基于 Web 的公众信息反馈等模块。对于"面对面交流"而言,政府主要通过信访接待等方式构建信息反馈平台,而企业主要通过邀请公众进行参观等方式进行;然而,不管是对于政府的信访接待,还是企业的邀请参观,他们都有各自的制度体系和规范标准,因此,本研究对此部分不予分析论述。

在"公众↔公众"的反馈方式下,信息交流平台的构建应主要围绕"社区"来进行①。在公众信息平台构建中,"社区"的内涵不但包含现实意义上的现实居住社区,也包含现代通信网络技术下的虚拟社区概念。在虚拟社区中,它的组成人群具有开放性,既有可能是因为出于对某一事物或者事件的关

---

① 有关论述,请参阅本书第六章"区域循环经济系统的运行机制"中的社区分析部分。

注而组成,也有可能是现实社区在网络平台上的"映像复制"①,然而,不管组成人群的特征是什么,虚拟社区都可以通过在"共用平台"中嵌入特定技术模块来实现。

现实社区中的公众信息交流平台如何构建?

面向社区的公众信息交流平台构建,如果依托现代通信网络技术,其平台载体主要是基于 Web 的虚拟社区(现实社区在网络上的映像复制)和较为简单的数据库系统,该平台载体的构建可以通过借鉴企业平台的构建过程来实现。

基于"面对面的交流"的信息平台如何构建?为什么要特别强调构建"面对面的交流"的信息平台?在回答这个问题之前,我们不妨简要回顾一下中西方社区的发展历程及其特征:

在中国,1949 年新中国成立后,曾经在农村推行土地改革、农村合作事业,直至走向人民公社制度;在城市则建立一种"国家为权威来源、单位为统治形式"的高度组织化的社会经济体制(李景峰、李金宝,2004)。在 20 世纪 60 年代和 70 年代,由于单位制和户籍处于主要地位,单位吞没了社区,在许多地方已经不存在严格意义上的社区;单位,这种本为生产共同体的组织承担了太多本应由纯粹的社区来承担的事情,单位的多元化功能也造成了单位制下居民社会关系的单一和淡薄(李涵,2006),导致了"单位人"的产生。

1986 年,为了配合城市经济体制改革和社会保障制度建设,国家民政部

---

① 这种映像复制,即现实社区的居民在网络上设立虚拟社区,并通过网络进行彼此交流和讨论,似乎成为未来一种重要的发展趋势。笔者注意到一个很有趣的现象,就是:住房制度改革以来,个人购买商品房成为主流,越来越多的来自不同"单位"的但是购买同一房源的消费者会在网络上组成虚拟社区,对于未来的居住区(社区)的生态、人文环境进行讨论,并往往形成集体决定。虽然目前尚没有研究成果,也没有足够的证据表明这种虚拟社区在信息反馈上的能量作用,但也许可以说明:个人的社会性越来越明显,群体之间的信息交流是形成群体意识的核心路径。

就倡导在城市基层开展以民政对象为服务主体的"社区服务",首次将"社区"这一概念引入了城市管理;1991年,国家民政部又提出了"社区建设"这一概念,并在全国各个城市中广泛地开展了社区建设活动;2000年11月,中共中央办公厅和国务院办公厅正式转发了《民政部关于在全国推进城市社区建设的意见》,标志着我国过去的"单位办社会"模式已经为"社会办社会"的模式所取代,即原先由"单位"所承担的许多社会事业和职能现在正在逐步地交由市场和社会来承担,而像社会保障、社会服务等功能势必越来越多地由"单位"向社区转移(李景峰、李金宝,2004)。"单位制"的逐步解体,"单位人"被重新推向社会,变回为个体的"社会人",在这种情景下,基于社会群体情感意识,使得个体的社会人越来越趋向于社区认同、被社区吸引,促使人们为了社区中某个或者某些共同的利益去完成人与人、人与社区的互动(李涵,2006;Ding Yuanzhu,2008)。

而在西方社会,中世纪以来,西方社会历经城市、城市国家、城市联盟、民族国家的发展历程,实现了"逃亡农奴(其中主要是商人和手工业者)→自由民→城市市民→现代公民"的演变,推动了现代城市社区的形成。中世纪特殊的政治经济制度、基督教文化、古希腊和古罗马思想文化遗产和商业文明等多种因素综合作用,构成了当代西方城市社区独特的精神气质(黄杰,2002)。

实际上,社区的概念也正是由西方传入中国,然而,对比中西方的社区特征,我们可以发现,实际上,中国的社区发展仅处于初级阶段,并不完全具备我们在前文(第六章)中所提及的社区内涵特征,特别是在群体意识塑造和集体协作行动方面。然而,从另一个角度来讲,也许这正证明了构建公众信息交流平台的重要性及其意义所在,这是因为:面向社区的公众信息交流平台的构建,就是期望通过建立公众之间的信息反馈渠道,实现群体意识的提升和趋同，为区域循环经济的运行提供载体和能力支撑。

在西方的社区发展过程中，有一个非常关键的角色，那就是教会，教会在社区的形成与发展中起了重要的整合作用①。至今，教会在西方国家的城市社区中仍然具有举足轻重的地位，发挥着独特和重要的作用。社区和教区往往是一致的，或者说教堂也往往是社区活动中心，社区许多重要的活动大都在教堂进行，社区居民在这里相互交流、诊疗创伤、婚丧嫁娶等等，使得教堂成为增强社区凝聚力的重要舞台。教会实际上成了社区文化的灵魂，在西方，没有教堂的社区和不进教堂的市民都是难以想象的（黄杰，2002）。因此，我们可以说，西方社区中的"教会"，对于社区群体意识的形成起到了非常重要的作用，并且，从信息交流的角度来讲，社区中的"教堂"提供了社区居民"面对面交流"的平台。

西方社区的发展历程，给予我们的重要启示是："面对面的交流"的信息反馈，是提升社区群体意识属性的重要路径，而这种交流应依托社区的设施来实现。对此，本研究认为：在区域循环经济的反馈机制中，"公众↔公众"反馈方式下面向社区的"面对面交流"的信息交流平台构建，主要依托社区的公共服务设施来进行，这意味着，在区域循环经济的发展中，政府和社区应加强社区公共服务设施建设，诸如社区活动中心、社区居民俱乐部等，通过社区公共服务设施建设，提升社区居民的归属感和群体意识，才能促使其成为区域循环经济发展的运行载体，并最终全面实现区域循环经济的发展目标。

综上所述，公众信息交流平台的构建，主要包含如下组件：基于 Web 网站的"虚拟社区"，该组件可以通过技术手段嵌入政府平台、企业平台，以及

---

① 中世纪，基督教成为西方封建社会的精神支柱，教会不但拥有对其领地的行政权和司法权（如征税、制定法律甚至货币等），也是唯一的学术研究中心；随后，基督教文明逐步与西方文明融为一体，成为主导西方社会政治文化过程的重要因素（黄杰，2002）。

共用平台中；现实社区中的数据库系统，主要包含社区规模、社区环境等信息，为区域循环经济的运行和调控提供决策信息支持；基于"面对面交流"理念而建设的公共设施，诸如社区活动中心、社区俱乐部等，这些设施平台是区域循环经济信息交流平台的重要组成，也是社区循环经济发展中的主要支撑和保障（图 7-9）。

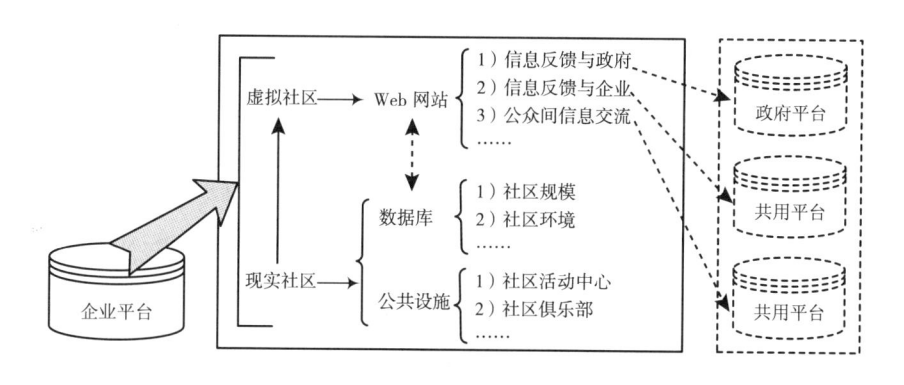

图 7-9　公众信息交流平台构建示意

需要说明的是，区域循环经济信息交流平台下的四个子平台，即政府平台、企业平台、公众平台和共用平台，并非是完全独立的关系，而是相互嵌入与补充。本研究对区域循环经济信息交流平台的构建，主要目的在于提供一种关于反馈机制的系统解决方案参考，即：在区域循环经济的发展中，并不一定需要分别建立上述四个独立的子平台，而只是要求能够根据区域特点，在其信息平台构建中能够反映上述所论及的四个子平台的有关内容。

7.2.3　信息内容预设计

在前两节中，我们先后界定了反馈对象，构建了反馈媒介，至此，在区域循环经济发展的反馈机制设计中，我们面临的最后一个命题是：信息内容的预设计。

所谓信息内容预设计，就是在反馈对象之间预先规划设定的最低限度的信息交换内容，这种预先设定源于反馈对象对于信息内容的期望以及对其不确定性的预先控制。进行信息内容预设计的目的在于降低信息的不确定性，提升信息的处理效率；如果不对信息内容进行预设计，反馈对象之间的信息交换将有可能趋于无序或者海量，进而增加信息处理和诊断的难度，影响区域循环经济发展目标的实现，因此，只有实现了对于信息内容的具体预设计，反馈机制才能趋向完善，并在区域循环经济发展中发挥其解释、描述、监测、评价和预警的综合功能作用。

在信息内容预设计中，主要通过寻找和归类能够反映和揭示区域循环经济发展过程与水平的有关指标体系来进行，并通过指标体系将循环经济各方面的有关信息由一种简单易懂的方式表达出来。在前文（第二章、第三章）的研究中，我们已经说明地域性是区域循环经济的主要特点，在实际操作中，需要根据区域的地理位置、自然条件、资源禀赋等条件建立不同的具体指标体系，因此，本研究建立的评价指标体系主要体现区域循环经济的一般特点，旨在提出进行信息内容预设计的工作思路与理论参考。

在现有的循环经济评价指标体系研究中，较为普遍的思路是将其划分为不同的层次，进而基于不同的层次列出若干具体指标，例如：冯艳飞（2006）将之分为资源、环境、经济社会三个子系统，然后从一、二级指标展开，其中一级指标包括资源减量投入、资源回收和再利用、污染减量排放、生态环境质量、经济社会综合发展水平5方面，二级指标含有人口、GDP等37个具体指标；宋汉卿（2007）在其硕士论文中用3个层次（目标层、准则层、指标层）、6个子模块（经济增长指数、科技进步指数、资源消耗指数、废弃物排放指数、资源利用效率指数、资源循环利用指数）及36个指标来构建循环经济评价指标体系；曹小琳（2008）运用树型指标体系，该体系是由1个目标层、5个控制层（资源消耗、环境污染、资源循环利用、环境保护、经济发展子系统）、27个指标层组成；王紫薇（2008）在"驱动力—压力—状态—响应"（DPSR）框架下，采用主成分分析法和Delphi法构建了含有31个具体指标的循环经济评价指标体系；国家发展和改革委员会、原国家环保总局、国家统计局联合编制的循环经济评价指标体系（2005），则从宏观和工业园区两个层面上入手，从资源产出、资源消耗、资源综合利用、再生资源回收利用（园区层面无该项指标）和废物排放5个方面，分别规定了22个和14个循环经济评价指标，用于对全社会和各地以及工业园区发展循环经济状况进行总体的定量判断。这些关于指标体系的研究，为解释、描述、评价、监测和预警区域循环经济的发展，作出了积极的贡献。

然而，问题在于，信息反馈机制设计，其直接目的之一就是能够获取和区域循环经济发展有关的有效原始信息，以为后期的信息处理等提供基础性的计算依据，而现有的评价指标体系，基本上都是采用了二次指标[①]，即在多个元数据或者二次数据间的计算基础上而获得的。例如，在国家发改委等联合编制的循环经济评价指标体系（国家发展和改革委等，2005）中："矿产资源产出率"是指国内生产总值的比值与主要矿产资源物量消耗（7.1）；"单位国内生产总值能耗"指每产出万元国内生产总值所消耗的能源（7.2）；"单位工业增加值能耗"指工业生产创造每万元增加值所消耗的能源（7.3），其计算公式分别为：

$$主要矿产资源产出率 = \frac{国内生产总值(亿元不变价)}{主要矿产资源消费总量(万吨)} \quad (7.1)$$

$$单位国内生产总值能耗 = \frac{能源消费总量(吨标准煤)}{国内生产总值(万元,不变价)} \quad (7.2)$$

---

① 关于元指标、二次指标等相关概念研究成果，于2009年6月发表。鹿晨昱、陈兴鹏、薛冰：《可持续发展评价中元指标的判定与拓展研究》，统计与决策（CSSCI），2009，6。

$$\text{单位工业增加值能耗} = \frac{\text{工业能源消费总量(吨标准煤)}}{\text{工业增加值(万元,不变价)}} \tag{7.3}$$

通过对比，我们可以发现，在式（7.1）和式（7.2）中，均使用了"国内生产总值"这一统计指标，而式（7.2）和式（7.3）中，"工业能源消耗总量"只是区域"能源消耗总量"的一个组成部分。因此，上述三个指标之间其实存在着一定的关联性，并且都是通过对原始信息进行加工计算而获得的，然而，如果在反馈机制的信息内容预设计中，仍然采用这种思想和指标体系，无疑会增加信息的不确定性和再加工的复杂度。

从另一方面而言，部分评价指标体系将人口发展、绿色GDP等纳入评价范围，在某种程度上将循环经济予以泛化，赋予循环经济万能的表象（石磊、张天柱，2006），另外，对于所谓绿色GDP而言，它本身就是一个建立在对众多元数据加工分析基础上获得的，而且更像是一种学术研究成果，并非具有普遍性的实践价值和参考标准。

综上所述，在信息反馈机制中，为了降低信息的海量性，提升信息收集的可操作性、信息准确性和可加工性，本研究基于前文的研究结论，特别是围绕区域循环经济的运行目标（第六章），在参考现有研究成果的基础上，基于"最低限度"的原则，从经济活动强度、资源利用水平，以及环境特定影响三方面，通过层次分析法，进行了反馈机制中的信息内容预设计（表7-1）。

和现有评价指标体系相比，本内容预设计具有如下特点：①信息收集的明确性，即通过信息交流平台，发出明确的反馈信息要求，尽量避免了因为不清晰或者模糊引起的信息误差。②信息的元数据性，即以"量"代替"率"，为数据的二次使用和加工，以及信息的对比提供了最直接的统计依据。③紧紧围绕反馈机制设计，较为清晰地明确了信息反馈对象，为在各信息平台中嵌入相关统计分析模块指明了方向。

表 7-1 信息内容预设计指标体系

目标层	准则层		指标层	主要面向对象
反馈信息内容预设计	经济活动强度	经济产出	A1. GDP	政府
			A2. 人均收入	政府、公众
			A3. 分类产值	政府、企业
			A4. 主副产品量及类别	企业
		发展潜力	A5. 技术储备（人才和研发）	政府、企业
			A6. 环保投入趋势	政府、企业
			A7. 资源储备量	政府、企业
			A8. ISO 等质量认证	企业
			A9. 未来规划定位（规模等）	政府、企业、社区
	资源利用水平	一次性资源投入	B1. 原料投入量及类别	政府、企业
			B2. 能源消耗量及类别	政府、企业、社区
			B3. 土地资源使用及类别	政府、企业、社区
			B4. 水资源消耗量及类别	政府、企业、社区
		资源化（废弃物）投入	B5. 固体废弃物综合利用量	企业、社区
			B6. 尾气回收利用量	企业
			B7. 中水循环利用量	企业、社区
			B8. 回收能等投入使用量	企业
			B9. 生物质能综合利用量	企业、社区
	环境特定影响	废弃物产生与处理量	C1. 污水产生与处理量	企业、社区
			C2. 生活垃圾产生与处理量	社区
			C3. 废气产生与处理量	企业
			C4. 固废产生与处理量	企业（含医院等）
		废弃物排放量	C5. CO_2e 排放量	企业、社区
			C6. SO_2 排放量	企业
			C7. COD 排放量	企业
			C8. 固废排放量	企业、社区
			C9. 废水排放量	企业、社区

很显然，本研究中的信息内容设计并没有具体明确关于面向社区的信息交流平台的信息预设计内容，这是因为公众信息交流具有随机性和复杂的不确定性，本研究无法也不可能对其信息交流内容进行预设计。

另外，需要说明的是，废弃物排放量是指未经无害化等处理而直接排放到自然中的废弃物量；处理量是指经由无害化处理后排入或者储存起来的废弃物量；产生量是指在生产过程中产生的废弃物量；而资源化量则指被综合利用的废弃物量，即：

$$废弃物产生量 = 排放量 + 处理量 + 资源化量 \qquad (7.4)$$

7.3 本章小节

本研究基于生物学中的反馈概念，阐释了反馈机制的基本原理及其概念，认为反馈机制是指表现为负熵的信息在系统反馈对象之间的传递与作用机理，这种作用是一种矢量作用，既表现为有大小（信息量，即熵值），也有方向（从哪里发出，指向哪里）。

反馈机制的系统组成包含反馈对象，反馈媒介以及信息内容等三个部分。在区域循环经济发展中，反馈机制的表现形式分别为机制间反馈（际反馈）和机制内反馈（内反馈），反馈机制的作用在于为区域循环经济的发展提供解释、描述、监测、评价和预警功能。

本研究根据反馈机制的系统组成，对区域循环经济发展中的反馈机制进行了理论设计，分别界定了反馈对象，构建了反馈媒介，预设计了信息内容。基于前文的研究过程和结论，笔者将政府、企业、公众界定为反馈对象；分别构建了包含共用平台、政府平台、企业平台、公众平台在内的区域循环经济信息交流平台；从经济活动强度、资源利用水平、环境特定影响的目标角度，基于元数据统计和最低限度原则，分层次设计了涵盖27个具体指标的信息内容。

第8章 区域循环经济发展的调控机制

为什么要强调区域循环经济发展中的调控机制研究？

在前文的系列分析和理论体系构建中，我们先后研究了区域循环经济发展的驱动机制、规划机制、运行机制以及反馈机制，并通过案例研究进行了定性和定量相结合的解释和证明，然而，我们必须要特别强调一点：区域层面的循环经济，其重要特质就是"理念"向"行动"的转变，即在具体地域上的操作与实践，如果不能将循环经济理念在具体区域上予以实践，或者脱离了实践，或者无法指导实践，就无法谈及区域循环经济发展目标的实现，不可能实现人类社会经济活动过程的完善和重组，而其所谓的理论体系构建也就失去了根本的意义所在。也许，这正如深层生态学创始人纳斯所呼吁的，在这种问题上，我们需要"行动"！

本论文中关于区域循环经济发展机制的理论体系构建，都是紧紧围绕"行动"这一关键导向而进行的，其目标就是致力于实现抽象化的理论和具体化的实践之间的完美结合，从而能够指导区域循环经济的实践发展。显然，在"行动"过程中，"调控"是其不可或缺的核心环节，不管是驱动、规划、运行还是反馈，都离不开"调控"，区域循环经济的发展，其重要保障手段就是调控。

本章的研究主要是从理论推演和实践应用的角度入手，对区域循环经济发展中的调控机制进行理论阐释，其主要目的是期望建立一种具有实践应用价值的检验模型，用以制定、检验，以及评判关于区域循环经济发展的调控措施。

8.1 调控机理及形态

8.1.1 调控机理

在区域循环经济发展中，所谓调控，就是指建立在信息反馈的基础上，通过某种手段，引导区域物质流、能量流、价值流、资本流和信息流的矢量改变，优化区域资源配置，实现对区域循环经济发展系统的优化调整和控制，最终实现区域循环经济发展的既定目标。调控的结果既有可能是对现有系统的局部完善，也有可能是对系统的本质改变，即实现由系统 a 到系统 b 的转变。

根据控制论的有关思想，我们可以说，在区域循环经济发展中，调控的基础是信息，一切信息传递都是为了调控，进而任何调控又都有赖于信息反馈来实现，据此，笔者建立了调控的作用机理的一般分析模型（图 8-1）。

一般来说，调控的作用机理主要由四个部分组成，即主体决策、调控指令、调控对象，以及调控目标。在调控的作用机理中，主体决策根据来自于系统内外的信息反馈，确定本系统的调控目标，并通过发出调控指令的形式，对调控对象的功能和性质等进行局部改善或本质扭转，进而实现既定的调控目

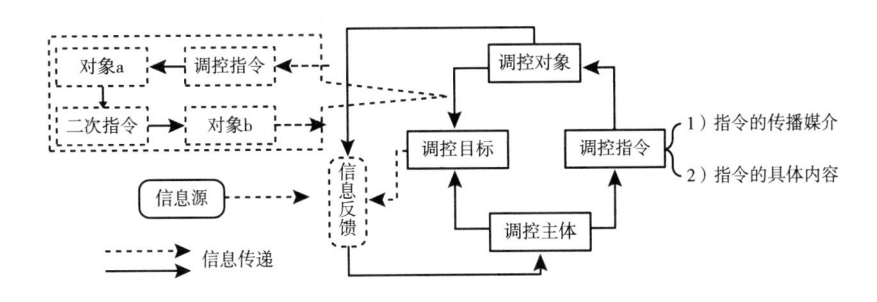

图 8-1　调控的作用机理的一般分析模型

标。调控指令又包含：①指令的传播媒介，②指令的具体内容等两个方面。在社会经济生活中，由于系统的多层次性或者多结构性，使得调控在不同的对象间通过信息传递逐级实现，因此，调控对象也有可能发出二次指令，进而使得其具备双重角色（图 8-1 中的对象 a，调控指令→对象 a→二次指令→对象 b）。在这种情况下，我们将调控主体分别逐级定义为第一主体，第二主体（如：对象 a），等。

8.1.2　调控的形态划分

在前文的研究中，我们已经阐明，信息反馈贯穿于区域循环经济发展的始终，因此，显然，调控也应贯穿于区域循环经济发展的全过程。在区域循环经济发展机制的理论体系构建中，如果我们假设驱动机制作为第一出发点，即将驱动作为整个区域循环经济系统发展的源动力，那么，根据调控的具体形态及其作用时段，我们可以将调控具体划分为四种类型：事前调控、事后调控、即时调控、全程调控（图 8-2）。

事前调控主要是针对规划机制而言，它是指通过规划，实现关于区域循环经济未来发展的预调控；即时调控主要针对区域循环经济的运行机制而言，它是指针对系统运行中出现的有关"冲突"，即时发布指令，以保障系统的健康

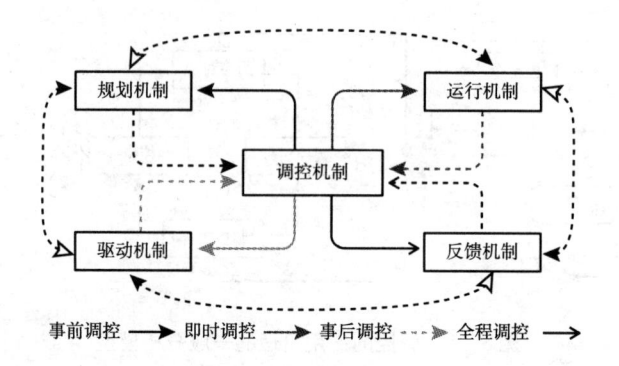

```
         ┌─────────┐          ┌─────────┐
         │ 规划机制 │          │ 运行机制 │
         └─────────┘          └─────────┘
                    ┌─────────┐
                    │ 调控机制 │
                    └─────────┘
         ┌─────────┐          ┌─────────┐
         │ 驱动机制 │          │ 反馈机制 │
         └─────────┘          └─────────┘

事前调控 ──→ 即时调控 ──→ 事后调控 ┄┄→ 全程调控 ──→
```

图 8-2　区域循环经济发展的调控形态

运行；事后调控主要针对驱动机制而言，即在区域循环经济发展的过程中，通过改变驱动力的来源与传递过程，实现区域系统发展目标的局部调整或者本质改变；而全程调控主要针对反馈机制而言，即根据反馈信息，将调控贯穿于循环经济全过程，对其区域循环经济系统进行全时段的调整和控制。

实际上，就逻辑关联而言，事前调控、事后调控、即时调控体现于全过程调控之中，这恰恰是由反馈机制和调控机制在区域循环经济发展中的特殊性决定的。反馈机制和调控机制，都是基于信息流实现作用传递，而区域循环经济发展中的驱动、规划，以及运行，都离不开信息的交流与沟通，因此，从理论研究和实践应用的角度来讲，区域循环经济发展中的反馈机制和调控机制研究具有一定的特殊性，即它们既可以作为独立的研究范畴，又可以将之贯彻于驱动机制、规划机制、运行机制的研究内容。但是，无论从基于何种角度，都不应该忽略对其的研究。

8.1.3　调控的第一主体确定

为什么要确定调控的第一主体？

这是因为，前文关于调控机理的一般分析模型表明，调控的动力源于决策主体，并通过指令作用于调控对象，实现调控目标。在区域循环经济发展中，其行为主体主要包含政府、企业、公众等，但由于区域社会经济的层级性，因此，在区域循环经济发展调控机制的模型构建中，其首要问题就是关于调控第一主体的确定。

在传统的经济学理论中，市场扮演了资源配置的基础角色，发挥着调控的重要作用（齐建国，2004），然而，问题在于，在传统经济增长方式下推行循环经济，即使是有较发达的市场经济，由于涉及资源、生态、环境等天然具有公共品、外部性、信息不对称等问题，市场机制的功能发挥受到很大制约，市场不会在循环经济中自发形成（杨雪锋，2006）。

实际上，在循环经济发展中，政府的主要作用在于通过恰当的制度安排，使经济主体的经济活动受到设定的资源限量与生态环境阈值的限制，而市场的力量在于如何在这种限制下更有效地利用资源和生态环境。政府若能够以合理的制度安排建立环境资源的产权，将环境资源要素纳入生产要素，将环境资源成本计入生产成本，那么经济主体将会自觉地在生产和消费过程中根据"成本－效益"的原则来贯彻实施循环经济的"3R"方针，使环境资源得到合理利用（李云燕，2006；杨雪锋，2006）。从另外一个角度来讲，齐建国（2004），杨雪锋（2006），李云燕（2006），李赶顺（2008）等经济学家，先后从市场的角度对循环经济进行了卓有成效的研究，同时，由于笔者在关于"市场机制"方面的知识缺陷等因素的限制，本文排除了将企业作为调控第一主体的研究可能，对基于市场角度的调控机制研究不再论述。

就公众的角度而言，在区域循环经济的发展中，公众的更多作用是表现为对于政府和企业的呼吁和抗议，以及自身的具体行动等，同时，在社会经济生活中，公众一般不具备发出"调控指令"的权力，因此，公众不具备成为调控第一主体的研究可能。

综上所述，在本研究中，我们将政府确定为调控的第一主体，即调控指令的源发出方。作为调控第一主体的政府，在循环经济发展机制中，应成为促进循环经济发展的责任主体，发挥主导作用，通过制定规划、提供制度、绩效评估、信息服务、技术研发，以及循环经济意识形态建设等，引导和规范其他调控主体（企业、公众），来共同推动区域循环经济的发展（图8-3）。

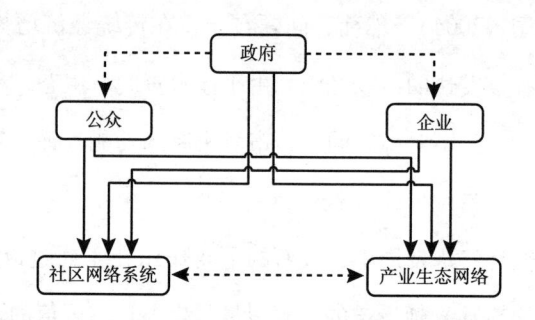

图8-3 以政府为第一主体的调控示意图

例如，一般说来，在对企业的参与责任意识培养上，政府主要借助两种途径：一是采取行政和法律规范的办法，使企业明确发展循环经济是自己义不容辞的社会责任；二是政策的激励，如直接投资、贷款贴息、税收优惠等，使企业把资源循环利用和环境保护纳入总体的创新、开发和经营战略中，在生产经营的各个环节采取相应的技术和管理措施，实施清洁生产，引导有利于循环经济的消费和市场行为，结合科技界开展科学研究，开发新技术、新工艺、新装备和新产品。在对公众参与意识培养上，主要是加强对公众的宣传教育，大力倡导绿色消费，使公众改变传统的消费观念和生活方式，树立与环境相协调的价值观，自觉自愿地选择有利于环境的生活方式和绿色消费方式，使各产业、各个社区之间形成能量和物流的多层次交换网络，走上整体良性循环的轨道。

企业作为产业生态网络的构建者和社区网络体系的物质供给者，其对它们的调控主要表现在：一是不仅承担对产品生产过程中所排放的废弃物进行循环利用的第一位责任,而且在其产品被使用之后,依然负有对制品进行物质循环的管理责任。二是研发清洁生产技术,从源头消减、全过程控制废弃物的产生。因此,企业应加大科学研究,开发清洁生产技术,建立产业间的循环利用链。三是改变经营和管理理念,实行生态管理和绿色营销,为社会提供环境友好型产品。

公众作为产业体系网络中的消费者和作为社区体系网络中的组成元素,其对二者的调节主要表现在:一是购买绿色产品,消费者购买绿色产品是推动循环经济发展的根本动力,购买包装简单或没有包装的产品,以尽量减少垃圾产生,而且在购买绿色产品时自带购物袋,以减少白色污染。二是参与垃圾分类和回收,各家庭将垃圾分类后丢放,这些分类后的垃圾再由专门部门回收循环利用。

8.2 模型构建与检验

在社会经济的发展中,关于调控机制的研究应该是一个涉及政治经济学、制度经济学、组织行为学等诸多学科在内的综合交叉学科,而其内部的作用机理与作用过程,毫无疑问地呈现出复杂纷繁的局面。本节关于区域循环经济发展的应用检验模型构建研究,主要是从过去的实践经验总结和调查研究中的感受着手,完善目前学界关于区域循环经济的调控研究方面的不足,提出一个新的思路,为区域循环经济的实践提供参考和借鉴。

8.2.1 模块组成

在前文中,我们已经确定了政府作为区域循环经济发展调控的第一主体,因此,本节关于调控机制的应用检验模型构建主要是从政府指令的角度出发,这样做的意义在于：①能够简化调控机制的模型构建难度和复杂度，增加模型的可理解度；②能够使得构建的模型具有较强的操作性，符合中国区域循环经济发展的现实情况。

在目前关于区域循环经济发展调控的研究中，我们无可讳言的是，其研究成果在可操作性和具体实践指导上，仍然具有较大的提升空间。例如，在关于循环经济研究的系列成果中，我们可以发现其关于保障措施的研究结论基本上是从"立法保障"、"市场调节"、"激励机制"等方面进行战略层面的宏观调控，而在区域层次上，则需要具体的具有可操作性的调控措施（指令），这也是区域循环经济发展的重要特质之一。

本研究基于上述考虑，本着"具有普遍的应用价值"的目标导向，构建了区域循环经济发展调控的应用检验模型。所谓普遍应用价值，就是指该模型不但可以帮助有关决策主体发出具有最大可能效益的调控指令，也可以从第三方的角度对涉及区域循环经济发展的具体保障措施和政策建议进行价值检验，例如：在区域循环经济发展中，规划是一种较为典型的事前调控手段，而规划中关于保障措施的具体内容，是实现既定规划目标的重要手段；因此，本研究所建立的检验模型，应该能够帮助有关行为主体对规划文本中的保障措施进行价值检验，其目的在于尽量提升保障措施的针对性和可操作性。

本研究构建的应用检验模型包含两个模块，分别为主体模块和拓展模块（图 8-4）。

主体模块主要是对调控的内部检验，包含 5 个组成部分，分别为：（A1）调控的目标设定；（A2）指令的具体内容；（A3）指令的发出对象；（A4）指令的传播媒介；（A5）指令的接收对象。

拓展模块主要针对调控的外部检验，包含 2 个组成部分，分别为：（B1）指令的发出权限，即指令的发出方是否具有权限发出该项指令；（B2）指令的社

```
应用检验模型 ┬ A.主体模块 ┬ A1.调控的目标设定
            │            ├ A2.指令的具体内容
            │            ├ A3.指令的发出对象
            │            ├ A4.指令的传播媒介
            │            └ A5.指令的接收对象
            └ B.拓展模块 ┬ B1.指令的发出权限
                         └ B2.指令的社会成本
```

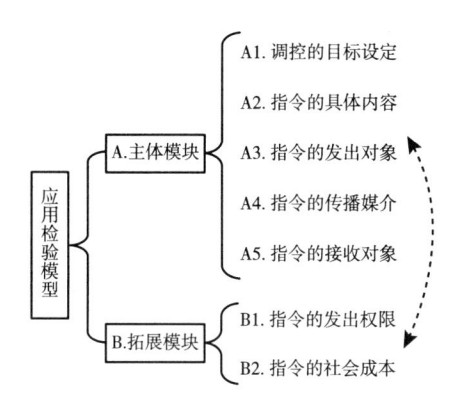

图 8-4　区域循环经济发展调控的应用检验模块

会成本，即调控指令的发出对于区域社会经济发展的综合影响，特别是对公众和企业。

8.2.2　检验模型

根据区域循环经济发展调控的应用检验模块识别，构建了区域循环经济发展调控的一般应用检验模型，并对其检验过程进行了简要说明（图 8-5）。

在该模型中，P0，P1，P2，P3，P4，P5，P6 等表示一般情况下的检验步骤。所谓一般检验模型，是指在一般情况下的检验过程。实际上，在某些情况下，该检验过程并非完全都是从 P0 开始，也有可能出现跳跃检验情景，例如从 P3 开始等。

P0 表示关于调控目标的科学性检验。一般来说，在区域循环经济发展中，其调控目标设定主要受到两个方面的因素影响，一个是外界的硬性要求和软性约束，二是区域内部的自我期望。无论如何，其调控的目标设定都应是建立在信息反馈基础之上，并取决于区域行为主体对于特定对象（诸如区域循环经济发展的驱动力转变、某一时期内的规划蓝图、运行系统的完善等）未来发

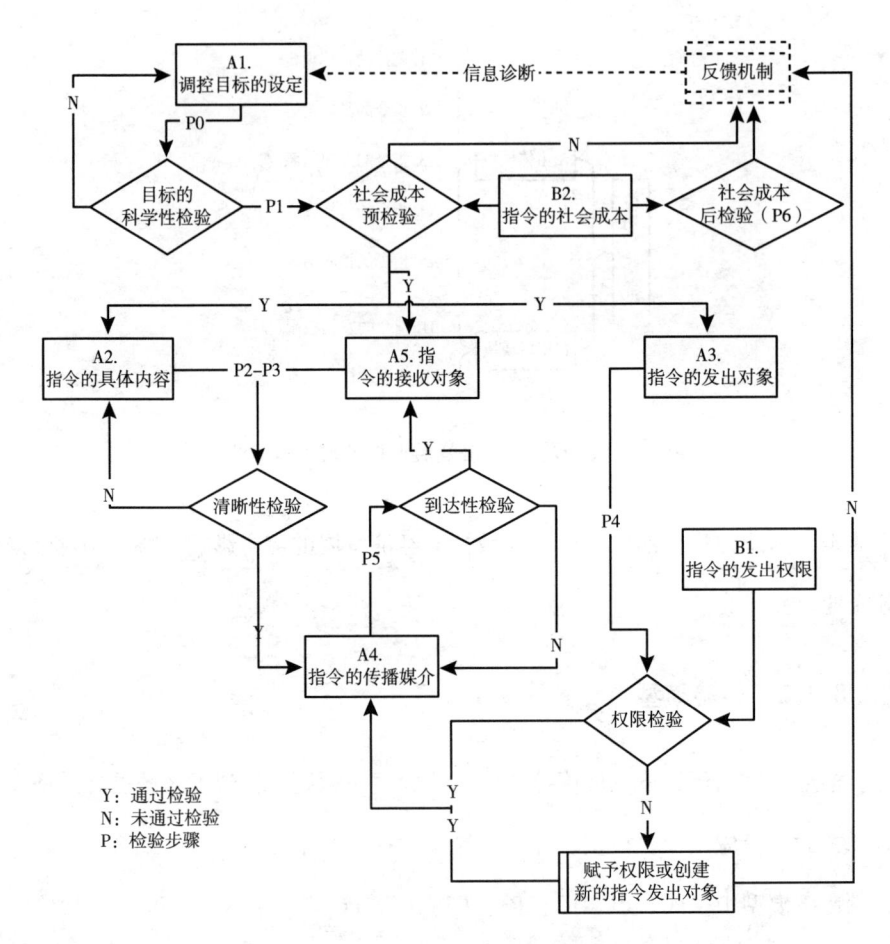

图 8-5　一般应用检验模型及其检验过程

展趋势的科学理解和恰当期待。关于调控目标的检验手段应当基于第三方评估或系统内部的自我评估，并将评估结果通过有关的信息平台予以公布。如果通过该检验，则进入"社会成本预检验（P1）"；如果不能通过，则返回调控目标的设定，并进行重新设定，直到通过 P0 检验为止。

P1 表示关于社会成本的预检验。所谓社会成本预检验，就是充分评估该调控指令的发出对于区域"社会-经济-生态"系统以及其他区域系统的潜在负面影响，这种影响可能是短期的，也有可能是长期的。即，如果调控指令最终是失败的，将会对区域系统或者其他区域系统产生何种影响。如果某项调控指令的社会成本过高，则应当放弃该项调控指令的发出，或者调整调控指令的内容。进行 P1 检验的主要目的在于降低调控指令的潜在风险，为制定应急计划提供参考。如果通过 P1 检验，则进入 P2－P4 检验。

P2、P3 分别表示对于指令的具体内容和指令的接收对象的清晰性检验。在现实的区域循环经济发展中，P2 和 P3 检验是极重要的，该项检验的目的在于确认调控指令可理解性、可接收性，以及接收对象的明确性。诚如我们一再强调的，在区域循环经济发展中，其重要特质就是要求将理念转化为行动，因此，清晰的指令内容和明确的接收对象，是实现这种转变的关键手段。P2 和 P3 的检验，主要依据建立在信息反馈基础上的经验总结和专家系统解读。

P4 表示对于指令发出对象的权限检验，其目的在于确认指令发出对象是否具备发出该项指令的实际权限。如果通过检验，即指令的预发出对象具有权限，则通过指令的传播媒介进行指令发布；如果没有通过检验，则需要赋予该对象的发出权限，或者通过创建新的指令发出对象，使其具备该项指令的发出权限。P4 检验是区域循环经济发展中应得到较为常用的检验过程，例如，在区域循环经济的规划中，常常需要跨部门协调和组建产业生态网络，在一般情况下，并没有某一行政部门具备该项权限，因此，常常需要通过创设"领导小组"或通过"权限合并（即将分散多个部门的权力转移合并到某一部门)"的方式，使其通过 P4 检验。

P5 表示指令传播媒介的到达性检验，即，要确保调控指令在信息量不减少的情境下清晰地传达到指令的接收对象。对于 P5 的实际检验，主要通过对于指令接收对象的问卷调查等方式而获得，即通过调研接收对象的一般信息获取媒介，通过对比等方式，确定拟用的调控指令的信息传播媒介的可达性。如果通过 P5 检验，则可以基于该媒介进行信息发布；否则，需要返回并重新建立传播媒介。在区域循环经济发展中，指令的传播媒介可以通过借助信息交流平台来实现，这也从侧面证明了区域循环经济发展信息交流平台建设的重要性和必要性。

P6 表示调控指令的社会成本后评估。所谓后评估，就是指在调控指令发出并被接收对象完全执行后，其对区域社会经济生态系统的综合影响评估。和 P1 检验不同的是，P6 检验的主要目的在于为系统评价该项调控指令提供参考，并为指令的后续发布以及后续指令的预评估提供决策参考。P6 的检验没有是否通过的问题，其主要依据决策追踪支持系统来实现。在现今区域循环经济发展机制中，关于 P6，即调控指令的社会成本后评估问题，仍然呈现一定的空白，这主要是由于：①关于指令的后评估问题并没有引起专家学者乃至政府官员的足够重视。②指令的后评估常常会涉及某些行为主体，特别是指令的发出对象的诸多利益，由此导致了后评估研究和实际应用的缺失。因此，在现实中，P6 的实现仍然还有很长的路要走，然而，这条路即使很长，却仍然要走，这是因为，区域循环经济的发展目标实现，不仅仅是某一行为主体的单方面问题，而且是区域整体共同期待的愿景。

需要再一次强调的是，在实际的区域循环经济发展中，P0~P6 的检验过程，并无绝对的起始关系，即，对于调控指令的检验评估，可以从任何一步开始。

8.3 本章小结

本研究认为，区域循环经济发展的调控作用机理主要由四个部分组成，即主体决策、调控指令、调控对象，以及调控目标。主体决策根据来自于系统内外的信息反馈，确定本系统的调控目标，并通过发出调控指令的形式，对调控对象的功能和性质等进行局部改善或本质扭转，进而实现既定的调控目标。

在调控的具体形态方面，主要分为事前调控、事后调控、即时调控、全程调控。事前调控主要是针对规划机制而言；即时调控主要针对区域循环经济的运行机制而言；事后调控主要针对驱动机制而言；而全程调控主要针对反馈机制而言，即根据反馈信息，将调控贯穿于循环经济全过程，对其区域循环经济系统进行全时段的调整和控制。

本研究认为：区域循环经济发展的调控模块组成包含主体模块和拓展模块。主体模块包含：（A1）调控的目标设定；（A2）指令的具体内容；（A3）指令的发出对象；（A4）指令的传播媒介；（A5）指令的接收对象。拓展模块主要包含：（B1）指令的发出权限；（B2）指令的社会成本。需要特别说明的是，拓展模块的设立是本研究的一个重要创新尝试，有助于提升对于区域循环经济的调控机制的认识。

本研究构建了区域循环经济发展调控的一般应用检验模型，并从调控目标的科学性检验（P0）、调控指令的社会成本的预检验（P1）、指令的具体内容和指令的接收对象的清晰性检验（P2、P3）、指令发出对象的权限检验（P4）、指令传播媒介的到达性检验（P5）、调控指令的社会成本后评估（P6）等方面提出和阐释了检验过程。

第 9 章　主要结论和研究展望

9.1　主要结论

本研究在对循环经济理论发展脉络的系统梳理和丰富的实践经验总结基础上,对区域循环经济发展机制的有关问题进行了较为深入的系统研究,回答了本文绪论(第一章)中提出的三个基本问题,尝试构建了关于区域循环经济发展机制的理论研究体系,现将本研究的主要结论简述如下:

9.1.1　关于循环经济的特征及其发展脉络

循环经济理念的产生,是源于人类对于工业革命以来生态危机的反省和认识,卡尔逊《寂静的春天》的出版以及现代环境保护运动为循环经济理念产生提供了温床。循环经济理念的产生早于产业生态学、清洁生产、乃至可持续发展。在西方社会,产业生态学、清洁生产、可持续发展是相对独立于循环经济的一门科学或者理论，而循环经济本身并没有得到在中国般的重视；从哲学思想来讲，深层生态学理念的产生，并成为绿党成立的理论基础，这对于德国等循环经济的发展起到了不可磨灭的作用，更是在某种程度使得循环经济有机会被中国所注意。

在中国，循环经济被赋予了鲜明的中国元素，即，中国循环经济的研究内容涵盖了产业生态、清洁生产等诸多学科；在研究方法上，呈现出物质流分析管理、能值分析、生态效率等百花齐放的局面；在政策层次上，体现出高强度、高密度的政治推动特性。中国循环经济实践历程也说明，区域将是中国循环经济发展的主要载体，只有实现区域循环经济的良性发展，才能实现国家既定的循环经济发展目标，但遗憾的是，目前的中国区域循环经济发展机制问题尚未有系统的理论体系。

9.1.2 区域循环经济发展机制的理论体系

区域循环经济是指在一定的空间范围内，以"减量化、再利用、资源化"为原则，以资源高效利用和循环利用为核心，以产业共生和关联为主体，以信息为联结纽带的环境友好型社会经济活动组织与发展形式。区域循环经济的行为主体包含政府、企业、公众；体系结构分为产业体系，支撑体系和保障体系；从要素功能角度来讲，包含生产者、消费者、分解者以及传输者。

本研究从发展全过程的视角，即"驱动（Driving）—规划（Planning）—运行（Operating）—反馈（Feedback）—调控（Regulating & Redirection）"的角度，对区域循环经济的发展过程进行了系统的模块识别和划分，并将其划分为驱动机制、规划机制、运行机制、反馈机制和调控机制等5个机制，并以此构建了区域循环经济发展机制研究的理论框架。

9.1.3 区域循环经济发展机制的具体研究

9.1.3.1 驱动机制

基于广义物质流管理的概念，构建了区域循环经济发展驱动机制的宏观概念模型，并借助物理学"受力分析"手段，对政府、企业和公众等三个行为主体进行了受力分析，分别构建了驱动机制的微观作用模型。认为区域循环经济发展的主要驱动因素有三个，分别为政策的支持促进、经济利益的驱动以及公众意识提升，作用过程主要是基于信息流、价值流和资本流来实现，进而影响区域物质流和能量流，实现完善和重组区域人类社会经济活动的过程。本文分别基于宁夏回族自治区和社会问卷调查分析，对模型和上述结论进行了检验和解释，并初步证明了模型的合理性。

9.1.3.2 规划机制

在系统推理的基础上，认为规划机制是指各行为主体之间及其对于规划对象的认知和信息化处理过程，定义了区域循环经济发展规划的含义，并认为其具有规划对象的产业性、规划空间的地域性、规划过程的社会性等三个独特特征；在规划性质定位上，区域循环经济发展规划是一种特殊的专项规划。

基于逻辑演绎的角度，阐明了区域循环经济发展规划的过程及其主要支撑技术手段；构建了区域循环经济发展规划的内容体系，包含"区情识别"、"战略要求"、"空间布局"、"重点产业"、"支撑体系"、"项目优选"以及"保障体系"。本研究以陕西汉中为例，对循环经济型旅游产业发展体系和关联性构建进行了阐释和说明，从旅游管理机制、景区建设模式、配套服务设施等三个方面构建了创新型产业发展体系，旨在解释和佐证区域循环经济规划机制的有关内容。

9.1.3.3 运行机制

基于人类经济活动过程的视角和社会群体组织形式的视角，对区域循环经济系统的运行载体进行了系统识别，认为其载体主要由两部分组成，即，以企业为基本单元的产业生态网络，和以个人（家庭）为基本单元的社区网络系统。依托广义物质流管理方法，对区域循环经济系统的运行机理进行了阐释和说明，在实现了将产业生态系统和社区网络系统在区域系统中对接的同时，建立有关函数方程。研究指出系统运行的主要目标是实现"经济活动"、"资源利用"和"环境影响"的协调同步"解耦"。

本研究以甘肃为研究区域，以能源为研究对象，基于情景分析方法对其耦度关系进行了研究。实证研究的主要启示之一就是揭示了仅仅依据"生态效率"或者"资源生产率"来测度和衡量循环经济发展水平的是比较片面的，在区域的社会经济活动过程完善和重组中，"资源生产率"的单方面提升或者"资源生产率"和"生态效率"的同时提升，都不意味着循环经济的实现，必须注意环境影响和资源利用的"解耦"。

9.1.3.4 反馈机制

基于生物学中的反馈概念，阐释了反馈机制的基本原理及其概念，认为反馈机制是指表现为负熵的信息在系统反馈对象之间的传递与作用机理，这种作用是一种矢量作用。反馈机制的系统组成包含反馈对象，反馈媒介，以及信息内容等三个部分。在区域循环经济发展中，反馈机制的表现形式分别为机制间反馈（际反馈）和机制内反馈（内反馈），反馈机制的作用在于为区域循环经济的发展提供解释、描述、监测、评价和预警功能。

根据反馈机制的系统组成，对区域循环经济发展中的反馈机制进行了理论设计：将政府、企业、公众界定为反馈对象；分别构建了包含共用平台、政府平台、企业平台、公众平台在内的区域循环经济信息交流平台；从经济活动强度、资源利用水平、环境特定影响的目标角度，基于元数据统计和最低限度原则，分层次设计了涵盖27个具体指标的信息内容。

9.1.3.5 调控机制

区域循环经济发展的调控作用机理主要由四个部分组成，即主体决策、调控指令、调控对象以及调控目标。在调控的具体形态方面，主要分为事前调控、事后调控、即时调控、全程调控。区域循环经济发展的调控模块组成包含主体模块和拓展模块。主体模块包含：（A1）调控的目标设定；（A2）指令的发出对象；（A3）指令的具体内容；（A4）指令的传播媒介；（A5）指令的接收对象。拓展模块主包含：（B1）发出对象的权限；（B2）指令的社会成本。

构建了区域循环经济发展调控的一般应用检验模型，并从调控目标的科学性检验（P0）、调控指令的社会成本的预检验（P1）、指令的具体内容和指令的接收对象的清晰性检验（P2、P3）、指令发出对象的权限检验（P4）、指令传播媒介的到达性检验（P5）、调控指令的社会成本后评估（P6）等方面提出和阐释了检验过程。

9.2 研究展望

本研究的核心目标是在辩驳与拓展的基础上尝试构建关于区域循环经济发展机制研究的理论体系，然而，因为学识的原因，笔者一直抱有诚惶诚恐之心态，力求"详言己所能言，亦明言己所不擅言"，在本书撰写以及在征求部分专家学者的意见中，发现了本研究的一些不足和有待加强的地方，但由于时间的关系，笔者无暇一一在短时间内完成，因此，将其列为未来研究方向和深入探索的主要领域，以期待不断完善有关理论，并提供令人信服的实践佐证：

9.2.1　关于实证案例的系统跟踪研究

由于受到研究经费、研究时间、研究条件等多方面限制，使得本书缺乏对某一靶区的循环经济发展机制的全过程系统跟踪研究，因此，未来的重要研究方向之一就是选定某一靶区，进行长时间（5～10年）尺度的跟踪研究，以进一步检验和完善本研究中尝试构建的理论体系。

9.2.2　关于发展机制研究的定量性评价

在本研究中，我们尝试构建了一些概念性评价模型，然而，如何设定模型的具体参数，并使其成为具有普遍应用和被引用价值的函数方程，仍然还有一段较为漫长的道路。在本书的研究过程中，笔者也试图将某些函数方程予以具体的量化，但由于在函数模块嵌入等计算数学方面，仍然具有一定的知识缺失，使得笔者不得不将其暂时挪出本文框架之外。例如，在区域循环经济发展的反馈机制中，笔者已经初步构建了基于信息熵的预警概念模型，但由于暂时无法解决关于"时间滞后函数"的模块问题，不得不忍痛将其留待后续研究解决。

9.2.3　关于系统作用机理的进一步阐释

虽然本研究的内容是建立在笔者过去求学生涯中对于循环经济的理解和领悟，但毫无疑问的是，在系统机理的具体阐释上，本书仍然还有很大的提升空间，因此，未来的研究展望之三就是在案例实证的系统跟踪研究和定量评价的基础上，进一步细化和强化对于系统作用机理的阐释，力争用简练和易懂的语言实现对区域循环经济发展机制的系统和科学阐释。

参考文献

1. Adler N., Golany B., "Evaluation of Deregulated Airline Networks Using Data Envelopment Analysis Combined with Principal Component Analysis With an Application to Western Europe". *European Journal of Operational Research*, 2001, (132): 260 – 273.

2. Alfredsson E. C., "'Green consumption' —No Solution for Climate Change", *Energy*, 2004, 29: 513 – 524.

3. Anderberg S., "Industrial Metabolism and the Linkages Between Economice, Ethics and the Environment", *Ecological Economics*, 1998, (24): 311 – 320.

4. Andrews C. J., "Putting Industrial Ecology into Place: Evolving Role for Planners", *Journal of the American Planning Association*, 1999, 65 (4): 364 – 375.

5. Andrews C. J., "*Industrial Ecology And Sparial Pianning*" in a Handbook of Industrial Ecology, Cheltenham: Edward Elgar Publisher, 2002.

6. Ayres R. U. , Norberg-Bohm V. , Prince J. , Stigliani W. M. and J. Yanowitz: "Industrial Metabolism, the Environment and Applicationof Materials-Balance Principles for Selected Chemicals," *IIASA report*, 1989, RR - 89 - 11.

7. Baumann H, Boons F, Bragd A. , "Mapping the Green Product Development Field: Engineering, Policy and Business Perspectives," *Journal of Cleaner Production*, 2002, (10): 409 - 425.

8. Bovea M. D. , Ibáñez-Forés V. , Gallardo A. , Colomer-Mendoza F. J. , "Environmental Assessment of Alternative Municipal Solid Waste Management Strategies. A Spanish Case Study," *Waste Management*, 2010, 30 (11): 2383 - 2395.

9. Bechara L. , Alessandra V. , Magrini A. , "Eco-industrial Park Development in Rio de Janeiro, Brazil: a Tool for Sustainable Development," *Journal of Cleaner Production*, 2009, 17 (7): 653 - 661.

10. Brennan T. J. , "'Green' Preferences as Regulatory Policy Instrument," *Ecological Economics*, 2006, (56): 144 - 154.

11. Boix M. , Montastruc L. , Pibouleau L. , et al. , "Industrial Water Management by Multiobjective Optimization: from Individual to Collective Solution Through Ecoindustrial parks," *Journal of Cleaner Production*, 2012, 22 (1): 85 - 97.

12. Boons F. , Spekkink W. , Mouzakitis Y. , "The Dynamics of Industrial Symbiosis: a Proposal for a Conceptual Framework Based upon a Comprehensive Literature Review," *Journal of Cleaner Production*, 2011, 19 (9): 905 - 911.

13. Costa I. , Ferrão P. , "A Case Study of Industrial Symbiosis Development Using a Middle-out Approach," *Journal of Cleaner Production*, 2010, (10): 984 - 992.

14. Costa I. , Massard G. , Agarwal A. , "Waste Management Policies for Industrial

Symbiosis Development: Case Studies in European Countries," *Journal of Cleaner Production*, 2010, 18 (8): 815 -822.

15. Cooper W. W. , Ruiz J. L. , Sirvent I. , "Choosing Weights from Alternative Optimal Solutions of Dual Multiplier Models in DEA," *European Journal of Operational Research*, 2007, (180): 443 -458.

16. Chang M. R. , Lee D. J. , Lai J. Y. , "Nanoparticles in Waste water from a Science-based Industrial Park—Coagulation Using Polyaluminum Chloride," *Journal of Environmental Management*, 2007, (85): 1009 -1014.

17. Consonni S. , Giugliano M. , Massarutto A. , et al. , "Material and Energy Recovery in Integrated Waste Management Systems: Project Overview and Main Results," *Waste Management*, 2011, 31 (9): 2057 -2065.

18. Craig P. P. , "Energy Limits on Recycling," *Ecological Economics*, 2001, (36): 373 -384.

19. Ding Y. Z. , "Community Building in China: Issues and Directions," *Social Sciences in China*, 2008, 2 (1): 152 -159.

20. *Economy-Wide Material Flow Accounts and Derived Indicators-A Methodological Guide* Eurostat, 2000.

21. Eckelman M. J. , Lifset R. J. , Yessios L. , et al. , "Teaching Industrial Ecology and Environmental Management in Second Life," *Journal of Cleaner Production*, 2011, 19 (11): 1273 -1278.

22. Ehrenfeld J. , "Industrial Ecology: a New Field or Only a Metaphor," *Journal of Cleaner Production*, 2004, (12): 826.

23. Ehrenfeld J. R. , "Advocacy and Objectivity in Industrial Ecology," *Journal of Industrial Ecology*, 2006, 10 (4): 1 -4.

24. Ehrenfeld J. R. , Lenox M. J. , "The Development and Implementation of DfE Programmes," *The Journal of Sustainable Product Design*, 1997, (1): 17-27.

25. Eriksson O. , Bisaillon M. , "Multiple System Modelling of Waste Management," *Waste Management*, 2011, 31 (12): 2620-2630.

26. "European Environment Agency: Environmental Signals 2000, European Environment Agency regular indicator report," *European Environment Agency*, Copenhagen.

27. Fang Y. P. , Cote R. P. , Qin R. , "Industrial Sustainability in China: Practice and Prospects for Eco-industrial Development," *Journal of Environmental Management*, 2007, (83): 315-328.

28. "Federal Statistical Office of Germany-Statistisches Bundesamt: Integrated Environmental and Economic Accounting-Material and Energy Flow Accounts". *Fachserie 19*, *Reihe 5*. 1995, Wiesbaden.

29. "Fishbein B K. EPR: What Does It Mean? Where is It Headed ?" *Pollution Prevention Review*, 1998, (8): 4-55.

30. Fichtner W, Frank M, Rentz O, "Inter-firm Energy Supply Concepts: an Option for Cleaner Energy Production," *Journal of Cleaner Production*, 2004, (12): 891-899.

31. Frisch R, "Propagation and Impulse Problems in Dynamic Economics," *Economic Essays in Honor of Gustav Cassel*, 1993, 171-205.

32. Geng Y. , Fu J. , Sarkis J. , et al. , "Towards a National Circular Economy Indicator System in China: an Evaluation and Critical Analysis," *Journal of Cleaner Production*, 2012, 23 (1): 216-224.

33. Geng Y. , Haight M. , Zhu Q. H. , "Empirical Analysis of Eco-industrial

Development in China ," *Sustainable Development*, 2006, 15 (2): 121 – 133.

34. Geng Y., Hengxin Z., " Industrial Park Management in the Chinese Environment," *Journal of Cleaner Production*, 2009, 17 (14): 1289 – 1294.

35. Geng Y., Zhu Q. H., " Haight M. Planning for Integrated Solid Waste Management at the Industrial Park Level: A Case of Tianjin, China," *Waste Management*, 2007, 27 (1): 141 – 150.

36. Geng Y., Fu J., Sarkis J., et al., " Towards a National Circular Economy Indicator System in China: an Evaluation and Critical Analysis," *Journal of Cleaner Production*, 2012, 23 (1): 216 – 224.

37. Hu J., Xiao Z. B., Zhou R. J., et al., " Ecological Utilization of Leather Tannery Waste with Circular Economy Model," *Journal of Cleaner Production*, 2011, 19 (2): 221 – 228.

38. Iddo K. Wernick, Frances H. Irwin, *Material Flows Accounts-A Tool for Making Environmental Policy*, WRI, Washington D. C., 2005.

39. Korhonen J., " Four Ecosystem Principles for an Industrial Ecosystem," *Journal of Cleaner Production*, 2001, (9): 253 – 259.

40. Liu Q., Jiang P. P., Zhao J., et al., " Life Cycle Assessment of an Industrial Symbiosis based on Energy Recovery from Dried Sludge and Used Oil," *Journal of Cleaner Production*, 2011, 19 (15): 1700 – 1708.

41. Liu Q., Li H. M., Zuo X. l., Zhang F. F., Wang L., " A Survey and Analysis on Public Awareness and Performance for Promoting Circular Economy in China: A Case Study From Tianjin," *Journal of Cleaner Production*, 2009, 17 (2): 265 – 270.

42. Li H. Q., Bao W. J., Xiu C. H., et al., " Energy Conservation and Circular

Economy in China's Process Industries," *Energy*, 2010, 35 (11): 4273-4281.

43. Liwarska-Bizukojc E., Bizukojc M., Marcinkowski A., et al., "The Conceptual Model of an Eco-industrial Park Based Upon Ecological Relationships," *Journal of Cleaner Production*, 2009, 17 (8): 732-741.

44. Lu H., *A Cybernetic Model of Material Flow Management: Diagnosing Transitions towards Circular Economy in China*, Sierke Verlag; Auflage: 1. 28. Februar 2009.

45. Lehtoranta S., Nissinen A., Mattila T., et al., "Industrial Symbiosis and the Policy Instruments of Sustainable Consumption and Production," *Journal of Cleaner Production*, 2011, 19 (16): 1865-1875.

46. Lowe E., Moran S., Holmes A., "A Field book for the Development of Eco-Industrial parks," *Oakland: Indigo Development*, 1995: 67-72.

47. *Material use in the European Union 1980-2000: Indicators and analysis*, Eurostat, 2002, Luxembourg.

48. Manring S. L., Moore S. B., "Creating and Managing a Virtual Inter-Organizational Learning Network for Greener Production: a Conceptual Model and Case Study," *Journal of Cleaner Production*, 2006, (14): 891-899.

49. Marchettini N., Ridolfi R., Rustici M., "An Environmental Analysis for Comparing Waste Management Options and Strategies," *Waste Management*, 2007, (27): 562-571.

50. Narasimhan M., Singh S. N., "Adaptive Input-output Feedback Linearizing Yaw Plane Control of BAUV Using Dorsal fins," *Ocean Engineering*, 2006, (33): 1413-1430.

51. Odum E. P., "Ecology: The Link Between the Natural and Social Sciences," *New York: Holt-Saunders*, 1975.

52. OECD, *Extended producer responsibility: case study on German packaging ordinance*, Paris: 1997.

53. Park J., Sarkis J., Wu Z. H., "Creating Integrated Business and Environmental Value Within the Context of China's Circular Economy and Ecological Modernization," *Journal of Cleaner Production*, 2010, 18 (15): 1494–1501.

54. Park Hung-Suck, Rene E. R., Choi Soo-Mi, et al., "Strategies for Sustainable Development of Industrial Park in Ulsan, South Korea-from Spontaneous Evolution to Systematic Expansion of Industrial Symbiosis," *Journal of Environment Management*, 2006, (87): 1–13.

55. Peter H., "International Practices and Policy Trends: Current Situation and Practices on Sustainable Production and Consumption and International Circular Economy Development Policy Summary and Analysis," *World Bank*, 2008.

56. Raymond J. G. M., Florax, Hendrik F., Sergio J. R., "Specification Searches in Spatial Econometrics: the Relevance of Hendry's Methodology," *Regional Science and Urban Economics*, 2003, (33): 557–579.

57. Rex E., Baumann H., "Beyond Ecolabels: What Green Marketing can Learn from Conventional Marketing," *Journal of Cleaner Production*, 2007, 15: 567–576.

58. Roberts B. H., "The Application Ecology Principles and Planning Guidelines for the Development of Eco-industrial parks: an Australian Case Study," *Journal of Cleaner Production*, 2004, (12): 1000.

59. Rolston H., *Environmental Ethics: Duties to and Values in Natural Word*, Temple University Press, 1988.

60. Parthan S. R., Milke M. W., Wilson David C., et al., "Cost Estimation for

Solid Waste Management in Industrialising Regions-Precedents, Problems and Prospects," *Waste Management*, 2012, 32 (3): 584 – 594.

61. Sarmento M., Durao D., Duarte M., "Analysis of Companies' Environmental Strategies for a Green Society," *Energy*, 2006, (31): 2333 – 2340.

62. Schwarz E. J., Steiniger K. W., "The Industrial Recycling Network Enhancing Regional Development," *Research Memorandum* No. 9501. Graz: Department of Economics, University of Graz, 1995.

63. Shi T., "Ecological Economics as a Policy Science: Rhetoric or Commitment towards an Improved Decision-making Process on Sustainability," *Ecological Economics*, 2004, (48): 23 – 36.

64. Stefan G, Carina B. H., Oliver H., et al., "Ecological Footprint Analysis as a Tool to Assess Tourism Sustainability," *Ecological Economics*, 2002, (43): 199 – 211.

65. Sokka L., Pakarinen S., Melanen M., "Industrial Symbiosis Contributing to more Sustainable Energy Use-an Example from the Forest Industry in Kymenlaakso, Finland," *Journal of Cleaner Production*, 2011, 19 (4): 285 – 293.

66. Shi H., Chertow M., Song Y. Y., "Developing Country Experience with Eco-industrial Parks: a Case Study of the Tianjin Economic-Technological Development Area in China," *Journal of Cleaner Production*, 2010, 18 (3): 191 – 199.

67. Sutton P. C., Costanza R., "Global Estimates of Market and Non-market Values Derived from Nighttime Satellite Imagery, Land Cover, and Ecosystem Service Valuation," *Ecological Economics*, 2002, (41): 509 – 527.

68. Taylor C. J., Pedregal D. J., Young P. C., "Environmental Time Series

Analysis and Forecasting with the Captain Toolbox," *Environmental Modelling & Software*, 2007, (22): 797 -814.

69. Tomohiko S., Yoshiki S., "Service Engineering: a Novel Engineering Discipline for Producers to Increase Value Combining Service and Product," *Journal of Cleaner Production*, 2007, (15): 590 -604.

70. "World Business Council for Sustainable Development. Measuring Eco-efficiency: a Guide to Reporting Company Performance," *WBCSD*, 200: 2 -30.

71. Yuan H. P., Chini A. R., Lu Y. J., et al., "A Dynamic Model for Assessing the Effects of Management Strategies on the Reduction of Construction and Demolition Waste," *Waste Management*, 2012, 32 (3): 521 -531.

72. Zhu Q. H., Geng Y., Lai K. H., "Circular Economy Practices among Chinese Manufacturers Varying in Environmental-oriented Supply Chain Cooperation and the Performance Implications," *Journal of Environmental Management*, 2010, 91 (6): 1324 -1331.

73. Zhang L., Yuan Z. W., Bi J., et al., "Eco-industrial Parks: National Pilot Practices in China," *Journal of Cleaner Production*, 2010, 18 (5): 504 -509.

74. Zhu Q. h., Sarkis J., "Relationships Between Operational Practices and Performance Among Early Adopters of Green Supply Chain Management Practices in Chinese Manufacturing Enterprises," *Journal of Cleaner Production*, 2004, (7): 1 -11.

75. Zhu Q. h., Sarkis J., "Lai K. h. Green Supply Chain Management: Pressures, Practices and Performance within the Chinese Automobile Industry," *Journal of Cleaner Production*, 2007, (15): 1041 -1052.

76. 包英姿：《循环经济与末端治理的比较研究》，《天津科技》2004年第9（5）期，第27~28页。

77. 曹小琳：《区域循环经济测度指标体系、评价方法与实证研究——以重庆市为例》，《重庆大学学报》2008年第14（3）期，第30~35页。

78. 曹宝：《生态足迹改进模型在可持续发展评价中的应用研究》，《生态环境》2007年第16（3）期，第968~972页。

79. 陈兴鹏、薛冰：《基于能值分析的西北地区循环经济研究》，《资源科学》2005年第27（1）期，第52~61页。

80. 陈效逑：《近50年北京春季物候的变化及其对气候变化的响应》，《中国农业气象》2001年第22（1）期，第1~5页。

81. 陈祖海：《环境与经济协调发展的认识》，《地域研究与开发》2004年第23（4）期，第21~24页。

82. 陈祖海：《西部可持续农业与生态环境建设的路径选择》，《环境保护》2003年第1期，第361~366页。

83. 崔冬梅、肖春梅：《新疆县域循环经济模式设计—以呼图壁县为例的循环经济模式构建》，《农业问题研究》2011年第15期，第236~237页。

84. 崔兆杰、张凯编著《循环经济理论与方法》，科学出版社，2008，第240~241页。

85. 蔡吉跃、蔡振：《再生资源产业发展的国际经验与启示》，《经济地理》2010年第12期，第2045~2047页。

86. 董泽琴：《生态足迹研究——辽宁省生态足迹计算与分析》，《生态学报》2004年第24（12）期，第2736~2739页。

87. 段宁：《清洁生产、生态工业和循环经济》，《环境科学研究》2001年第14（6）期，第1~8页。

88. 戴宏民：《废弃物处理的无害化、资源化和环境化》，《重庆工商大学》2002年第4期，第25~29页。

89. 戴宏民：《德国DSD系统和循环经济》，《中国包装》2002年第6期，第36~41页。

90. 丁冬：《辽宁："3+1"循环经济模式》，《环境经济》2005年第Z1期，第21~30页。

91. 董雷：《我国物流业发展虚拟企业的策略》，《综合运输》2007年第11期，第38~40页。

92. 董小林、严鹏程：《建立中国环境社会学体系的研究》，《长安大学学报》2005年第9（72）期，第46~53页。

93. 杜欢政、张旭军：《循环经济的理论与实践：近期讨论综述》，《统计研究》2006年第2期，第63~67页。

94. 樊百华：《略论"实践人本主义"》，《江苏社会科学》2006年第2期，第33~37页。

95. 樊元、刘国平：《甘肃省循环经济发展水平综合评价》，《地域研究与开发》2012年第1期，第20~23页。

96. 樊元、刘国平：《中国地区循环经济发展的综合评价和特征分析》，《甘肃社会科学》2011年第5期，第131~133页。

97. 冯良：《关于推进循环经济的几点思考》，《节能与环保》年第9期，第18~21页。

98. 冯艳飞、贺丹：《基于熵值法的区域循环经济发展综合评价》，《环境科学与管理》2006年第31（6）期，第177~179页。

99. 冯之浚：《加强区域经济协作促进"中部崛起"》，《科学学与科学技术管理》2005年第6期，第5~9页。

100. 冯之浚：《循环经济与文化模式》，《中国科技论坛》2007年第4期，第85~90页。

101. 冯之浚：《循环经济导论》，人民出版社，2004。

102. 冯之浚：《循环经济的范式研究》，《中国软科学》2006年第8期，第9~21页。

103. 冯之浚：关于《中华人民共和国循环经济法（草案）》的说明，《电器工业》2008年第1期，第50~52页。

104. 付晓东：《产业集群与东北老工业基地产业布局调查》，《经济经纬》2007年第5期，第69~72页。

105. 高珊、黄贤金、赵荣钦、徐慧：《基于主体功能区的循环经济发展模式研究》，《地域研究与开发》2011年第6期，第16~18页。

106. 郭磊：《现代微观经济学的新发展》，《江汉论坛》2003年第7期，第46~48页。

107. 郭杰：《北京市生态经济系统能值分析》，《科技咨询导报》年2007第15期，第117~118页。

108. 郝美英、赵军伟、张克仁：《节约利用矿产资源发展循环经济建设节约型社会》，《矿产保护与利用》2009年第3期，第1~5页。

109. 何龙斌：《汉中市循环经济发展综合评价与对策》，《环境保护与循环经济》2011年第3期，第35~37页。

110. 郭雷：《关于反馈的作用及能力的认识》，《自动化博览》2003年第1期，第15~17页。

111. 何德旭：《资本流动性：基于中国及其他亚洲新兴国家的比较分析》，《经济研究》2006年第9期，第4~16页。

112. 何东、邓玲：《区域生态工业系统的理论架构及其实现路径》，《社会科学研究》2007 年第 3 期，第 58～61 页。

113. 何东：《循环经济是高级形态的区域经济》，《求索》2006 年第 9 期，第 28～32 页。

114. 韩增林、王泽宇：《辽宁沿海地区循环经济发展综合评价》，《地理科学》2009 年第 2 期，第 149～151 页。

115. 韩瑞玲、佟连军、宋亚楠：《基于生态效率的辽宁省循环经济分析》，《生态学报》2011 年第 16 期，第 4735～4739 页。

116. 韩宝平：《循环经济理论的国内外实践》，《中国矿业大学学报》2003 年第 1 期，第 58～64 页。

117. 黄明元、邹冬生、李东晖：《农业循环经济主体行为博弈与协同优势分析——兼论政府发展农业循环经济的制度设计》，《经济地理》2011 年第 2 期，第 305～309 页。

118. 黄杰：《公民社会与社区建设》，《探索》2002 年第 6 期，第 52～55 页。

119. 黄贤金、钟太洋：《循环经济学：学科特征与趋势展望》，《中国人口·资源与环境》2005，15（4）：5－10。

120. 黄茂生：《产业系统的构成及其要素分析》，《大众科技》2005 年第 11 期，第 172～177 页。

121. 黄海峰、李慧颖：《国际循环经济政策经验的比较与借鉴》，《经济社会体制比较》2008 年第 3 期，第 154～160 页。

122. 黄海峰：《北京发展循环经济的分析与评价》，《北京工业大学学报》2007 年第 33（9）期，第 979～984 页。

123. 黄茂生：《基于企业产业选择的产业关联度分析与评价研究》，《山东科技大学学报》2006 年第 5 期，第 12～66 页。

124. 黄贤金：《长三角土地之忧》，《中国改革》2004 年第 5 期，第 62～64 页。

125. 荆鹏飞、张树深、傅尧:《庄河循环经济园区循环经济指标体系研究》,《中国人口资源与环境》2010 年第 5 期,第 20~23 页。

126. 季昆森:《发展循环经济是建设社会主义新农村的重要途径》,《今日中国论坛》2006 年第 4 期,第 25~28 页。

127. 鞠美庭、盛连喜:《产业生态学》,高等教育出版社,2008。

128. 蒋林明:《基于生态环境安全的区域规划战略环评初探》,《上海环境科学》2008 年第 27(1)期,第 41~46 页。

129. 金涌:《循环经济的工程科学基础》,《科技创新》2005 年第 2 期,第 57~60 页。

130. 孔令丞、谢家平:《循环经济推进战略研究》,中国时代经济出版社,2008。

131. 〔美〕劳爱乐、耿勇:《工业生态学和生态工业园》,化学工业出版社,2003。

132. 雷毅:《深层生态学研究》,清华大学出版社,2001。

133. 黎熙元:《我国城市社区建设的资源调动实践模式比较——上海外滩街与广州逢源街的个案比较》,《学术研究》2005 年第 1 期,第 52~61 页。

134. 黎熙元、关智生:《建立港澳联动机制以广东为腹地推动澳门经济发展》,《特区与港澳经济》1998 年第 11 期,第 28~30 页。

135. 李名升、佟连军:《基于能值和物质流的吉林省生态效率研究》,《生态学报》2009 年第 29(11)期,第 6239~6247 页。

136. 李赶顺:《发展循环经济实现经济与环境的"双赢"》,《河北大学学报》2002 年第 3(27)期,第 36~40 页。

137. 李涵:《应加强基层单位人事档案管理工作》,《档案》2006 年第 3 期,第 50 页。

138. 李景峰、李金宝：《中国社区发展的历史、现状及问题探析》，《长春理工大学学》2004 年第 17（4）期，第 65~69 页。

139. 李建珊：《论我国循环经济发展的现代性视野》，《南京林业大学学报（人文社会科学版）》2008 年第 8（3）期，第 103~107 页。

140. 李景华：《SDA 模型的加权平均分解法及在中国第三产业经济发展分析中的应用》，《系统工程》2004 年第 22（9）期，第 69~73 页。

141. 李金昌：《中国城市化与经济增长的动态计量分析》，《财经研究》2006 年第 9 期，第 214~216 页。

142. 李昕：《FDI 对中国经济增长的影响及其理论预期：基于新古典经济增长模型》，《南方金融》2007 年第 12 期，第 55~59 页。

143. 李喜俊：《关于循环经济与政策的思考》，《中小企业管理与科技》2005 年第 8 期，第 22~25 页。

144. 李喜俊：《循环经济的核心调控手段是物质流分析与管理》，《中小企业管理与科技》2006 年第 3 期，第 28~29 页。

145. 李新英：《循环经济理论与实践初探》，《新疆师范大学学报》2004 年第 25（3）期，第 115~117 页。

146. 李云燕：《循环经济运行机制：市场机制与政府行为》，科学出版社，2008。

147. 李云燕：《循环经济理论框架与主要内容探讨》，《生态经济》2006 年第 5 期，第 60~63 页。

148. 李云燕：《论循环经济与市场经济的协同性》，《经济经纬》2007 年第 3 期，第 38~40 页。

149. 李云燕：《循环经济的生态机理研究》，《生态经济》2007 年第 10 期，第 126~130 页。

150. 李云燕：《环境外部不经济性的产生根源与解决途径》，《山西财经大学学报》2007年第6期，第7~13页。

151. 李云燕：《论市场机制在循环经济发展中的地位与作用》，《中央财经大学学报》2007年第10期，第65~70页。

152. 李勇进、陈兴鹏：《甘肃省"资源—环境—经济系统"动态仿真系统》，《中国人口资源与环境》2006年第16（4）期，第94~99页。

153. 李勇进：《中国环境政策演变和循环经济发展对实现生态现代化的启示》，《中国人口资源与环境》2008年第18（5）期，第12~17页。

154. 李友梅：《社区治理：公民社会的微观基础》，《社会》2007年第27（2）期，第159~170页。

155. 李友梅：《上海当前社会建设的战略分析与理论思考》，《解放日报》2009年第7期，第1~5页。

156. 赖茂盛、王芳编著《信息经济学》，北京大学出版社，2006。

157. 路小红：《信息不对称理论与实例》，《情报理论与实践》2000年第5期，第82~86页。

158. 陆钟武：《循环经济并非"万能药"需要必要的决策依据》，《中国制造业信息化》2006年第20期，第44~45页。

159. 陆钟武：《谈企业发展循环经济》，《企业管理》2006年第2期，第56~60页。

160. 陆钟武：《关于循环经济几个问题的分析研究》，《环境科学研究》2003年第16（5）期，第1~6页。

161. 陆钟武：《关于进一步做好循环经济规划的几点看法》，《环境保护》2005年第1期，第14~17页。

162. 刘滨：《试论以物质流分析方法为基础建立我国循环经济指标体系》，《中国人口. 资源与环境》2005 年第 15（4）期，第 32~36 页。

163. 刘滨：《以物质流分析方法为基础核算我国循环经济主要指标》，《中国人口·资源与环境》2006 年第 16（4）期，第 65~68 页。

164. 刘浩：《基于生态足迹模型的广州市生态可持续发展定量分析评价及预测研究》，《华南师范大学学报》2007 年第 12 期，第 5~45 页。

165. 刘华波：《基于生态效率建立我国循环经济评价指标体系的思考》，《四川环境》2006 年 25（2）期，第 78~82 页。

166. 刘敬智：《中国的物质流账户及资源效率革命》，《东北大学》2004 年第 1 期，第 5~19 页。

167. 刘军：《传统产业高技术化的生态运行机理理论与实证研究》，《经济管理》2007 年第 4 期，第 70~76 页。

168. 刘坤：《烟台市经济增长与环境污染关系实证研究——基于 VAR 计量技术的检验分析》，《环境科学学报》2007 年第 27（11）期，第 1929~1936 页。

169. 刘黎娜、王效华：《沼气生态农业模式的生命周期评价》，《中国沼气》2008 年第 26（2）期，第 17~24 页。

170. 刘庆广、王利娜、龚方红：《硅烷交联聚烯烃研究进展》，《江苏工业学院学报》2006 年第 18（3）期，第 56~60 页。

171. 刘毅、陈吉宁：《中国磷循环系统的物质流分析》，《中国环境科学》2006 年第 26（2）期，第 238~242 页。

172. 刘薇：《北京市循环经济发展描述性评价研究》，《环境与可持续发展》2009 年第 1 期，第 1~3 页。

173. 刘琦岩：《系统科学的新理论对内外因关系内涵的深化和拓展》，《理论探讨》1995 年第 1 期，第 83~88 页。

174. 刘学敏:《循环经济机制与模式研究》,《经济纵横》2007年第1期,第21~22页。

175. 刘远彬、左玉辉、周晶:《信息不对称对发展循环经济的不利影响及对策分析》,《环境保护科学》2004年第121期,第46~48页。

176. 吕涛:《加快农业经济结构调整促进食用菌产业快速发展》,《山东蔬菜》2003年第1期,第8~9页。

177. 吕涛:《环境社会学研究综述——对环境社会学学科定位问题的讨论》,《社会学研究》2004年第4期,第8~17页。

178. 穆瑞欣、陈晓红、游达明:《基于主客观综合赋权的长株潭城市群循环经济评价》,《系统工程》2010年第28(1)期,第113~117页。

179. 梅黄、甘德欣、唐常春、周舟:《"两型社会"背景下长株潭生态工业网络构建研究》,《经济地理》2011年第2期,第271~276页。

180. 马凯:《贯彻和落实科学发展观大力推进循环经济发展》,《宏观经济管理》2004年第10期,第1~4页。

181. 纳什:《大自然的权利:环境伦理学史》,杨通进译,青岛出版社,1999。

182. 潘岳呼:《唤中国企业的绿色责任》,《环境保护》2005年第7期,第9~12页。

183. 彭少麟:《产业生态学的新思路》,《生态学杂志》2004年第23(4)期,第127~130页。

184. 彭秀丽:《基于模块化理论的循环经济"效率"分析》,《湖南社会科学》2007年第1期,第5~10页。

185. 彭水军:《中国经济增长与环境污染——基于广义脉冲响应函数法的实证研究》,《中国工业经济》2006年第5期,第199~203页。

186. 彭水军:《经济增长与环境污染——环境库兹涅茨曲线假说的中国检验》,

《财经问题研究》2006年第8期，第93~99页。

187. 彭水军：《环境污染、内生增长与经济可持续发展》，《数量经济技术经济研究》2006年第9期，第13~15页。

188. 齐建国：《发展循环经济走可持续快速增长的"中国道路"》，《前线》2007年第（10）期，第20~21页。

189. 齐建国：《关于循环经济理论与政策的思考》，《经济纵横》2004年第2期，第35~39页。

190. 齐建国：《从3R到5R：现代循环经济基本原则的重构》，《数量经济技术经济研究》2008年第1期，第53~59页。

191. 曲格平：《循环经济与环境保护》，《光明日报》2000-11-20（3）。

192. 曲格平：《推动环保市场向循环经济转变》《中国环境报》，2001年7月30日。

193. 齐建国：《中国循环经济战略：优先领域与政策体系》，《经济纵横》2006年第2期，第5~8页。

194. 任勇：《循环经济战略：优先领域与政策体系》，《环境保护》2006年第10期，第18~28页。

195. 任勇、俞海、冯东方、高彤、杨姝影：《建立生态补偿机制的战略与政策》，《环境保护与循环经济》2007年第6期，第4~5页。

196. 任勇：《发展循环经济战略与政策的思考》，《环境经济》2004年第5期，第26~28页。

197. 任勇：《中国循环经济内涵及有关理论问题探讨》，《中国人口资源与环境》2005年第9期，第8~15页。

198. 史宝娟、赵国杰：《基于能值理论的循环经济系统评价方法初探》，《生态经济》2006年第4期，第87~89页。

199. 石磊、高帆：《地区经济差距：一个基于经济结构转变的实证研究》，《管理世界》2006年第5期，第35~45页。

200. 宋雪峰、董永平、单丽燕、刘同海：《用数码相机测定草地盖度的研究》，《内蒙古草业》2004年第16（4）期，第1~6页。

201. 宋松、张建新、温丽娟、肖波：《基于"5R"理念的旅游循环经济评价指标体系初探——以中山陵景区为例》，《经济地理》2009年第6期，第1025~1027页。

202. 宋元梁：《中国城镇化发展与农民收入增长关系的动态计量经济分析》，《数量经济技术经济研究》2005年第9期，第30~40页。

203. 隋春花、陆宏芳、郑凤英：《基于能值分析的广东省生态经济系统综合研究》，《应用生态学报》2006年第17（11）期，第2147~2152页。

204. 苏扬、周宏春：《发展循环经济的几个基本问题》，《经济理论与经济管理》2004年第10期，第19~23页。

205. 唐佳丽、林高平、刘颖昊、黄志甲：《生命周期评价在企业环境管理中的应用》，《环境科学与管理》2008年第33（3）期，第5~7页。

206. 陶爱萍、刘志迎：《信息不对称及其规制机制设计》，《高科技与产业化》2003年第12期，第49~53页。

207. 拓学森、陈兴鹏、薛冰：《民勤县水土资源承载力系统动力学仿真模型研究》，《干旱区资源与环境》2006年第20（6）期，第78~83页。

208. 王怀声、张景鸣、赵京源：《国内外循环经济理论研究动态》，《统计与咨询》2007年第4期，第33~36页。

209. 王军、周燕、刘金华、岳思羽：《物质流分析方法的理论及其应用研究》，《中国人口·资源与环境》2006年第16（4）期，第60~63页。

210. 王良健：《地方循环经济发展评估指标体系及评估方法研究》，《煤炭经济研究》2006年第2期,第6~8页。

211. 王奇、叶文虎:《人类社会发展中两种关系的历史演变与可持续发展》,《中国人口·资源与环境》2005年第15(2)期,第10~13页。

212. 王奇、王会:《循环经济的定量化评价方法研究》,《中国人口资源与环境》2007年第17(1)期,第33~37页。

213. 王小伍、华贲:《从电解铝工业生命周期评价看能源、环境对产业结构的制约》,《冶金能源》2005年第24(2)期,第3~6页。

214. 王开泳:《循环经济与区域发展的理论与实证》评述,《地理学报》2009年第10期。

215. 王爱民:《用结构分解技术提高投入产出模型的分析功能》,《河北大学学》2005年第25(4)期,第361~365页。

216. 王朝全:《论循环经济的动力机制——德国经验及其对中国的启示》,《科学管理研究》2008年第26(3)期,第116~120页。

217. 王丽萍、王春、朱玉丽:《循环经济中的信息不对称及其改善机制》,《中国矿业大学学报(社会科学版)》2006年第2期,第69~72页。

218. 王贵明:《产业生态学研究进展》,《生产力研究》2007年第5期,第102~105页。

219. 王明东:《信息不对称问题中的政府行为与市场行为研究》,2003年第11期,第56~60页。

220. 王如松:《循环经济的生态误区和整合途径》,《经济研究》2005年第5期,第29~34页。

221. 王如松:《循环经济建设的生态误区、整合途径和潜势产业分析》,《应用生态学报》2005年第16(12)期,第2439~2446页。

222. 王文中:《循环经济认知误区的实证分析》,《生态经济》2006年第4期,第 94～98 页。

223. 王紫薇、孙世群：《区域循环经济发展水平评价指标体系的研究》，《现代农业科技》2008 年第 7 期，第 214～216 页。

224. 王思斌：《经济体制改革对农村社会关系的影响》，《北京大学学报》1987 年第 3 期。

225. 王兆华、尹建华：《生态工业园中工业共生网络运作模式研究》，《中国软科学》2005 年第 2 期，第 80～85 页。

226. 王微、林剑艺、崔胜辉、曹彬、石龙宇：《基于生态效率的城市可持续性评价及应用研究》，《环境科学》2010 年第 31（4）期，第 1108～1113 页。

227. 王艳明：《经济增长及其影响因素的动态关联与交互影响》，《统计与决策》2006 年第 8 期，第 45～46 页。

228. 吴季松：《循环经济的主要特征》，《石油政工研究》2003 年第 4 期，第 61～61 页。

229. 吴季松：《循环经济理念的最新规范与应用》，《环境经济杂志》2005 年第 6 期，第 13～15 页。

230. 吴季松：《循环经济和环境保护》，《国土论坛》2008 年第 Z1 期，第 19～23 页。

231. 吴志定、姚震、夏英煌：《发展矿业循环经济的制度经济学分析》，《循环经济》2010 年第 6 期，第 157～159 页。

232. 吴恒煜：《信息不对称的市场：逆向选择、信息传递与信息甄别》，《商业研究》2002 年第 12 期，第 16～19 页。

233. 谢立春：《BP 神经网络算法的改进及收敛性分析》，《计算技术与自动化》2007 年第 26（3）期，第 52～56 页。

234. 解振华:《关于循环经济理论与政策的几点思考》,《环境保护》2004年第1期,第3~8页。

235. 解振华:《关于循环经济理论与政策的几点思考》,《环境保护》2004年第1期,第3~8页。

236. 解振华:《生态工业理论与实践》,中国环境科学出版社,2002。

237. 薛冰、陈兴鹏:《青海人口-资源-环境关系的耦合演变研究》,《兰州大学学报》2007年第43(1)期,第33~36页。

238. 夏锦文、徐佩:《区域经济增长理论中的反馈机制》,《系统科学学报》2006年第14(2)期,第90~94页。

239. 夏学銮:《中国社区建设的理论框架探讨》,《北京大学学报》2002年第39(1)期,第127~135页。

240. 许乃中、曾维华、薛鹏丽、东方、周国梅:《工业园区循环经济绩效评价方法研究》,《中国人口资源与环境》2010年第20(3)期,第44~49页。

241. 徐玖平、杨春燕:《四川汶川特大地震灾后重建的产业集群调整分析》,《中国人口·资源与环境》2008年第18(6)期,第142~151页。

242. 徐明:《论都江堰水利可持续发展战略框架》,《水科学进展》2004年第15(5)期,第656~659页。

243. 徐一剑、张天柱、石磊、陈吉宁:《贵阳市物质流分析》,《清华大学学报(自然科学版)》2004年第44(12)期,第1689~1699页。

244. 徐玖平、陈书建:《不对称信息下的风险投资的委托代理模型研究》,《系统工程理论与实践》2004年第1期,第19~24页。

245. 徐佩、夏锦文:《企业项目团队绩效管理研究》,《企业管理》2006年第5期,第135~136页。

246. 闫敏:《构建我国循环经济新体系》,《上海经济》2006年第21(10)期。

247. 杨宇、张小雷、雷军、董雯:《基于资源开发利用的区域可持续发展研究》,《地理科学》2010年第6期,第364~367页。

248. 杨建新、王如松:《产业生态学的回顾与展望》,《应用生态学报》1998年第9(5)期,第555~561页。

249. 杨力、刘金梅、王茂安:《基于目标预测值模糊化的模糊数据关联算法》,《探测与控制学报》2008年第30(3)期,第72~80页。

250. 杨敏、董纪昌、霍国庆:《基于多因素分析的IT项目组合选择模型》,《管理科学》2006年第19(2)期,第55~61页。

251. 杨雪峰:《中国与印度经济增长比较:基于金融发展的视角》,《亚太经济》2006年第2期,第20~28页。

252. 于丽英、冯之浚:《城市循环经济评价指标体系的设计》,《中国软科学》2005年第12期,第33~39页。

253. 袁飚、陈雪梅:《构建西江流域产业生态网络模式》,《改革与战略》2009年第25(9)期,第101~105页。

254. 张楷:《加速FPGA系统实时调试技术》,《电子设计技术》2007年第1期,第80~85页。

255. 张炳、黄和平、毕军:《基于物质流分析和数据包络分析的区域生态效率评价——以江苏省为例》,《生态学报》2009年第29(5)期,第2474~2480页。

256. 张星平、肖莹:《"五行胜复"理论正误》,《上海中医学杂志》2007年第41(11)期,第61~63页。

257. 张天柱:《从清洁生产到循环经济》,《中国人口资源与环境》2006年第6

期，第 169~174 页。

258. 张学成、张爽：《论马克思哲学是实践的人本主义哲学》，《牡丹江师范学院学报》2002 年第 2 期，第 844~89 页。

259. 张士兵、陆书玉、罗丽娟：《基于 EPP 逆向物流系统的信息反馈机制的构建》，《物流科技》2008 年第 3 期，第 79~81 页。

260. 张凯、马春元、刘长濛：《循环经济的输入输出问题研究——对区域循环经济规划中边界资源交换问题的考虑》，《环境保护》2009 年第 13 期，第 67~68 页。

261. 郑杭生：《我国社会阶层结构新变化的几个问题》，《华中师范大学学报》2002 年第 41（4）期，第 5~9 页。

262. 周国梅、彭昊、曹凤中：《循环经济和工业生态效率指标体系》，《城市环境与城市生态》2003 年第 16（6）期，第 201~203 页。

263. 周泓：《决策支持系统中的反馈机制研究》，《北京航空航天大学学报》1997 年第 23（4）期，第 447~451 页。

264. 周宏春：《循环经济：一个值得重视的发展趋势》，《新经济导刊》2001 年第 3 期，第 76~79 页。

265. 周权：《信息不对称对市场经济的影响》，《中国信息导报》2002 年第 1 期，第 11~16 页。

266. 诸大建：《循环经济与自然资本稀缺条件下的中国发展》，《毛泽东邓小平理论研究》2008 年第 4 期，第 34~40 页。

267. 诸大建：《从可持续发展到循环经济》，《世界环境》2000 年第 3 期，第 6~12 页。

268. 诸大建：《C 模式：中国发展循环经济的战略选择》，《中国人口资源与环境》2005 年第 15（6）期，第 8~12 页。

269. 诸大建:《探索循环经济的经济学理论及其政策意义》,《中国发展》2008年第8(1)期,第47~62页。

270. 翟忠义评《循环经济与区域发展的理论与实证》,《经济地理》2009年第4期。

271. 左铁镛:《发展循环经济构建资源循环型社会》,《中国城市经济》2005年第5期,第8~13页。

272. 左铁镛:《左铁镛:循环经济不是单纯的经济问题,但要着眼于经济》,《新材料产业》2006年第4期,第5页。

273. 左铁镛:《构建循环型材料产业促进循环经济发展》,《新材料产业》2004年第10期,第72~78页。

致　谢

拙作是在博士论文的基础上稍作修改而成，故，以博士论文之致谢为主体：

十年前，我 17 岁，带着对未来的憧憬而离开家乡，来到兰州；十年后，我 27 岁，带着对未来的期望，即将离开兰州，我不是回到家乡，而是继续另一个远航；17 岁的那年，我有着青春的羞涩和年轻的惶恐；27 岁的今天，我仍然有着不羁的激情和满腔的热血；十年，似乎并没有改变什么，似乎我还是原来的那个我。

十年前，我 17 岁，带着爷爷对我的简单希望开始闯荡自己的陌生世界；十年后，我 27 岁，已经实现的点滴梦想却只能在梦里向他诉说。17 岁的那年，我对所谓的学术科研一无所知，更是不识愁滋味；27 岁的今天，我开始为自己的博士论文写致谢，也发现了自己的第一根白发。十年，似乎一切都在改变，而我也似乎不再是那个我。

十年的青春岁月里，我伴随着孩子般的任性，享受着简约的幸福；我有过或深或浅的伤痛，也有过或长或短的忧郁，但这一切，都是人生的必然阅历吧，不生不灭，不垢不净，亦不增不减。

"常怀进取之心、永抱感激之情"是我行走在这个世界的信条之一，无论何时何地，在我内心的深处，我从未敢忘记那些曾给我心灵慰藉和支持、锤打锻炼我意志之人：

衷心拜谢我的导师陈教授兴鹏。跟随恩师的六年多里，无论其学术修养还是其善良的待人品格，都对我产生了深刻影响。恩师所树立的关于"循环经济"研究之大旗，为我的未来学术研究提供了坚实的依托和前进的舞台，让我有勇气和信念去披荆斩棘继续前行。愚弟子我亦不能忘记恩师在生活之中给予的无私帮助，他的开怀爽朗之笑和正直不阿之风范，深深映射于我灵魂深处。我愿将在循环经济领域获得的所有积极评价都敬献与他，感谢他六年来对我的真诚悉心之教诲。

衷心感谢我在德留学期间的导师德国特里尔应用科技大学物质流管理研究所所长 Peter Heck 教授。从开始的素昧平生，到后来的细心指导，从教授那里，我学到了另外一种思维方式，极大地开拓了我的研究视野，他对我的期待亦是我不断奋斗的源源动力。在这里，我也特别感谢 Heck 教授门下的卢博士红雁师姐（Hongyan Lu）。她的开怀乐观，她的积极豁达，她的创新思维，都深深地鼓舞着我。本论文提纲的形成和基本思想的确定无不凝结着红雁师姐的滴滴心血，而她亦通过教我网球，让我参悟了人生意义与乐趣所在。我非常愿意与他们一起分享我的所有成功与喜悦。

衷心感谢兰州大学资源环境学院教授王博士乃昂先生。我并不能完全记得他给我讲过的每一堂课，也不记得他在实习中给我指导的每一个细节，但是，我永远不会忘记他曾给我说的关于"厚积薄发"和"时间之箭，无坚不摧"

之深妙奥义，亦不能忘记他所推荐的《重新发现地理学》一书对我的深刻影响，这些似乎不起眼的点滴之事，却接连激起了我十年求学生涯之中的生活和学术涟漪，并将在未来生涯中激荡起美丽水花。

衷心感谢台湾新竹"清华大学"经济学系教授张博士国平先生，是他引领我迈进了经济学殿堂的大门，让我能够在知识体系完善和储备上迈出了坚实的一步；而我能忝在其门下弟子之列，亦感荣幸，并诚惶诚恐，唯恐有负其期望。

衷心感谢资源环境学院党委副书记花蕊老师。感谢她在我的日常生活中给予的无私关怀、帮助和鼓励，她有时候像阿姨一样对我严厉要求，教导我从容面对各种困难和挑战；有时又像大姐一样对我细心照顾，让我觉得非常温暖。

在兰州大学求学期间，我还得到了很多良师的教诲，真诚感谢牛叔文教授、杨永春教授、徐创风教授、伍光和教授、董晓峰副教授、张旺锋副教授、李丁副教授等老师给予的指点；感谢团省委张旭晨老师、学生处刘宏老师、研工部杨永健老师、研究生院王文贵老师、学院张川老师、科技处阴怀勇老师、校团委马树超老师、学院辛颖老师、院办王建勇老师等在日常生活以及学生工作中给予的支持和帮助。

真诚感谢在德国留学期间，Katrin Mueller-Hansen（米凯琳）女士、KatjaWeiler 小姐、Helling 教授、Bottlinger 教授等教学工作人员给予的指导、支持和帮助。

在过去的求学生涯中，也有幸结识了地理学界或从事循环经济研究管理的诸多学者和领导，感谢他们在我进行学术研究以及论文写作期间给予的指导和帮助，他们是：中国科学院北京地理所陆大道院士，中国科学院应用生态所循环经济与产业生态研究组（百人计划）首席研究员耿涌先生、北京师范大学教授周尚意女士，西南科技大学教授、四川循环经济研究中心主任王朝全先生,中国科学院北京地理所研究员董锁成先生,中国人民大学教授叶裕民女士,甘肃省经委环资处处长张锦良先生、甘肃省科技发展促进中心主任刘谨先生、甘肃省发改委社会处处长李峰先生、陕西省发改委交通处处长张建中先生等。

在导师领导下的循环经济研究团队,是我进行学术研究和论文撰写的宝贵智囊,感谢这个团队所有成员:已经毕业的李博士勇进师兄、苗博士红师姐、高博士丽敏师姐、刘博士庆广师兄、刘博士军师兄、李博士春花师姐,拓学森师弟、黄艳师妹、张艳秋师妹;在读的张师弟子龙、鹿师弟晨昱、杨师弟冕、郭师妹晓佳、逯师弟承鹏、张师妹伟伟、胡师妹晓芬、焦师妹文婷,以及师弟吴士峰、周滨、陈旭、王雨、赵永波、徐保金、徐晓天,师妹杨静、王静、田娜、吕秀丽、李杰兰、程淑红、张燕霞等。特别感谢子龙师弟、晨昱师弟、伟伟师妹、晓芬师妹、晓佳师妹、文婷师妹、承鹏师弟、冕师弟等在数据采集和处理中提供的无私帮助。或三年或六年的同窗生涯,我们彼此之间建立了如家庭般的平淡而深厚的情谊。

在过去的学习生活中,很荣幸地结识了很多朋友,感谢他们在我孤独与寂寞时候给予的安慰和支持,以及在学习过程中给予的启发。感谢 Umwelt Campus Birkenfeld 的王川蓉、郑炜、李元钊、游汉威、陈丽萍、王珺、曹静、孙仲昕、袁田、祁玥、金丽娜、陈烨欢、陈翰墨、傅鹏,Anna Luft、Oussama、Diego、Marten Stock、Shimla,Aichi JAPAN 的 Kumiko Innoue,Washington USA 的 Yuyu Tan,台北的王韦晴、何丞谚,Centralheart DEUTSCHLAND 的 J. Crystal,等。

我也想在这里特别感谢这么多年来一直在不远处陪伴着我的死党和"战友",他们是:李京忠、鲁地、刘勇,唐玉芳、黄子罡、何志成、王燕侠、赵兵、王志祥、倪超。我们之间的信任不但轻松了彼此的人生之戏,更重要的是，无论有多大困难，我们都会相信背后有彼此的无私支持。

最后，我想把我的最诚最深之谢意献给我的父母，我的姨父姨母，我的弟妹，我的恋人。感谢我的父母和我的姨父姨母能够容忍我孩子般的任性，容忍我常年在外不归，容忍我对人生的不停折腾，容忍我对他们的暂时忽略，他们对我永不改变永不减少的支持和鼓励是我人生前进的原动力，他们给予我的无私之爱是我安然停泊的人生港湾；感谢我的弟妹，他们的努力与奋发让我感受到阳光般的年轻朝气，他们的依赖与信任让我感受到做兄长的责任与喜悦；也感谢我的恋人，她的支持，还有偶尔的斗嘴，平添了我生活中的许多乐趣。

谨以此，感谢那些我爱的人，爱我的人！

薛　冰

2009 年 5 月 21 日

图书在版编目(CIP)数据

区域循环经济发展机制研究/薛冰著. —北京：社会科学文献出版社，2013.8
 ISBN 978 - 7 - 5097 - 4782 - 7

Ⅰ.①区… Ⅱ.①薛… Ⅲ.①区域经济学 - 资源经济学 - 研究 Ⅳ.①F062.1

中国版本图书馆 CIP 数据核字（2013）第 142132 号

区域循环经济发展机制研究

著　　者 / 薛　冰

出 版 人 / 谢寿光
出 版 者 / 社会科学文献出版社
地　　址 / 北京市西城区北三环中路甲 29 号院 3 号楼华龙大厦
邮政编码 / 100029

责任部门 / 经济与管理出版中心 （010）59367226　　　责任编辑 / 许秀江　刘宇轩
电子信箱 / caijingbu@ ssap. cn　　　　　　　　　　　责任校对 / 王婧怡
项目统筹 / 恽　薇　许秀江　　　　　　　　　　　　　责任印制 / 岳　阳
经　　销 / 社会科学文献出版社市场营销中心 （010）59367081　59367089
读者服务 / 读者服务中心 （010）59367028

印　　装 / 三河市东方印刷有限公司
开　　本 / 787mm×1092mm　1/16　　　　　　　　　印　张 / 16
版　　次 / 2013 年 8 月第 1 版　　　　　　　　　　　字　数 / 213 千字
印　　次 / 2013 年 8 月第 1 次印刷
书　　号 / ISBN 978 - 7 - 5097 - 4782 - 7
定　　价 / 48.00 元

本书如有破损、缺页、装订错误，请与本社读者服务中心联系更换
▲ 版权所有　翻印必究